AUSTERLITZ

Le soleil de l'Aigle

F.-G. HOURTOULLE

Planches uniformologiques d'André Jouineau
Cartographie de Jean-Marie Mongin

HISTOIRE & COLLECTIONS - PARIS

A la mémoire des milliers de Saint-Cyriens qui chaque 2 décembre
ont réalisé à l'occasion de leurs « 2 S* traditionnels », sous le commandement de leur « Père Système » habillé en Napoléon,
un simulacre de la bataille d'Austerlitz avant d'aller servir la France et mourir nombreux pour les valeurs acquises dans cette école.
« A genoux les hommes, debout les officiers ! »

*Le « 2 S » correspond à un code interne à Saint-Cyr. Ce code désigne les dix mois passés à l'école par les dix lettres du mot Austerlitz. Le premier mois, octobre, est symbolisé par la lettre A, novembre par la lettre U, et décembre par S. Le « 2 S » correspond donc au 2 décembre.

Histoire & Collections
© 2003

AUSTERLITZ
Le soleil de l'Aigle

SOMMAIRE

LA TROISIÈME COALITION	4
LES SEPT TORRENTS	7
LES FORCES EN PRÉSENCE	
Les Coalisés	10
Les Français	38
LA BATAILLE	
Le 1er décembre 1805	39
Le 2 décembre 1805	42
LES COMBATTANTS FRANÇAIS	68
LES CONCLUSIONS	
Les pertes	126
Abréviations	128

Image de couverture © RMN

INTRODUCTION

Je dois remercier mon ami Jacques Garnier « fanatique », comme moi, de cette bataille. Nous en discutons depuis plus de quinze ans, surtout l'action de l'aile droite de Davout avec la division Friant et le 48e de Ligne en vedette. Jacques Garnier, bien connu pour ses travaux avec Jean Tulard et pour sa publication des rapports officiels d'Austerlitz. Il a, de plus, le grand mérite d'avoir été sur place, ramenant des photos et des documents inédits. Il possède une des documentation les plus complètes sur ce sujet. Si ce livre est réussi, ce sera grâce à lui.

Je remercie aussi Pierre Bréteigner et sa documentation inépuisable sur les uniformes autrichiens et sur l'artillerie russe.

LA TROISIÈME COALITION

De gauche à droite.
Les « chefs » de la Troisième Coalition: Le tzar Alexandre Ier, François II d'Autriche, le roi de Suède, William Pitt, « âme du complot », et la Reine Marie Caroline de Naples.
(Collections particulières)

La paix d'Amiens signée le 25 mars 1802 est rompue en 1803 par l'Angleterre qui décide l'embargo sur les vaisseaux français et hollandais. L'Empereur réplique en occupant le Hanovre où s'installe Mortier qui sera remplacé par Bernadotte.

Les Anglais très inquiets en voyant l'installation du camp de Boulogne face à leur côtes, vont tout tenter pour détourner cette armée vers l'intérieur de l'Europe.

● Ils vont d'abord séduire le tsar Alexandre à qui ils fourniront d'importants subsides afin de pouvoir lever des troupes nombreuses. Ils vont se décider à payer très cher ces mercenaires russes, environ 300 francs par homme. Une force de 200 000 hommes est prévue.

Elle est formée de trois armées :

— **Koutouzov** mène la première avec 55 000 hommes, dont 8 000 cavaliers avec 200 canons.

— Il est suivi par **Buxhoewden** qui mène une force de 40 bataillons et 85 escadrons.

— Enfin, **Benningsen** forme une troisième armée de 33 bataillons et 35 escadrons. Il pourrait se joindre aux Prussiens s'ils se décidaient à entrer dans la coalition.

— **Essen** conduira une avant-garde de 10 000 hommes qui arrivera trop tard vers Olmutz.

— En plus, **Tolstoï** participera avec des troupes russes aux actions des Anglais et des Suédois contre la Hollande.

● **L'Autriche** n'entre dans la coalition que le 7 juillet 1805. Grâce aux subsides anglais, elle va renforcer son armée qui sera organisée en

— **Une armée d'Allemagne** dont le chef théorique est l'**archiduc Ferdinand**; il est accompagné du général **Mack** — qui a toute la faveur de l'Empereur — chef d'état-major de cette force de 60 000 hommes qui va entrer en Bavière avec pour objectif d'en récupérer les troupes. Malheureusement pour les Coalisés, l'Électeur de Bavière restera attaché à la France et se repliera devant les Autrichiens. Mack répliquera en durcissant son occupation.

— **L'archiduc Charles** dirigera en Italie une armée de 100 000 soldats.

— Dans le Tyrol, l'**archiduc Jean** sera à la tête de 22 000 hommes.

● **La Suède**, appuyée par des Anglais, viendra menacer l'Allemagne du Nord et la Hollande avec, au besoin, l'appui de Tolstoï.

● **Marie-Caroline de Naples** ouvre ses frontières aux Russes et aux Anglais, créant ainsi un front secondaire de plus.

● Reste **la Prusse** que les Russes, et surtout les Anglais, vont solliciter en augmentant, si nécessaire, les primes allouées par mercenaire recruté dans ce pays. La Prusse finira par se contenter du rôle de médiateur, autorisant néanmoins les Russes à traverser son territoire pour rejoindre les Autrichiens.

L'armée du camp de Boulogne

En face de cette menace, Napoléon va préparer son **armée du camp de Boulogne** pour la faire descendre vers le Danube. L'organisation en corps d'armée menés par les maréchaux va faciliter les directives précises dictées à Daru. Ces grosses unités composées des trois armes, sont autonomes et puissantes, elles vont constituer les « sept torrents » qui vont déferler vers l'Autriche avec une rapidité incomparable à cette époque, s'opposant à la lenteur des déplacements des ennemis dont les plans sont dirigés par un triumvirat formé par Winzigerode, Shwarzenberg et Mack.

L'objectif essentiel est d'amener cette armée face à l'armée autrichienne d'Al-

L'EUROPE EN 1805

LES ÉTATS ALLEMANDS

1. Bavière
2. Bade
3. Wurtemberg
4. Saxe
5. Berg
6. Hesse-Cassel
7. Nassau
8. Hanovre
9. Poméranie suédoise
10. Mecklenbourg
11. Hanovre
12. Oldenbourg
13. Hesse
14. Wurtemberg
15. États du Pape

lemagne avant que les Russes n'arrivent à son secours.

En ce qui concerne les théâtres secondaires, **l'armée d'Italie** est confiée à Masséna qui disposera de 60 000 hommes. Une force est organisée en Hollande et Gouvion-Saint-Cyr est en Calabre avec 20 000 hommes face à Naples qu'il peut attaquer ou, plus tard, se joindre à Masséna si besoin.

LA MARCHE VERS AUSTERLITZ

Cette campagne va se dérouler sous le signe de la vitesse. Les 150 000 hommes de Boulogne vont descendre vers le Danube et couper l'armée de Mack installée à Ulm — qui attend théoriquement l'arrivée de la première armée russe — de sa ligne de retraite vers Munich.

L'Empereur manque des voitures nécessaires, il a donc réquisitionné 3 500 voitures attelées de quatre chevaux, conduites chacune par deux charretiers. Beaucoup déserteront en apprenant leur départ vers l'Allemagne. Certains emmèneront même leurs meilleurs chevaux.

Ces voitures devront être disposées de gîte en gîte. Sur les routes larges de l'époque vont déferler les sept torrents de la Grande armée, la plus forte de toutes, avec ses soldats formés au camp de Boulogne par des cadres excellents et des vétérans des guerres de la Révolution. Les principes de ces marches sont très détaillés.

Les bataillons d'infanterie marchent sur deux files, laissant libre le milieu de la chaussée pour les voitures et l'artillerie, les tambours sont répartis par tiers un en tête, un au milieu et le dernier en queue, ils marquent la cadence à tour de rôle. Une halte de 5 minutes se fait toutes les heures et au trois quarts du parcours, une halte d'une demi-heure est marquée.

Pendant les haltes la musique doit jouer au complet.

Les généraux ont droit à leur voiture, les colonels sont à cheval, menant leur régiment. Une distance de cent pas sépare les bataillons. Les étapes se font à la vitesse d'une lieue par heure en moyenne.

La plus célèbre marche forcée de cette campagne et la plus remarquable est celle que va effectuer la division Friant avec Davout. Partant des environs de Vienne, elle va rejoindre le champ de bataille faisant 112 kilomètres en quarante heures, soit 36 heures de marche effective.

Pour les cavaliers, la marche se fait aussi sur deux files, avec les mêmes règles. Les troupes cantonnent à l'étape par divisions.

Les fantassins ont touché une capote et deux paires de chaussures. La nourriture sera recherchée sur place, le long du chemin, dans les villages traversés

Un ancien officier de dragons autrichien dit en les voyant passer : « *certains sont de véritables garde mangers ambulants* ». L'ordonnateur aidé par des officiers va préparer les cantonnements d'étapes bien organisés avant l'arrivée des troupes.

DÉCRET IMPÉRIAL

Concernant les Militaires ou Employés à la suite de l'Armée, convaincus d'avoir excité leurs Camarades à la désertion.

Au Palais des Tuileries, le 23 Ventôse an 13.

NAPOLÉON, EMPEREUR DES FRANÇAIS ;

Sur le rapport du Ministre de la guerre ;

Vu l'article LXVII de l'arrêté du 19 vendémiaire an 12, ainsi conçu :

« Sera puni de mort,
» 1.° Le déserteur à l'ennemi ;
» 2.° Tout chef de complot de désertion,
» 3.° Tout déserteur étant en faction, &c. »

L'article LXVIII du même arrêté, portant :

« Seront réputés déserteurs à l'ennemi, ceux qui ont été qualifiés
» comme tels par la loi du 21 brumaire an 5.
» Seront réputés chefs de complot, ceux qui ont été qualifiés comme
» tels par la loi précitée. »

Les articles V et VI du titre I.er de la loi du 21 brumaire an 5 ; ainsi conçus :

» Art. V. Tout militaire ou autre individu employé à l'armée et
» à sa suite, qui sera convaincu d'avoir excité ses camarades à passer
» chez l'ennemi, sera réputé chef de complot, et puni de mort,
» quand même la désertion n'aurait point eu lieu.

» Art. VI. Lorsque des militaires auront formé le complot de passer
» à l'ennemi, et que le chef du complot ne sera pas connu, le plus
» élevé en grade des militaires complices, ou, à grade égal, le plus
» ancien de service, sera réputé chef du complot, et puni comme tel.

» Si le complot a été formé seulement par des employés à la
» suite de l'armée, le plus élevé en grade, et, à grade égal, le plus
» ancien de service, sera réputé chef du complot, et puni comme tel.»

Considérant que la loi du 21 brumaire an 5, à laquelle renvoie l'arrêté du 19 vendémiaire an 12, pour la définition du chef de complot de désertion, ne contient aucune disposition qu'on puisse appliquer textuellement aux chefs de complot de désertion à l'étranger ou à l'intérieur ; qu'il est urgent de s'expliquer à ce sujet ;

Le Conseil d'état entendu,

DÉCRÈTE :

ART. I.er A l'avenir, tout militaire ou autre individu employé à la suite de l'armée, qui sera convaincu d'avoir excité ses camarades à déserter, soit à l'ennemi, soit à l'étranger, soit à l'intérieur, sera réputé chef de complot, et, comme tel, puni de mort.

II. Le Ministre de la guerre est chargé de l'exécution du présent décret.

Signé NAPOLÉON,

Par l'Empereur :

Le Secrétaire d'état, signé HUGUES B. MARET.

Le Ministre de la guerre,

Signé M.al BERTHIER.

Ci-dessus.
Ce décret impérial précise les motifs graves de punition et les peines encourues par les soldats de la Grande Armée convaincus de désertion ou d'intelligence avec l'ennemi.
(Recto et verso reconstitués. Collection particulière)

Ci-contre.
Cette page provient d'un journal de marche d'un capitaine du génie. Elle présente les cabanes et les aménagements construits au camp de Boulogne
(Collection particulière)

Ci-dessous.
Napoléon quitte la ville d'Augsbourg et harangue les hommes du Deuxième Corps de Marmont avant de rejoindre Weissenhorn. Il rassure et « remotive » ses troupes.
(DR)

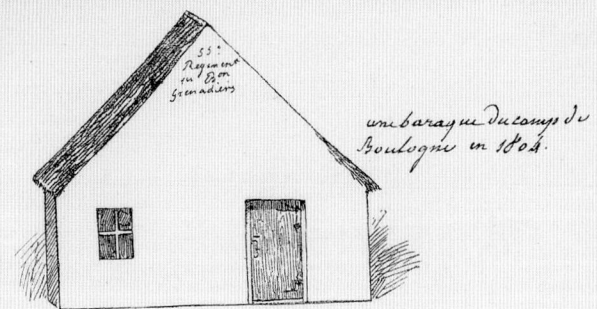

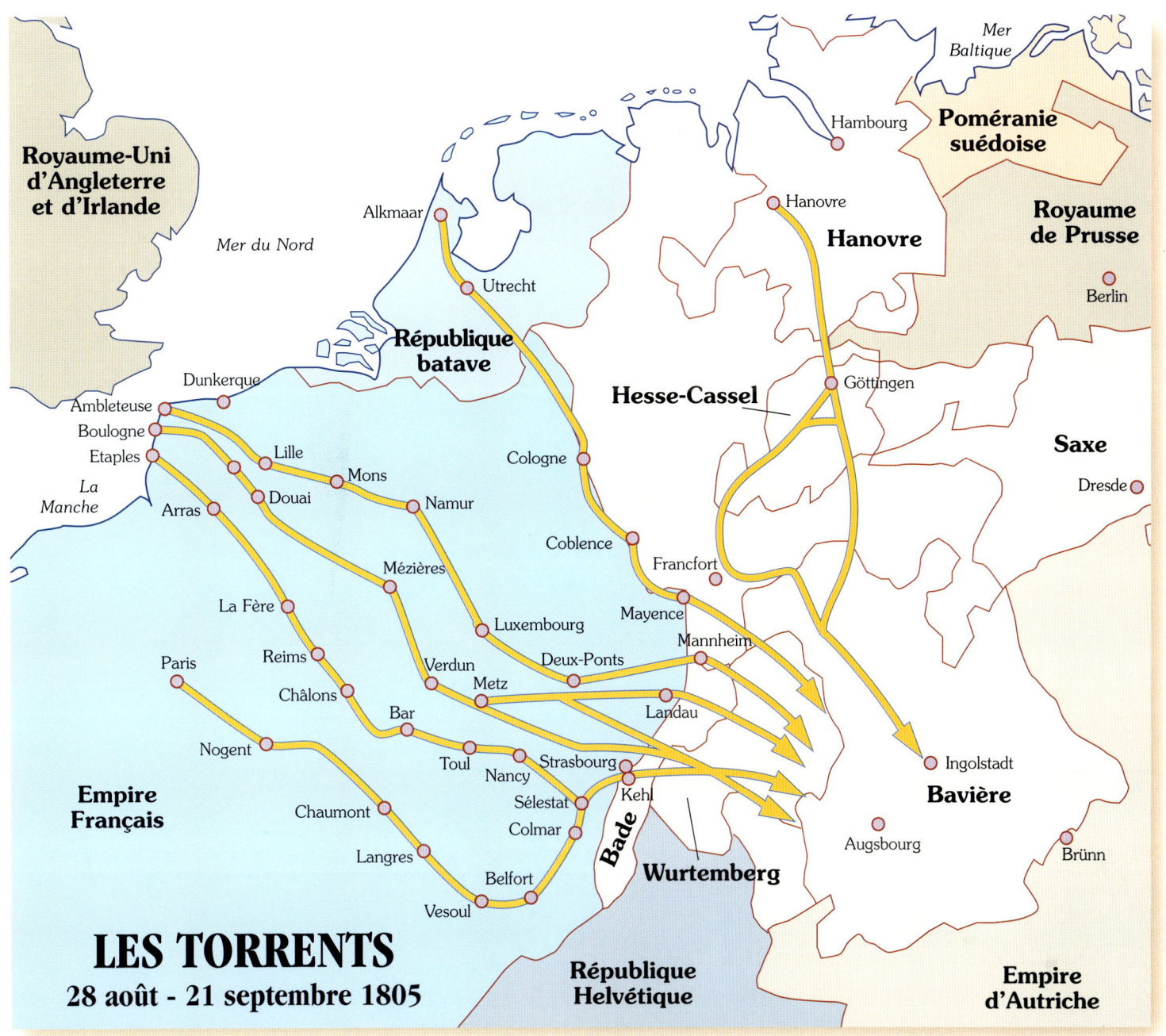

LES TORRENTS

LES PRÉLIMINAIRES DE LA BATAILLE

Le corps de Bernadotte descend du Hanovre vers Wurzbourg. Il a dû traverser le territoire d'Anspach qui appartient aux Prussiens.

Le corps de Marmont vient de Hollande en direction de Wurzbourg.

De là, ces deux corps protégeant la gauche de l'armée, regroupant 60 000 hommes, vont aller à Munich, rejoindre les Bavarois.

Les autres corps vont contribuer à l'encerclement progressif d'Ulm. Mack attend les Français au débouché de la Forêt-Noire. Il a regroupé dans Ulm sa belle armée d'environ 60 000 hommes et ne se doute de rien. Il prépare cependant une tentative d'offensive sur la rive gauche du Danube où Dupont est bien isolé à Albeck. Murat répare son erreur d'avoir négligé la rive gauche et il doit reprendre le pont d'Elchingen pour secourir Dupont qui a été victorieux à Haslach mais est très menacé par les deux divisions de Werneck qui viennent occuper Elchingen. La bataille qui vaudra à Ney son titre de duc va enfermer le reste des Autrichiens dans Ulm. Seul Werneck peut s'enfuir sur la rive gauche et l'archiduc Ferdinand a décidé de tenter sa chance avec la cavalerie disponible afin de rejoindre Werneck. Murat est lancé à la poursuite de ces forces échappées, mais 25 000 hommes restent cernés à Ulm et Mack va capituler le 17 octobre. Ses 25 000 hommes se rendent le 20 octobre, défilant devant leurs vainqueurs. Ils abandonnent 60 canons attelés et déposent 40 drapeaux.

C'est la honte pour tous ces Autrichiens, Mack sera traduit en conseil de guerre, dégradé et condamné à dix ans de prison. Gracié, il ira mourir en 1828 à St-Polten.

Murat a atteint Werneck et il obtient la reddition de 8 000 hommes, 50 canons et 18 drapeaux.

A Furth, près de Nuremberg, l'Archiduc Jean est atteint, l'artillerie et les chariots ainsi qu'un millier d'hommes sont pris le 20 octobre.

Mais le 21 c'est Trafalgar et la France a perdu sa marine. Napoléon l'apprendra le 1er novembre.

Le roi de Prusse qui hésite de moins en moins à rejoindre la coalition est stoppé dans son élan en apprenant la reddition d'Ulm.

Napoléon a lancé **Ney** et son 6e corps vers le Tyrol aidé par **Augereau** (7e corps) ; les 1er et 2e corps de **Bernadotte** et **Marmont** couvrent la droite avec les Bavarois. Au centre **Murat** avec **Davout**, **Soult** et la Garde sont sur la route de Vienne.

Lannes a son 5e corps renforcé par Klein, Dupont et les Hollandais de Dumonceau. Il couvre la gauche.

Braunau abandonnée par les Autrichiens avec toutes ses ressources est utilisée comme base de dépôt et confiée à Lauriston.

Kienmayer et Merveldt avec leurs forces autrichiennes sont progressivement refoulés, l'Archiduc Charles est rappelé d'Italie où il est à Caldiero devant Masséna. Il se met en marche et Masséna le voyant reculer va le suivre.

L'objectif est Koutouzov, qui ne veut plus aller vers Vienne, il va remonter vers la Moravie pour retrouver Buxhoewden et son corps.

Les Autrichiens commencent à se méfier des Russes à cause de leurs excès et de leur morgue méprisante.

Napoléon fait passer Mortier avec la division Gazan qui a l'appui de Dupont et Dumonceau partant de Passau, sur la rive gauche du Danube, pour essayer de couper la route du Nord à Koutouzov. L'Empereur est à Linz. Merveldt s'est séparé de Koutouzov et la route de Vienne semble ouverte. Il ne faut pas compter sur les Russes pour sauver la capitale.

Davout atteint Merveldt à Maria-Zell et lui prend 4 000 prisonniers, un drapeau et 16 canons avec 80 voitures.

Koutouzov est à Krems avec 40 000 hommes de Bagration, Dokhtourov, Maltitz, Miloradovitch et Essen II et le quartier-maître général autrichien Schmidt très compétent. Bagration sait que Mortier n'a que la seule division Gazan et décide de l'attaquer à Dürrenstein.

La bataille a lieu le 11 novembre. Après des combats héroïques, les hommes de Gazan sont sauvés par l'arrivée de la division Dupont. Fabvier s'est particulièrement distingué ainsi que Bazancourt avec son 4e léger dont le major Guyardet a été blessé. Les généraux Graindorge et Campana, le colonel Ritay et le major Henriod du 100e de Ligne se distinguent aussi. Le général autrichien Schmidt, supérieur à Weyrother, a été tué.

Koutouzov est sauvé et il va remonter vers Brünn et la Moravie pour rejoindre la deuxième armée russe.

Le général Mack commande l'armée de Souabe et capitule à Ulm ce qui lui coûta sa carrière militaire.
(DR)

Ci-dessus et ci-contre en page suivante.
Ces trois illustrations marquent trois grandes étapes de la campagne qui se finira à Austerlitz.

Les cavaliers du 18e régiment de dragons passent devant Ney à Elchingen.
(J. Girbal, Collection de l'auteur).

La glorieuse chevauchée de Murat du 16 au 20 octobre, accroché aux basques de Werneck et de l'archiduc Charles.
(H.G. Chartier, DR).

La reddition Ulm: dix-sept généraux autrichiens viennent se livrer à l'Empereur des Français.
(Thévenin, © RMN)

Murat est aux portes de Vienne que Kienmayer abandonne. Le plus important étant de prendre les ponts intacts, Murat, Lannes, Bertrand et Dode vont simuler un armistice afin de tromper le prince Auersperg et prendre le pont du Tabor sans problème.

Napoléon s'installe à Schœnbrunn avec la garde. Murat est envoyé à la poursuite de Koutouzov, Marmont va barrer la route d'Italie dans la montagne. Les ressources trouvées dans l'Arsenal de Vienne sont immenses.

Murat, un instant trompé devant Hollabrünn, reçoit l'ordre d'attaquer et lance les grenadiers d'Oudinot et les soldats de Legrand. Oudinot, sera blessé assez gravement. Bagration abandonne 1 200 hommes, 12 canons et une centaine de voitures, mais il a par ce sacrifice permis à Koutouzov de se sauver définitivement.

Napoléon a choisi Brünn, les Alliés ont préféré Olmutz et nous arrivons sur le futur champ de bataille d'Austerlitz où va se régler le grand affrontement.

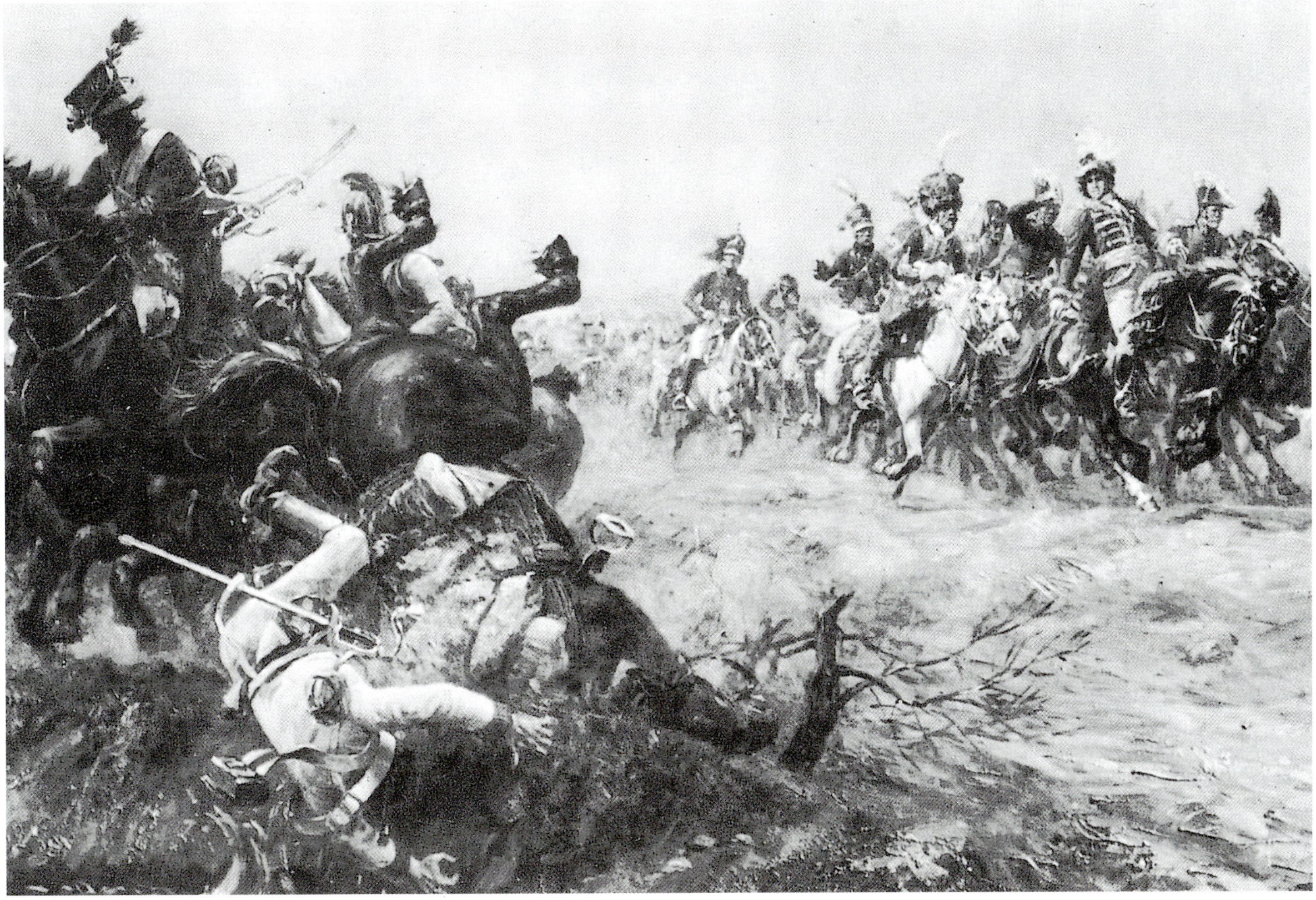

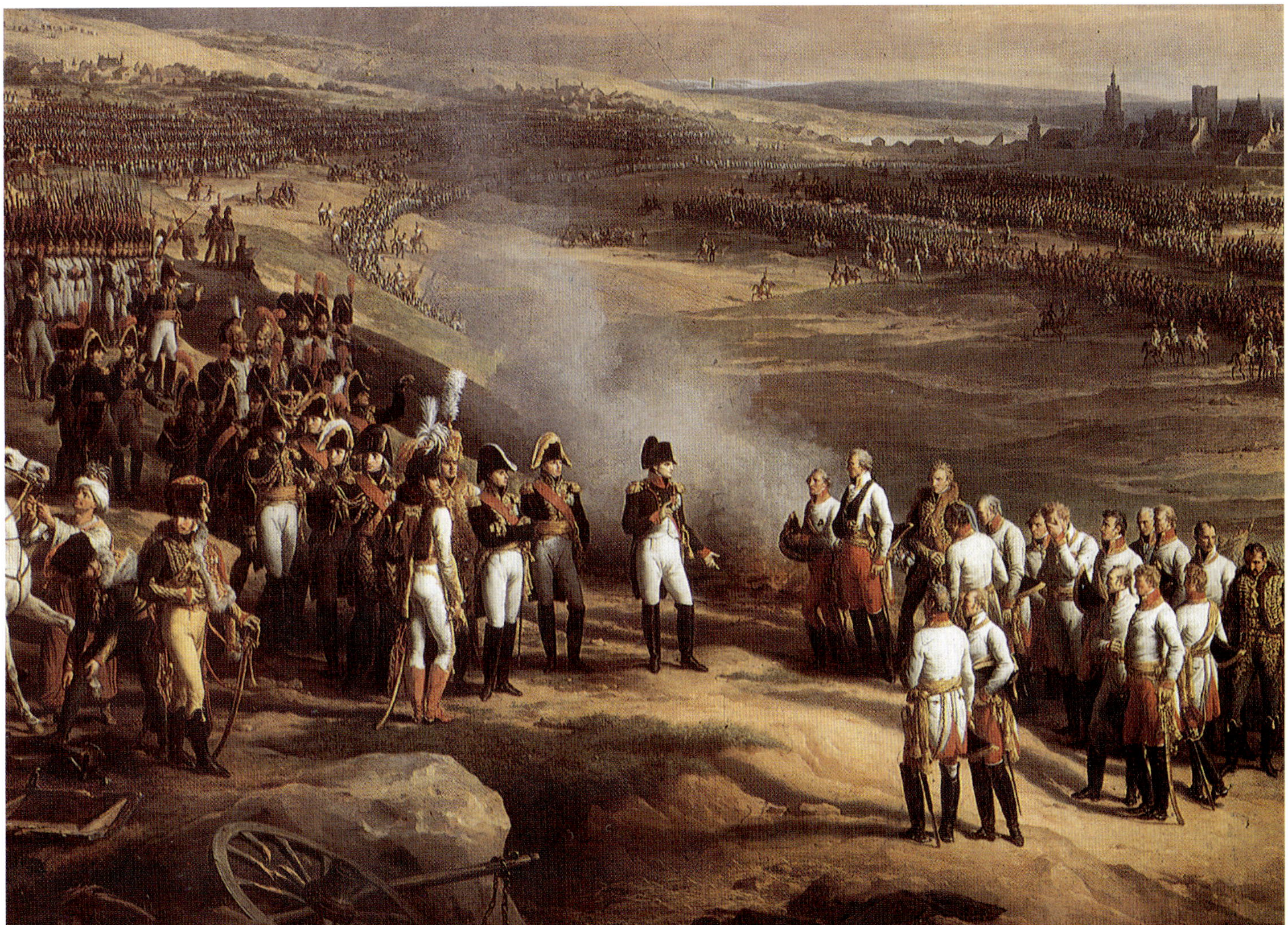

LES FORCES ALLIÉES

Un fantassin des Zékler, à droite, discutent avec d'autres fantassins des frontières de l'Armée autrichienne probablement des Croates.
(Collection de l'auteur)

- **Le Tsar** qui commande en principe, en personne. Il a son conseiller Czartorinsky auprès de lui.
avec ses jeunes aides de camp : Dolgoroukov, Gagarine Volkonsky, Wintzingerode, Lieven
- **Koutouzov** commandant en chef.
Les quartiers-maîtres généraux sont Weyrother pour les Autrichien et Soukhtelen et Gerhard pour les Russes. Le général Intzov et le colonel Toll.
- Le comte Araktchéiev est inspecteur général de l'artillerie avec le général Meller Zakomelski et le général Bogdanow pour l'artillerie à cheval. Le général Gloukow, est l'ingénieur russe en chef.
– Pour les Autrichiens
- **L'Empereur François II**, le prince Schwarzenberg et le prince de Liechtenstein. Le général Lamberti, est aide de camp de l'Empereur. Il y a aussi émissaires anglais qui sont là comme conseillers et observateurs. Ce sont : Lord Granville, Charles Stuart et le général John Ramsay.
– Deux escadrons du régiment autrichien de la garde Kaiser (cuirassiers) forment l'escorte de l'état-major.
Les plans d'attaque seront ceux de Weyrother.

L'avant-garde de Bagration

(11 750 hommes dont 3 000 cavaliers et 30 pièces+ 12 à la fin)
— **La 1re brigade** du général Dolgoroukov avec les 5e et 6e chasseurs.
— **La 2e brigade** de Kamensky II, le régiment d'Arkangelgorod.
— **La 3e brigade** du major-général Engelhardt : régiments de Vieille-Ingrie et de Pskov.
— **La 4e brigade** de Wittgenstein : avec les hussards de Pavlograd et de Marioupol.
— **La 5e brigade** de Voropaitzky, Leib-Cuirassiers de l'impératrice et les dragons de Tver et de Saint-Pétersbourg.
- **Les cosaques de Chaplitz**, 15 escadrons de Khanjenkov, Kiselev et Malakhov
- **L'artillerie de bataillons** 18 pièces pour 9 bataillons, pièces de 6 ou licornes de 10 livres.
- **L'artillerie de champ** : artillerie à cheval russe 6 pièces de 6 et 6 licornes de 10 livres.
— **Deux batteries autrichiennes à cheval** ayant chacune 4 pièces de 6 et deux obusiers. Elles viendront d'Olmutz en renfort au cours de l'après-midi.

La garde russe du Grand Duc Constantin

(8 500 hommes dont 2 600 cavaliers et 40 canons)
- **L'Infanterie** du lieutenant-général Maliutin
— **Première brigade** du major-général Depreradovitch I,
Preobrajensky, Semenovsky, Izmailovsky, Chasseurs de la garde.
— **Deuxième brigade** du major-général Libanov.
— **Grenadiers de la garde** ou grenadiers du corps, 3 bataillons
— **Pionniers** 100 hommes.
- **La Cavalerie** du lieutenant-général Kologrivov.
— **Première brigade** de Jankovich
Hussards de la garde (5 escadrons), Cosaques de la garde (2 escadrons).
— **Deuxième brigade** de Depreradovitch II
Chevalier Garde régiment, Gardes à cheval.
- **Artillerie de bataillons** : 20 pièces soit de 6 ou licornes de 10 livres.
- **Artillerie de champ** : artillerie à cheval 5 pièces de 6 et 10 licornes de 10 livres. Plus une batterie lourde 6 pièces de douze et 4 licornes de 18.
La garde représente 8 500 combattants avec 40 pièces

La cavalerie du Prince de Liechtenstein

(4 600 cavaliers avec 24 canons).
- **Le Prince de Hohenloe (Autrichiens)**
— **Première brigade** de Caramelli
Le 5e cuirassiers de Nassau-Usingen (6 escadrons), 300 cavaliers.
Le 7e cuirassiers, Lothringen (6 escadrons), 300 cavaliers.
— **Brigade Weber**
1er régiment Kaiser (6 escadrons), 425 cavaliers. Deux escadrons sont affectés à la protection du quartier général (140 cavaliers).
une batterie d'artillerie autrichienne à cheval avec quatre pièces de 6 et deux obusiers
- **Lieutenant-général Essen II et Skepelov**

(Russes)
— **Première brigade**
Uhlans du grand duc Constantin (10 escadrons), 950 cavaliers.
— **Brigade Ouvarov**
Hussards d'Elisabetgrad (10 escadrons), 950 cavaliers
2e dragons de Kharkov (5 escadrons), 500 cavaliers.
3e dragons de Chernigov (5 escadrons), 366 cavaliers.
— **Cosaques**
Cosaques de Denisov, 50 cavaliers
Cosaque de Gordeev (5 escadrons), 300 cavaliers.
Cosaque d'Isayev (4 escadrons), 240 cavaliers.
— **Artillerie**
L'artillerie à cheval russe est constituée de six pièces de 6 et six licornes de 10 livres et d'une demi-batterie à cheval avec six pièces de 6.
Total de la colonne : 4 622 cavaliers et 24 canons.

LA FORMATION DES CINQ COLONNES D'ATTAQUE
- **L'avant-garde de Kienmayer**

(environ 5 000 hommes dont 1 000 cavaliers, 500 cosaques et 12 canons.)
— **Général Carneville**
7e Grenz de frontières, 350 survivants de deux bataillons.
1er et 2e Székler Grenz 2.100 hommes,
3 compagnies de pionniers soit 250 hommes.
— **Brigade Stutterheim**
Chevau-légers d'O'Reilly (8 escadrons soit 700 cavaliers).
25 Uhlans de Merveldt.
Deux batteries à cheval avec chacune 4 pièces de six et deux obusiers.
— **Brigade Nostitz-Rieneck**
Hussards de Hesse-Homburg (6 escadrons, soit 360 cavaliers).
50 Uhlans de Schwarzenberg
— **Brigade Moriz Liechtenstein**
Székler (Grenz-Hussards régiment) 600 cavaliers.
Cosaques de Mélentev (300 cavaliers).
cosaques de Sysoev (200 cavaliers).
Force totale de cette avant-garde :
4 935 combattants avec 12 canons.

Les trois premières colonnes sont sous les ordres du **général Buxhowden**

La première colonne de Dokhtourov
(7 752 hommes et 64 canons)
Les régiments russes ont deux ou trois bataillons, ceux à 3 bataillons ont un bataillon de grenadiers et deux de mousquetaires sauf cas particuliers.
— **Brigade Lévis (?)**
1er bataillon du 7e chasseur, 470 hommes.
Régiment de Nouvelle Ingrie, 1 173 hommes.
— **Brigade Ourousov**
Régiment Yaroslav (réduit à 2 bataillons après les pertes initiales sévères), 754 hommes.
Régiment Vladimir (3 bataillons), 1 649 hommes.
Régiment de Bryansk (3 bataillons), 829 hommes.
— **3e Brigade du major général Lüders**
Régiment Vyatka (3 bataillons), 379 hommes
Régiment des Grenadiers de Kiev (3 bataillons),716 hommes
Régiment de Moscou (3 bataillons),882 hommes
— **Cavalerie et autres armes**
Cosaques Denisov (5 escadrons) 210 cosaques.
90 pionniers.
40 canons dont huit de 12 et quatre licornes de 18, les autres canons sont des pièces de 6.
Total de la colonne : 7 752 hommes et 64 canons.

La deuxième colonne de Langeron
(10 283 hommes, dont 360 cavaliers et 30 canons)
— **Brigade Olsoufiev**
8e chasseurs (2e et 3e bataillons), 333 hommes.
Régiment de Viborg (3 bataillons), 1 881 hommes.
Régiment de Kursk (3 bataillons), 1 908 hommes
Régiment de Perm (3 bataillons), 1 911 hommes.
— **Brigade Kamenski I**
Régiment de Fanagorie (3 bataillons), 2 017 hommes.
Régiment de Ryazan (3 bataillons), 1 783 hommes.
— **Cavalerie et autres armes**
Dragons de Saint-Pétersbourg du colonel Black (20 cavaliers) et 40 cosaques d'Isayev
90 pionniers.
L'Artillerie est constituée de 30 pièces, deux par bataillon, ce sont des pièces de 6 ou des licornes de 10 livres.
Total : 10 283 hommes et 30 canons.

La troisième colonne de Przybyszewski
(environ 7 500 hommes avec 30 canons.)
— **Brigade Miller III**
7e chasseurs (2e et 3e bataillons), 1 020 h.
Régiment de Galicie, 1 564 hommes.
— **Brigade Strick**,
Régiment de Butyrsk (3 bataillons), 864 h.
Régiment de Narva (3 bataillons), 7321 h.
— **Brigade Wimpfen**
Régiment de chasseurs n° 8
(1er bataillon), 79 hommes
Régiment de Podolie (3 bataillons), 509 h.
Régiment d'Azov (3 bataillons), 591 hommes.
— **Artillerie et génie**
90 Pionniers.
Trente pièces de 6 ou licornes de 10 livres.
Total de la colonne : 5 448 hommes et 30 canons.

La quatrième colonne de Miloradovitch et Kollowrath
(un peu plus de 12 000 hommes avec 40 canons)
— **Avant-garde du lieutenant-colonel Monakhtin**
Mousquetaires d'Apsheron (1 bataillon), 137 hommes.
Régiment Novgorod (2 bataillons dont un grenadiers), 513 hommes.
Dragons de l'Archiduc Jean, 100 cavaliers.
— **Brigade Berg,**
Régiment Novgorod (1 bataillon), 256 hommes.
Régiment de Petite Russie (3 bataillons), 1 011 hommes.
— **Brigade Repninsky**
Régiment d'Apsheron (2 bataillons dont un de grenadiers), 273 hommes.
Régiment de Smolensk (3 bataillons), 685 hommes.
— **Brigade autrichienne de Rottermund**,
Régiment de Salzbourg, n° 23 (6 bataillons), 3 044 h.
Régiment de Wenzel-Kaunitz, n° 20, (1 bataillon venant du dépôt), 500 hommes.
— **Brigade autrichienne de Jurczik**
Kaiser Franz, n° 1 (1 bataillon de dépôt), 600 hommes
Czartorisky-Sagusko, n° 9 (1 bataillon du dépôt), 600 h.
Lindenau, n°29 (4e bataillon), 500 hommes
Wurtemberg, n°38, (3e bataillon), 600 hommes.
Carl Anesperg, n°24 (1 bataillon de dépôt), 600 h.
Kerpen, n°49 (1 bataillon de dépôt), 700 hommes.
Reuss-Greitz, n°55 (1 bataillon de dépôt),600 hommes.
Beaulieu, n°58 (1 bataillon de dépôt), 600 hommes.
Volontaires de Vienne (2 compagnies), 200 hommes.
— **Artillerie et génie**
Pionniers, 2 compagnies de 180 hommes.
L'artillerie est constituée de vingt-quatre pièces de 6 (pièces de bataillons) pour les Russes, de licornes de 10 et de vingt-huit pièces de 3 et de 6 pour les Autrichiens.
Une batterie lourde russe de quatre pièces de 12 moyennes, de quatre pièces de 12 courtes et de quatre licornes de 18.
Deux batteries autrichiennes de quatre pièces de 12 et de deux obusiers.
Total de la colonne : 12 099 hommes et 76 canons.

Total des armées alliées : 72 789 fantassins 14 139 cavaliers et 318 canons, donc pas loin de 100 000 hommes ce qui leur donne une supériorité numérique certaine.

Ci-dessus, de gauche à droite et de haut en bas.
**Le prince de Lichtenstein commandant de la cavalerie de l'armée coalisée.
Miloradovitch commandant la quatrième colonne.
Le feld maréchal Kollowrath commande les Autrichiens de la quatrième colonne.
Le général Kamensky est à l'avant garde de Bagration.
Le général Volkonsky,
Le grand duc Constantin commandant la garde impériale russe, Schwarzenberg, lui aussi est auprès de l'Empereur d'Autriche.
Langeron qui est, quant à lui, à la tête de la deuxième colonne.** *(DR)*

Ci-dessous, à gauche.
Fusiliers, grenadiers et officier d'un régiment d'infanterie allemande de l'armée autrichienne. Les troupes de langue allemande se distinguent essentiellement des unités dites « hongroises » par leur uniforme entièrement blanc et le port du casque en lieu et place du shako.
(Collection de l'auteur)

Ci-dessous, à droite.
Hussards, au premier plan, et uhlans, à l'arrière plan, de la cavalerie autrichienne, en tenue de route. *(Collection de l'auteur)*

L'AVANT-GARDE RUSSE
du lieutenant-général, prince Bagration

Fusilier du régiment d'Arkhangelogorod.

Régiment d'Arkhangelogorod, drapeau Colonel.

Régiment de Pskov, drapeau Colonel.

Régiment d'Arkhangelogorod.

Régiment de Pskov

Fusilier du régiment de Pskov

Régiment des Dragons de Twer.

A gauche. Cavalier en tenue de campagne.

A droite. Trompette en tenue de route, pantalon de cheval porté sur les bottes de cavalerie.

L'AVANT-GARDE AUTRICHIENNE
du lieutenant-général Kienmayer

Régiment d'infanterie des frontières Brooder.

Fantassin du régiment Szekler n° 2.

Fantassin du régiment Szekler n° 1.

Chevau-léger d'O'Reilly en tenue de campagne.

Soldat du régiment Szekler n° 2 en uniforme du temps de paix.

Officier du régiment Szekler n° 1.

PREMIÈRE COLONNE
du lieutenant-général Dokhtourov

Drapeau colonel du régiment de Nouvelle-Ingrie, modèle 1797.

Régiment de Nouvelle-Ingrie, drapeau modèle 1797.

Fusilier du régiment de Nouvelle-Ingrie.

Drapeau colonel du régiment Yaroslav, modèle 1797.

Régiment Yaroslav, drapeau modèle 1797.

Musketier du régiment Yaroslav.

Drapeau colonel du régiment de Bryansk, modèle 1797.

Régiment de Bryansk, drapeau modèle 1797.

Fusilier du régiment de Bryansk.

Drapeau colonel du régiment Vladimir, modèle 1797.

Régiment Vladimir, drapeau modèle 1797.

Fusilier du régiment Vladimir.

PREMIÈRE COLONNE
du lieutenant-général Dokhtourov

Drapeau colonel du régiment Vyatska, modèle 1797.

Régiment Vyatska, drapeau modèle 1797.

Fusilier du régiment Vyatska.

Drapeau colonel du régiment de Moscou, modèle 1797.

Régiment de Moscou, drapeau modèle 1797.

Musketier du régiment de Moscou.

Artillerie à cheval.
Au premier bataillon les pattes d'épaule sont rouges ; elles sont blanches au second.

Artillerie à pied, canonnier du 3ᵉ régiment.

Pionnier du 2ᵉ régiment de génie russe.

Il est armé d'un pistolet porté dans un étui de cuir blanc et d'un couteau à fascines.

DEUXIÈME COLONNE
du lieutenant-général de Langeron

Fantassin du 8e régiment de chasseurs à pied, 2e et 3e bataillons. Les chasseurs sont armés du fusil d'infanterie, à l'exception de douze hommes par compagnie qui, comme tous les sous-officiers, sont armés d'un mousqueton rayé. Le sabre-baïonnette est porté à gauche et n'est pas fixé sur l'arme.

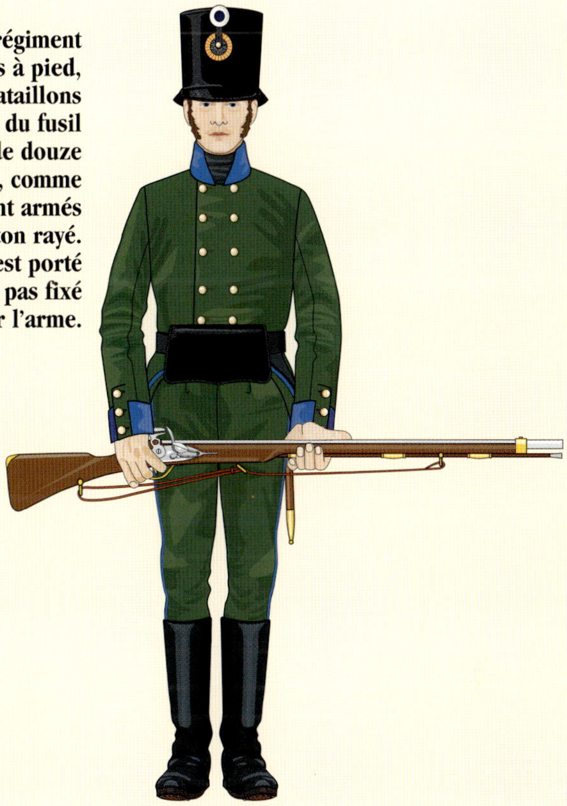

Dragons de Saint Petersbourg. Le fond de l'habit est identique à celui des régiments de chasseurs. La couleur distinctive des régiments s'applique au collet, aux parements, au pattes d'épaule et au tapis de selle.

Drapeau Colonel du régiment Viborg.

Drapeau d'un bataillon du régiment Viborg

Fusilier du régiment Viborg.

Fusilier en capote. Ce vêtement ample descend très bas et porte les distinctives du régiment sur le collet et les pattes d'épaule.

DEUXIÈME COLONNE
du lieutenant-général de Langeron

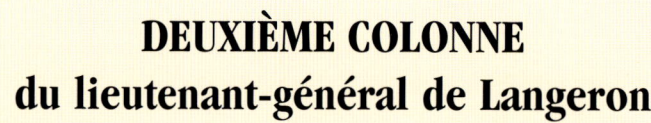

Sous-officier de fusiliers du régiment de Perm.

Drapeau Colonel du régiment de Perm.

Drapeau du régiment de Perm

Drapeau Colonel du régiment de Koursk.

Drapeau de bataillon du régiment de Koursk.

Soldat en capote. Ce modèle, qui peut prendre diverses nuances de gris beige, est très ample pour descendre assez bas, tandis que les manches peuvent même couvrir les mains. Les couleurs distinctives du régiment apparaissent au collet et sur les pattes d'épaule. Le shako est doté d'un couvre-nuque et de cache-oreilles rabattables.

Officier subalterne du régiment de Perm.

Mousquetaire du régiment de Koursk.

DEUXIÈME COLONNE
du lieutenant-général de Langeron

Grenadier en tenue de service du régiment des grenadiers de Fanagorie.

Drapeau Colonel du régiment des grenadiers de Fanagorie.

La coiffure est le shako cylindrique surmonté d'un volumineux plumet noir pour les grenadiers uniquement.
Les grenadiers arborent sur le devant, au dessous du pompon et de la cocarde communs à tous, une grenade en cuivre. Ils ont aussi quatre grenades aux angles de la giberne qui arbore de plus une grande plaque ronde avec l'aigle pour la Ligne et l'étoile de Saint André pour la Garde. Seul le régiment de Pavlov conserve la mitre du siècle précédent et la gardera jusqu'en 1914.
Chaque régiment est doté d'un drapeau colonel blanc et des drapeaux de couleurs pour les bataillons. Le premier bataillon est pourvu d'un drapeau de couleur avec le drapeau blanc; les autres bataillons de deux drapeaux.

Drapeau du régiment de grenadiers de Fanagorie.

Drapeau Colonel du régiment de Ryazan.

Drapeau (bataillon) du régiment de Ryazan

Artillerie à pied.

Officier subalterne.

Sous-officier.

Les tambours de l'infanterie portent un habit identique à celui de la troupe, mais galonné de blanc sur les manches et le devant de l'habit, avec des nids d'hirondelle en haut des manches et un plumet rouge. Les couleurs distinctives du régiment s'appliquent aux mêmes endroits que sur l'uniforme des soldats.

André Jouineau © Histoire et collections 2003

23

TROISIÈME COLONNE
des lieutenant-généraux Przybyszewski et Wimpfen

Chasseur des 2e et 3e bataillons du 7e régiment de Chasseurs.

Chasseur du 1er bataillon du 8e régiment de Chasseurs.

Fusilier du régiment de Galitz.

Drapeau Colonel du Régiment de Butyrsk.

Drapeau Colonel du régiment de Galitz.

Drapeau du régiment de Butyrsk.

Fusilier du régiment de Butyrsk.

Régiment de Galitz (Galicie) Formé en 1803, le régiment possède un drapeau du modèle de 1803.

TROISIÈME COLONNE
des lieutenant-généraux Przybyszewski et Wimpfen

Mousquetier du régiment de Narva.

Drapeau Colonel.

Régiment de Narva.

Drapeau Colonel.

Régiment de Pdolsk (Podolie)
Formé en 1803, le régiment possède un drapeau du modèle 1803.

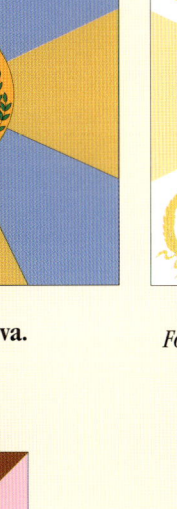

Drapeau Colonel

Régiment d'Azov.

Mousquetier du régiment d'Azov.

Sous-officier de pionniers.

Servant d'artillerie autrichien.

QUATRIÈME COLONNE
des Lieutenant-Généraux Kollowrath et Miloradovitch

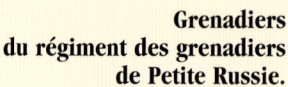

Grenadiers du régiment des grenadiers de Petite Russie.

Drapeau Colonel du régiment des Grenadiers de Petite Russie.

Drapeau du régiment des Grenadiers de Petite Russie.

Dragons autrichien du régiment de l'archiduc Jean (*Erzherzog Johann*).

Mousquetaire du régiment de Smolensk.

Drapeau Colonel du régiment de Smolensk.

Drapeau Colonel du régiment d'Apsheron.

Régiment de Smolensk. Ce régiment a reçu un drapeau du modèle de 1800.

Drapeau du régiment d'Apsheron.

Mousquetaire du régiment d'Apsheron.

André Jouineau © Histoire et collections 2003

QUATRIÈME COLONNE
des lieutenant-généraux Kollowrath et Miloradovitch

Régiment de Kerpen n° 49 *(Baron Kerpen)*.

Fusilier vu de face et de dos du régiment de Lindenau n° 29.

Tambour de grenadiers du régiment d'Anersperg n° 24 *(Carl Anersperg)*.

Artilleur autrichien en manteau.

Chasseur de Vienne.

Officier général autrichien en petite tenue.

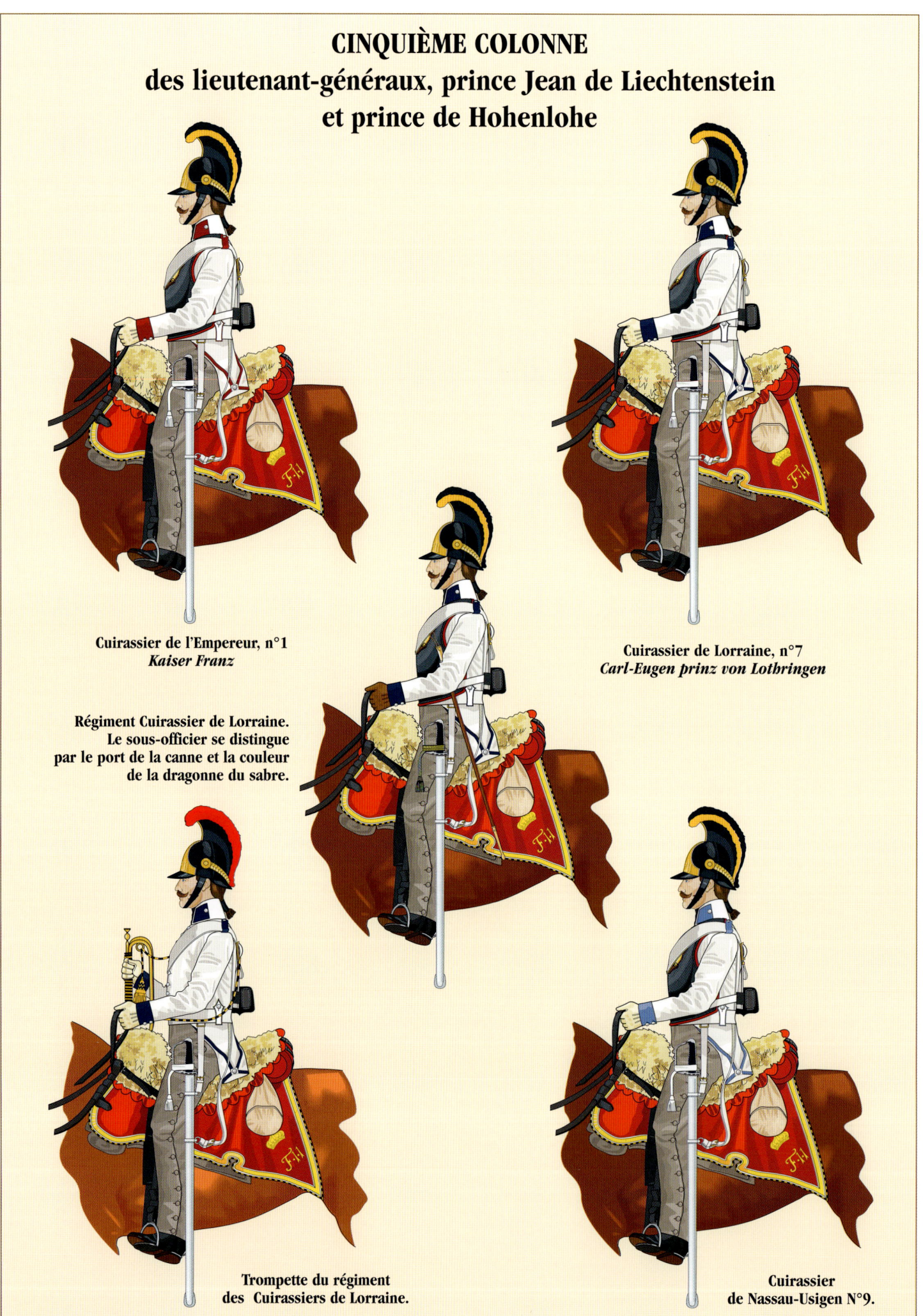

CINQUIÈME COLONNE
des lieutenant-généraux, prince Jean de Liechtenstein et prince de Hohenlohe

Cuirassier de l'Empereur, n°1
Kaiser Franz

Cuirassier de Lorraine, n°7
Carl-Eugen prinz von Lothringen

Régiment Cuirassier de Lorraine. Le sous-officier se distingue par le port de la canne et la couleur de la dragonne du sabre.

Trompette du régiment des Cuirassiers de Lorraine.

Cuirassier de Nassau-Usigen N°9.

CINQUIÈME COLONNE
des lieutenant-généraux, prince Jean de Liechtenstein et prince de Hohenlohe

Cuirassier de l'Impératrice.

Dragon de Kharkov.

Régiment de dragons Tchernigov.

Hussard d'Elisabethgrad.

GARDE IMPÉRIALE
Grand duc Constantin

Grenadier du corps.

Tambour des chasseurs à pied de la garde impériale russe.

Drapeaux Colonel et régimentaire des régiments à pied de la Garde. En 1800, les trois régiments Preobrajensky, Ismaïlovsky et Semenovsky ont reçu de nouveaux drapeaux des mains de Paul 1er.

Chasseurs à pied.

Cosaques de la Garde au bivouac. *(DR)*

32

GARDE IMPÉRIALE
Grand duc Constantin

Vexillum des Chevaliers-gardes. Le régiment en reçoit trois en 1800, en remplacement des étendards rouges à croix de Malte. Ils feront les campagne de l'Empire. Ils sont restés au village d'Austerlitz avant la charge de la Garde.

Chevalier-Garde.

Sous-officier des Chevaliers-Gardes.

Étendard des cuirassiers de la Garde du modèle de 1800. Il est porté par un sous-officier.

Cuirassier de la Garde.

Sous-officier des Cuirassiers de la garde impériale russe.

GARDE IMPÉRIALE
Grand duc Constantin

Sous-officier des hussards de la Garde.

Les hussards de la Garde sont vêtus comme ceux de la ligne, mais avec des couleurs distinctives propres.
Les sous-officiers ont les marques de grade habituelles, portées sur le dolman et la pelisse à fourrure marron, ainsi que le plumet blanc et orange bordé de noir. Le cavalier est armé d'un mousqueton dont les sous-officiers ne sont pas dotés.

Hussard de la Garde.

Les cosaques de la Garde sont créés sous Catherine II en 1775 et, contrairement à ceux de l'armée, sont considérés comme réguliers.
Leur uniforme comprend une tenue d'hiver (comme celle présentée ci-contre) et une tenue d'été composée d'un demi caftan rouge. L'armement comprend la lance, un sabre et un pistolet accroché à une banderole.
Le sous-officier ne porte pas de galon, en revanche il se distingue par un plumet à sommet orange et noir porte une canne.

LES LICORNES RUSSES

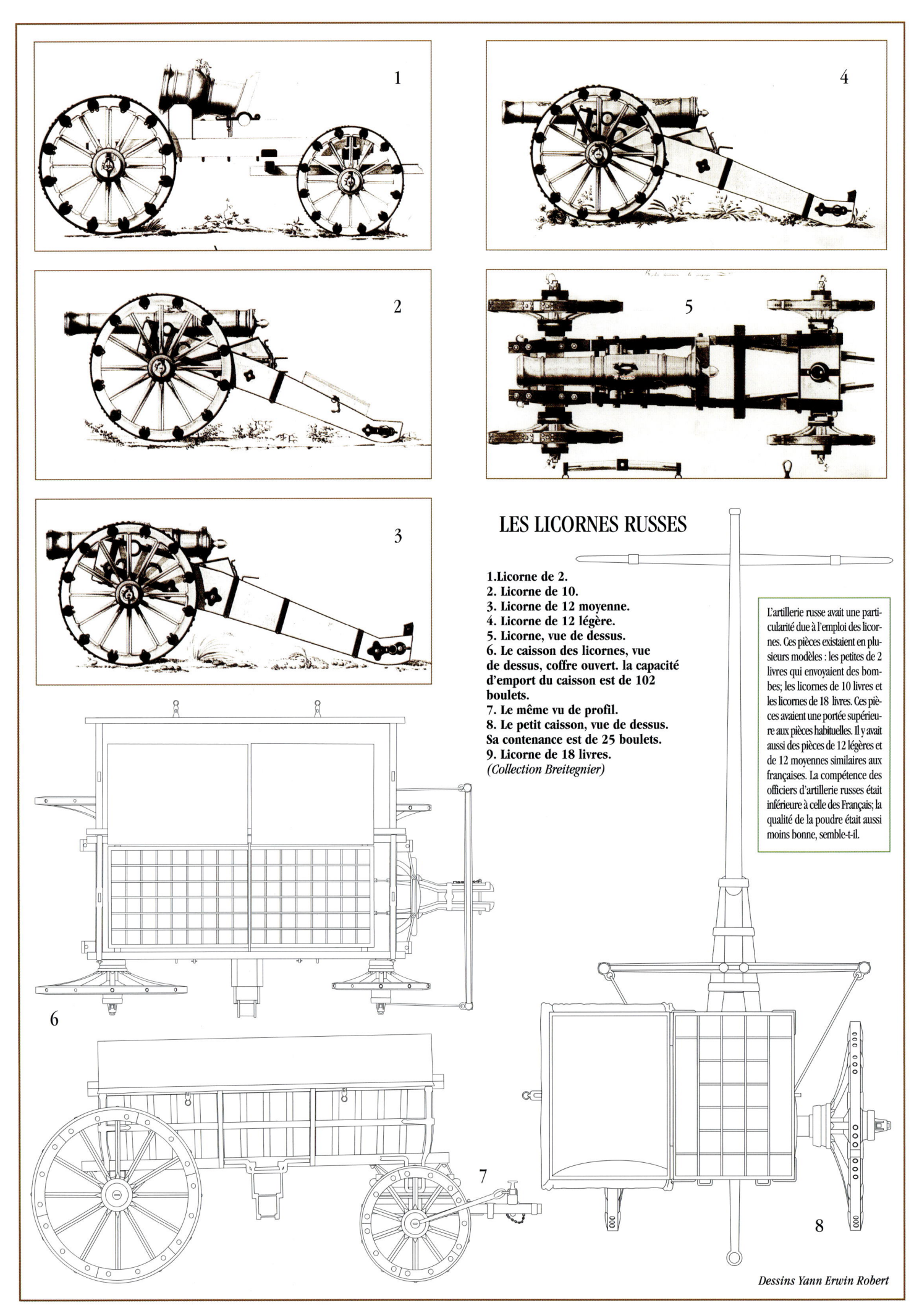

1. Licorne de 2.
2. Licorne de 10.
3. Licorne de 12 moyenne.
4. Licorne de 12 légère.
5. Licorne, vue de dessus.
6. Le caisson des licornes, vue de dessus, coffre ouvert. la capacité d'emport du caisson est de 102 boulets.
7. Le même vu de profil.
8. Le petit caisson, vue de dessus. Sa contenance est de 25 boulets.
9. Licorne de 18 livres.
(Collection Breitegnier)

L'artillerie russe avait une particularité due à l'emploi des licornes. Ces pièces existaient en plusieurs modèles : les petites de 2 livres qui envoyaient des bombes; les licornes de 10 livres et les licornes de 18 livres. Ces pièces avaient une portée supérieure aux pièces habituelles. Il y avait aussi des pièces de 12 légères et de 12 moyennes similaires aux françaises. La compétence des officiers d'artillerie russes était inférieure à celle des Français; la qualité de la poudre était aussi moins bonne, semble-t-il.

Dessins Yann Erwin Robert

GARDE IMPÉRIALE
Grand duc Constantin

Artillerie à pied russe.
Canonnier et sous-officier.

Conducteur du train
d'artillerie.

Artillerie à cheval
en tenue de route.

Le bataillon d'artillerie à pied est une création de Paul 1er. Sa tenue est identique à celle de l'armée mais avec les distinctives de la Garde. L'artillerie à cheval est coiffée du casque lourd de la cavalerie, avec l'étoile de la Garde, tandis que l'épaule droite porte une aiguillette en laine jaune dont la forme rappelle celle des cavaliers prussiens.

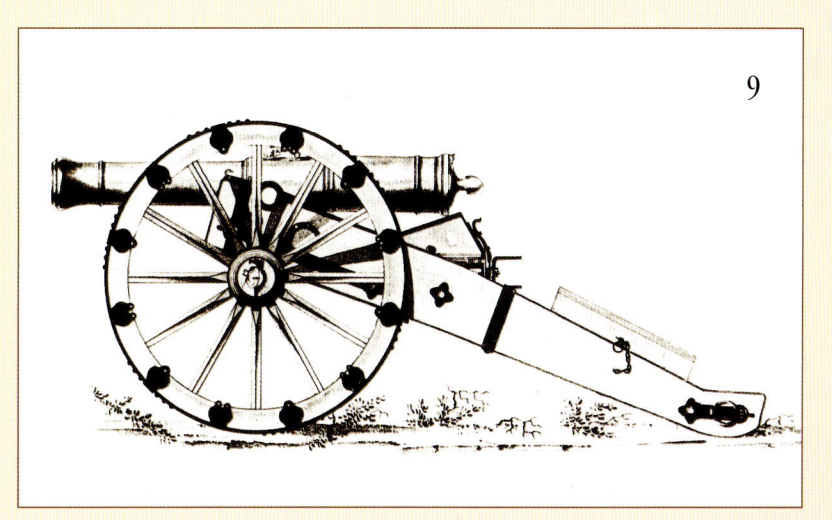

L'ORDRE DE BATAILLE DES FRANÇAIS

LE GRAND QUARTIER GÉNÉRAL
— La Maison de l'Empereur
— L'État-Major de Berthier
— L'administration de Daru

LA GARDE IMPÉRIALE
— L'infanterie
- Les grenadiers.
 Leur chef Hulin est commandant de Vienne, il ne sera donc pas à la bataille. 1549 hommes.
- Les chasseurs de Soulès. 1281 hommes
- Les grenadiers de la garde royale italienne de Lecchi. 589 hommes.

— La cavalerie
- Les grenadiers d'Ordener.
628 hommes.
- Les chasseurs de Morland.
331 hommes.
- Les mamelucks. 109 hommes.
- L'artillerie de Couin. 283 hommes.

LE 1er CORPS DE BERNADOTTE
— L'avant-garde de Kellermann
Elle comprend 4 régiments de cavalerie légère, soit deux brigades, en tout, 1856 cavaliers.
- La brigade Van-Marisy.
4e hussards et 5e chasseurs
- La brigade Picard:
2e et 5e hussards.
-- Le 27e léger du général Frère était en soutien éventuel de cette avant-garde, mais il a rejoint la division Drouet pour la bataille.
— La division Rivaud
- Brigade Dumoulin:
8e et 45e de ligne.
- Brigade Pacthod:
54e de ligne.
— La division Drouet d'Erlon
- La brigade Frère avec le 27e léger.
- La brigade Werlé:
94e et 95e de ligne.
 Le total du 1er corps représente 10918 fantassins et 1856 cavaliers avec 1305 artilleurs. D'une façon générale, les régiments d'infanterie sont à deux bataillons mais chaque bataillon a de six cents à mille hommes. Pour la cavalerie les régiments ont 3 escadrons, chaque escadron ayant environ 250 à 300 cavaliers.
 La division Kellermann sera mise à l'aile gauche pour renforcer la cavalerie de Murat qui va évoluer dans un terrain propice à la cavalerie et désignée comme: « la plaine de la cavalerie ». Ce prélèvement irritera Bernadotte qui va s'en plaindre amèrement et ne fera aucun excès de zèle pendant la journée du 2 décembre.

LE 3e CORPS DE DAVOUT
— La division Caffarelli du Falga
Cet aide de camp de Napoléon en a pris le commandement à la suite de la blessure grave du général Bisson à Lambach. Elle comprend:
- La brigade Demont,
Le seul 13e léger: 1382 hommes.
- La brigade de Billy:
17e et 30e de ligne.
- La brigade Eppler:
51e et 61e de ligne.
 Elle compte 6380 hommes et 165 artilleurs. Elle va être rattachée au 5e corps de Lannes pour étoffer l'infanterie de l'aile gauche française.
— La division Friant
Partant des environs de Vienne, elle va faire une marche forcée célèbre de 36 lieues en 40 heures, sans arrêts, pour participer à la bataille et arrive progressivement à Raygern. En principe 5556 hommes, mais seulement 3800 hommes et 9 canons seront présents au début de la bataille. Elle comprend:
- La brigade Heudelet
Le 108e et les voltigeurs du 15e léger.
- La brigade Kister
Le reste du 15e léger et le 33e.
- La brigade Lochet
48e et 111e de ligne.
 Le 1er dragons de la division Klein avec 329 cavaliers est associé à Heudelet, seul régiment arrivé de cette division, le reste rejoignant en fin de journée.
— La division Gudin
Située au delà de Vienne, elle va amorcer sa remontée mais n'arrivera pas pour la bataille, mais participera à la poursuite finale.
— La cavalerie de Vialannes
7e hussards, 1er et 2e et 7e chasseurs.
 Elle restera avec Gudin et seuls seront présents comme escorte du maréchal Davout 61 cavaliers dont plusieurs seront cités.
- L'artillerie du colonel Jouffroy
Seuls les canons de Friant seront présents.

LE 4e CORPS DE SOULT
— La division Saint-Hilaire
- La brigade Morand
Le seul 10e léger.
- La brigade Thiébault
14e et 36e de ligne.
- La brigade Waré
43e et 55e de ligne.

— La division Vandamme
- La brigade Schiner
Le seul 24e léger.
- La brigade Ferey
4e et 28e de ligne.
- La brigade Candras
46e et 57e de ligne.

— La division Legrand
- La brigade Merle
26e léger, 3e de ligne, tirailleurs du Pô, Tirailleurs corses
- La brigade Levasseur
18e et 75e de ligne.
 Soit 7736 hommes et 213 artilleurs.

— La cavalerie de Margaron
- Le 8e hussards de Franceschi.
- Le 11e et le 26e chasseurs
 Soit 924 cavaliers et 143 artilleurs à cheval. La totalité du corps représentant: 24333 hommes et 924 cavaliers avec 1135 artilleurs.

LE 5e CORPS DE LANNES.
— La division d'Oudinot
En fait les grenadiers et voltigeurs d'élite étaient regroupés en une réserve formant trois brigades et furent gardés en première réserve devant la garde sans intervenir beaucoup. En raison de sa blessure à Hollabrunn où ses hommes s'étaient illustrés, Oudinot fut remplacé par Duroc. Devant les protestations du chef titulaire, Napoléon accepta de diviser le commandement en deux, avec 6 bataillons pour Duroc et 4 pour Oudinot.
- La 1re brigade Laplanche-Mortière
Premier régiment avec les compagnies d'élite venant des 13e et 58e de ligne.
Deuxième régiment venant de 9e et 81e.
- La deuxième brigade de Dupas
Troisième régiment issu des 2e et 3e légers.
Quatrième régiment venant des 28e de ligne et 31e léger.
 Ces seuls deux régiments seront utilisés avec Duroc à la fin de la bataille pour fermer toute issue aux alliés cernés dans Sokolnitz.
- La troisième brigade de Ruffin
Cinquième régiment venant des 12e de ligne et 15e léger.
 Au total cette division dispose de 5700 hommes avec 10 canons.
— La division Suchet
- La brigade de Claparède
Le seul 17e léger qui va fortifier le Santon jurant de le tenir jusqu'à la mort.
- La brigade Beker
34e et 40e de ligne.
- La brigade Valhubert
64e et 88e de ligne.
 Soit: 6805 hommes.
— La cavalerie de Treillard
- La brigade Treillard (associé à la brigade Milhaud dans la réserve de cavalerie)
9e et 10e hussards et:
- La brigade Fauconnet (détaché vers Vienne)
13e et 21e chasseurs.
 Au total pour ce corps: 15414 hommes, 640 cavaliers et 774 artilleurs.

LA RÉSERVE DE CAVALERIE
— La première division de grosse cavalerie de Nansouty
- La brigade Piston
1er et 2e carabiniers.
- La brigade de la Houssaye
2e et 9e cuirassiers.
- La brigade Saint-Germain
3e et 12e cuirassiers.
 Soit 1387 cavaliers et 92 artilleurs.

— La 2e division de grosse cavalerie de d'Hautpoul.
- La brigade Saint-Sulpice
1er et 5e cuirassiers.
- La brigade Fontaine
10e et 11e cuirassiers.
 Soit: 1043 cavaliers, 85 artilleurs.

— La première division de dragons de Klein
- La brigade Fornier dit Fénérols,
1er et 2e dragons.
- La brigade Lasalle,
4e et 14e dragons (d'après Six).
 Le 4e avait été engagé à Durrenstein n'avait sans doute pas rejoint. D'ailleurs seul le 1er dragons était à Austerlitz pour cette division. Les autres ont rejoint en fin de soirée vers Raygern et participeront à la poursuite du 3 décembre avec Davout qui aura récupéré Gudin et emmènera les dragons présents vers Gœding.

— La deuxième division de dragons de Walther
- La brigade Sébastiani
3e et 6e dragons.
- La brigade Roget de Belloguet
10e et 11e dragons.
- La brigade Boussard
13e et 22e dragons.
 Soit 2136 dragons et 84 artilleurs. Roget remplacera Walther blessé au cours de la bataille.

— La troisième division de dragons de Beaumont
- La brigade Boyé:
5e, 8e et 12e dragons.
 Beaumont étant malade c'est Boyé qui commande cette division.
- La brigade Scalfort
9e, 16e et 21e dragons.
 Soit: 2161 dragons et 85 artilleurs
— La quatrième division de dragons de Bourcier
- La brigade Laplanche
15e et 17e dragons.
- La brigade Sahuc
18e et 19e dragons.
- La brigade de Verdière: 25e et 27e dragons.
 Soit 2274 dragons.

— Les dragons à pied de Baraguay d'Hilliers
Ils n'étaient pas à Austerlitz, mais Walther a eu le droit de compléter ses régiments en prélevant 30 hommes parmi eux pour chacun de ses régiments.

— La cavalerie légère de la réserve avec Milhaud
- La brigade Milhaud
16e et 22e chasseurs
 La cavalerie du 5e corps est rattachée à Murat pour Austerlitz.
- La brigade Treillard
9e et 10e hussards.
- La brigade Fauconnet
13e et 21e chasseurs.
 Soit: 729 cavaliers.

 Au total les troupes ayant participé à la bataille représentent: 73100 hommes avec 139 canons.

Les changements apportés par Napoléon

Il a renforcé son aile gauche en cavalerie à cause du terrain très favorable pour cette arme avec les cavaleries du 1er et 5e corps.
 Il a renforcé aussi son infanterie avec la division Caffarelli en gardant les grenadiers d'Oudinot comme première réserve avant la garde.
 Après son inspection du 1er décembre il fit glisser la division Legrand plus vers le sud pour bloquer l'aile gauche alliée si possible, espérant que l'attaque centrale de Soult soulagerait Davout et Legrand opérant ensemble mais inférieurs en nombre face aux premières colonnes ennemies.

LES PRÉPARATIFS DE LA BATAILLE

Le quartier général est encore à Brünn, mais Soult occupe Austerlitz et les environs. Napoléon veut provoquer les Russes pour qu'ils prennent l'offensive

LE PRÉLUDE DE WISCHAU

Le 25 novembre, il y a une première alerte sérieuse, aussi des secours sont demandés à Walther qui est à Rausnitz et envoie les 3e et 11e dragons à Wischau en renfort des brigades de Milhaud (16e et 22e chasseurs) et Treillard (9e et 10e hussards).

C'est le 28 novembre que Bagration va attaquer cette place. A une heure du matin, une masse de cavaliers suivent une nuée de cosaques qui débordent le village, suivis de dragons et de hussards. Milhaud est obligé de commencer à se replier. Ils vont aller vers Lutsch mais se heurtent aux cosaques et aux hussards de Bauer. Guyot qui remplace Treillard absent, comme Maupoint remplace Beaumont à la tête du 10e hussards. Guyot va tenter la percée et finira par s'ouvrir la voie de Rausnitz, mais voyant Milhaud en mauvaise posture à Lutsch où le combat est très dur, il va partir le soutenir avec un peloton de ses hussards du 9e régiment.

Milhaud va pouvoir aussi rejoindre. Les cuirassiers et les fantassins de Lannes étaient formés pour les recueillir. Les 16e et 22e chasseurs se sont bien comportés, mais le 22e a perdu 40 cavaliers tués ou pris ainsi que trois officiers et le 16e a 31 hommes et un officier manquants. Les Russes avaient engagé près de 6 000 cavaliers contre 1 600.

Les Alliés entrent dans Wischau et se déploient. L'Empereur est venu jusqu'à la poste de Posorzist pour constater les positions de l'ennemi. Il va donner l'ordre de retraite sur les positions qu'il a si soigneusement choisies en inspectant en détail les défilés, les villages, les point hauts du plateau de Pratzen.

Passant devant le 17e léger il dit à un ancien qui bourrait sa pipe: « *Ces bougres là croient qu'il n'y a plus qu'à nous avaler.* » Le vieux briscard dit alors: « *Oh! Oh! Ça n'ira pas comme çà, nous nous mettrons en travers.* » L'Empereur a reçu l'ambassadeur prussien Haugwitz qui se prétend médiateur ce que Napoléon réfute tout en l'envoyant à Vienne où il devra discuter avec Talleyrand qui est là-bas et qui confortera cet ambassadeur dans son attitude favorable à la neutralité de la Prusse. De là, Napoléon part au galop vers la poste de Posorsitz où l'attendent ses maréchaux.

Murat, Soult et Lannes sont présents devant un grand feu. Ils sont d'accord pour

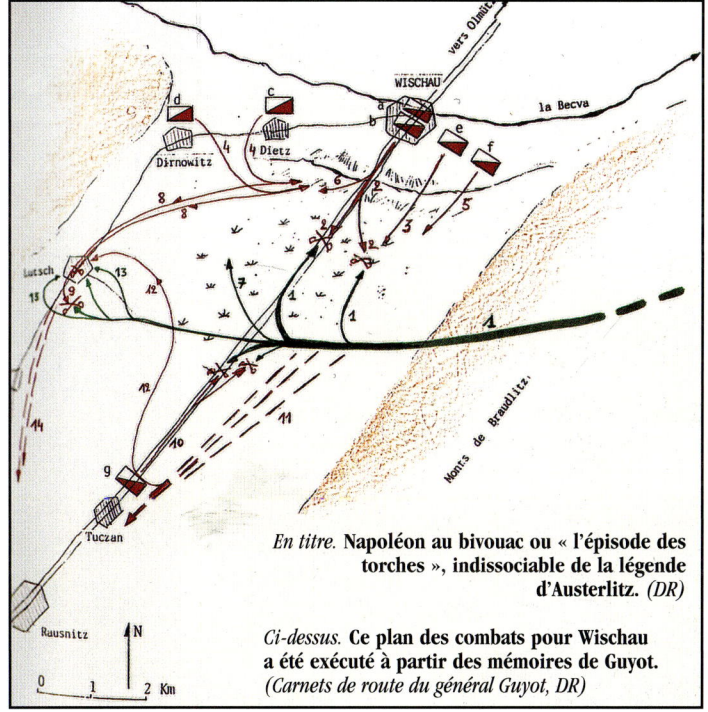

En titre. Napoléon au bivouac ou « l'épisode des torches », indissociable de la légende d'Austerlitz. *(DR)*

Ci-dessus. Ce plan des combats pour Wischau a été exécuté à partir des mémoires de Guyot. *(Carnets de route du général Guyot, DR)*

L'actuelle maison de poste de Posorzitz, sur la route d'Olmutz, haut lieu de la bataille d'Austerlitz. *(© Garnier)*

dire qu'une retraite serait la meilleure solution et demandent à Lannes de bien vouloir écrire dans ce sens ce qu'il fait aussitôt. Napoléon arrivant va lire et dit: « *Comment? Lannes conseille la retraite? C'est bien la première fois que cela lui arrive.* » Se tournant vers Soult, il lui demande: « *Et vous?* »

« *De quelque manière que Votre Majesté emploie le quatrième corps; je lui ferai raison de deux fois son nombre.* » Devant cette réponse de courtisan, hypocrite parfait, Lannes s'emporte, furieux, provoquant même Soult devant l'Empereur qui ne prête pas attention à ce conflit. Il pense, lui aussi, qu'il faut reculer pour attirer les ennemis et accroître leur sentiment de supériorité ce qui les entraînera à s'avancer et à tenter de lui couper la route de Vienne en attaquant la droite française qu'il va faire semblant de refuser. Le piège est tendu, encore faut-il qu'ils s'y laissent prendre.

Le 30 novembre

Napoléon a resserré son dispositif vers le plateau de Turas, devant Brünn. Il espère que les Alliés vont mordre à l'hameçon et il va les observer.

Dans la soirée il va faire sa proclamation annonçant: « *Les positions que nous occupons sont formidables et pendant qu'ils marchent sur nos batteries, je veux faire attaquer leurs flancs.* » Après les explorations de la soirée, ce texte sera légèrement modifié le lendemain, disant: « *pendant qu'ils marcheront pour tourner ma droite* », C'est ce dernier qui sera distribué aux différents états-majors.

LE PREMIER DÉCEMBRE

Le 1er corps est arrivé et Davout a lui aussi atteint le quartier général. Napoléon est à son bivouac, une simple cabane, à Zuran d'où il domine le panorama du futur champ de bataille. Vandamme est placé à Girzikowitz, Saint-Hilaire près de Kobelnitz, Legrand a détaché les tirailleurs du Pô dans Sokolnitz avec les cavaliers de Margaron. Friant doit occuper Raigern, Treillard et Milhaud sont dans Bosenitz, Walther dans Bellowitz et les cuirassiers de chaque côté de la route d'Olmutz à Schlapanitz et Kritchen. La butte surnommée le Santon est confiée à Claparède et au 17e léger et doit être fortifiée, elle sera rendue abrupte vers l'Est avec des tranchées et 18 canons autrichiens mis en batterie. Ce sera le point d'appui essentiel de la gauche française.

L'Empereur va visiter ses régiments pendant toute la journée. Il voit les Alliés occuper le plateau de Pratzen vers trois heures. Bagration ne bouge pas. Lannes, renforcé par la division Caffarelli prélevée du corps de Davout, se place à la droite de Suchet qui est contre le Santon fortifié. Murat, renforcé par les cavaleries légères des 1er et 5e corps, est derrière les divisions de Lannes. Le 1er corps est à Lattein. Les grenadiers d'Oudinot qui sont partagés entre leur chef, qui n'en commande que quatre bataillons en raison de sa blessure récente à Hollabrünn, et Duroc les six autres, sont en réserve, derrière la Garde. Dans la nuit, une fusillade se fait entendre vers le Sud et se prolonge, L'Empereur envoie Savary aux renseignements. Il va rapporter que Kienmayer a chassé de Telnitz les chasseurs du Pô, mais Legrand a fait reprendre le village par un bataillon du 3e de ligne.

De plus, et surtout, Savary raconte qu'entre Aujezd et Telnitz, les Alliés ont envoyé un corps de toutes armes imposant qui est descendu par la vallée, sans pouvoir être aperçu. Cela suffit pour que Napoléon décide de procéder à une reconnaissance personnelle. Il envoie chercher Soult, Caulaincourt, de Ségur et son escorte habituelle. Il part d'abord à Girzikowitz. Les dragons à pied rattachés à la Garde, dans la rue principale, lui disent que jusqu'à deux heures du matin, ils ont entendu le mouvement et les bruits de la marche des troupes ennemies se dirigeant vers leur gauche, venant contre la droite des Français. L'Empereur s'aventure alors entre les lignes et débouche inopinément dans un poste de Cosaques. Il faut l'intervention des chasseurs de l'escorte pour qu'ils puissent revenir à toute bride vers le Goldbach, le chirurgien Yvan va s'embourber dans les rives marécageuses. Le ruisseau passé, Napoléon va continuer à pied vers son bivouac de Zuran. Dans l'obscurité, il heurte une souche d'arbre et un grenadier prend alors de la paille au bout d'une perche et l'allume pour éclairer le chemin de son Empereur. Et ainsi, de proche en proche, les lumières s'allument. Une clameur va s'enfler: « *Vive l'Empereur, Vive l'anniversaire du Sacre.* »

Les Alliés n'y comprennent rien et sont alarmés par tout ce vacarme. Maintenant bien renseigné, Napoléon va modifier ses plans avec Soult. La division Saint-Hilaire va descendre pour franchir le Goldbach à Puntowitz. La brigade Levasseur se portera devant Kobelnitz. Le 3e de ligne sera placé dans Telnitz. La division Friant doit théoriquement remonter vers Turas mais se dirigera vers Sokolnitz car il va falloir freiner cette attaque probable des Alliés sur Telnitz et Sokolnitz.

C'est Weyrother qui fait le plan d'attaque sur ce terrain qu'il connaît bien pour y avoir fait des manœuvres récentes.

Avant la bataille, le bivouac de l'Empereur à Zuran. Ce tableau de Lejeune nous permet de voir la célèbre berline, indissociable de la vie en campagne, et la cabane que les sapeurs de la Garde construisent, sur la gauche du tableau, pour que Napoléon puisse se reposer et préparer l'affrontement décisif qui approche.
(Tableau de Lejeune, © RMN)

LES PROJETS ALLIÉS DU 1er DÉCEMBRE

Langeron nous explique que l'« *On avait depuis longtemps bouleversé les divisions et les brigades, chaque chef avait perdu les régiments qu'ils connaissaient depuis longtemps, et, à la guerre, la connaissance de ses troupes est fort utile à un général. Il n'était plus temps de remédier à cet inconvénient; mais, marchant pour attaquer l'ennemi on devait au moins confier et laisser à chaque chef les bataillons et les escadrons qu'il devait commander le jour de la bataille, pour qu'il pût s'accoutumer à eux et eux à lui. On fit tout le contraire. Dans ces cinq marches, jamais un général ne commanda le lendemain les régiments qu'il avait commandés la veille. On arrivait au camp la nuit. On recevait tard les dispositions, on ne pouvait rien faire dans l'obscurité; quoique nous fussions dans la pleine lune, le ciel était trop chargé de nuages et le temps trop brumeux pour que sa lumière nous soit utile. Chaque général devait envoyer, le matin, chercher dans les quatre autres colonnes les régiments qui devaient composer la sienne et qui, parfois, devaient faire un, ou deux miles de plus pour parvenir jusqu'à lui… Il était toujours dix ou onze heures avant que l'on pût se rassembler; souvent les colonnes se croisaient, se traversaient, faute que l'on ne pardonnerait pas au dernier et au plus ignorant des officiers d'état-major.*

On arrivait tard, on se débandait pour aller chercher des vivres, on pillait le village; le désordre était à son comble. »

C'est seulement à 10 heures du soir que les chefs des colonnes, à l'exception de Bagration, reçurent l'ordre de se rendre à Krenowitz, chez Koutouzov pour entendre les dispositions prises en vue de la bataille du lendemain. En fait ce n'est qu'à une heure du matin que Weyrother les trouve rassemblés et déploie une immense carte des environs. Koutouzov, assis, à moitié endormi lorsque nous arrivâmes chez lui, finit par s'endormir tout à fait avant notre départ. Buxhœvden, debout, écoutait et sûrement ne comprenait rien. Miloradovitch se taisait et seul Dokhtourov examinait la carte avec attention. « *Le projet consistait à déborder la droite française en franchissant le Goldbach entre Telnitz et Kobelnitz, pour converser ensuite et attaquer sur le front de Turas et Puntowitz.*

La première colonne enlèverait Telnitz et se rabattrait à droite, s'alignant sur la deuxième franchissant le ruisseau entre Telnitz et Sokolnitz et la troisième au château de Sokolnitz. » Et alors les têtes des trois colonnes s'avanceront jusqu'à hauteur des étangs de Kobelnitz.

« *Le corps de Bagration aidé par la cavalerie de Liechtenstein devait prendre le Santon et de là attaquer la gauche des Français. L'armée devait se regrouper vers Latein et écraser les Français dans leur fuite vers Brünn.*

Le départ des colonnes était fixé à sept heures du matin.

Koutouzov s'étant alors réveillé en ordonnant de laisser un adjudant pour copier les textes que le major Toll allait traduire de l'allemand en russe. Langeron dit qu'il ne reçut sa copie qu'à 8 heures alors qu'il était déjà en route ».

Les Alliés avaient en réalité, d'après Colin, 87 000 hommes et 278 canons, plus les 8 500 hommes de la garde, face aux 75 000 hommes (dont 2 000 hommes des parcs et du train) et les 137 canons dont disposait Napoléon.

Ci-dessus.
Ces trois vues du site, faites il y a quelques années, donnent une vision claire de ce que fut le théâtre de la bataille, le plateau, comme la plaine, n'ayant que peu changé. Ici, les photographies sont prises à partir du plateau de Pratzen. (© *Garnier*)

Napoléon, dans la nuit du 1er au 2 décembre 1805.
Un autre élément de la légende. (*DR*)

LE 2 DÉCEMBRE : LA GRANDE BATAILLE

DISPOSITION DES FRANÇAIS AVANT LA BATAILLE

Après la prise de Wischau par les Alliés, l'abandon d'Austerlitz et le recul général de l'armée sur la ligne du Goldbach, feignant la crainte et la pusillanimité, Napoléon a disposé ses forces de la manière suivante :

A L'AILE GAUCHE

C'est **Murat** qui a le commandement général. Le Santon est tenu par Claparède avec le 17e léger et les 18 canons autrichiens de Brünn. Le régiment a envoyé un poste dans Bosenitz, poste appuyé par les cavaliers légers de Milhaud et Treillard.

Lannes a la division Suchet qui est en ligne à côté du Santon. Elle a pour objectif de progresser vers Bagration au dessus de la grande route d'Olmutz. La division Caffarelli est plus à droite, au dessous de la grande route. Elle est appuyée par la cavalerie de Kellermann et suivie par les dragons de Walther et de Beaumont (Boyé). Derrière, on trouve les cavaliers lourds de Nansouty en ligne et ceux d'Hautpoul qui sont en arrière de la division Suchet. Ils sont à hauteur de Bellowitz et de Kritschen.

AU CENTRE

Le corps de **Soult**. Il est placé, après avoir traversé le Goldbach, en position de départ pour l'attaque du Pratzen. Les troupes sont masquées par un épais brouillard providentiel qui empêche les Alliés de voir venir le danger.

Vandamme est devant Girzikowitz ; son objectif est le Staré Vinhorady couvert de vignes et bien visible dès que le soleil aura dissipé progressivement le précieux brouillard.

Saint-Hilaire a sa base de départ à Puntowitz, son objectif est le Pratzenberg en négligeant, si possible, le village de Pratzen. La brigade Levasseur glissera vers Kobelnitz.

Bernadotte, toujours grincheux d'avoir perdu ses cavaliers, va s'approcher du Goldbach, venant de Schlapanitz. Il doit suivre la progression de Soult et traverser le Goldbach à Girzikowitz. Les grenadiers d'Oudinot sont aussi à hauteur de Schlapanitz et sont disponibles, Napoléon est à Zuran avec sa garde. Il est 8 heures du matin.

A DROITE

Legrand a le 3e de ligne qui a repris Telnitz. Merle et Margaron sont dans Sokolnitz.

Davout est parti de Raygern, remontant vers Turas. Il va être obligé de bifurquer vers Telnitz et Sokolnitz pour freiner le déferlement des premières colonnes alliées et éviter leur déploiement au delà du Goldbach. C'est une mission de sacrifice et il en est parfaitement conscient. Il a avec lui les dragons de Bourcier et le 1er dragons de Klein qui marche avec Heudelet en avant-garde.

DISPOSITION DES ALLIÉS AVANT LA BATAILLE

A LEUR DROITE

C'est **Bagration** avec 12 000 hommes dont 3 000 cavaliers et 30 canons. A 8 heures, il est devant Kowalowitz et va s'ébranler vers 9 heures 30, occupant au sud Holubitz et Kruh. La garde russe va venir vers les hauteurs dominant le village de Blasowitz.

AU CENTRE

La mise en place du 1er au soir s'est faite avec un certain désordre dénoncé par Langeron et s'est terminée à la nuit. C'est pourquoi la cavalerie de **Liechtenstein** s'est égarée vers Pratzen. Ce sera la source de déboires pour les deuxième et troisième colonnes tant que Liechtenstein n'aura pas quitté cette zone faisant perdre une heure à Langeron et Przybyszewski. Ce retard sera précieux pour les forces de Davout. Le vrai centre est tenu par Miloradovitch et Kollowrath de la quatriè-

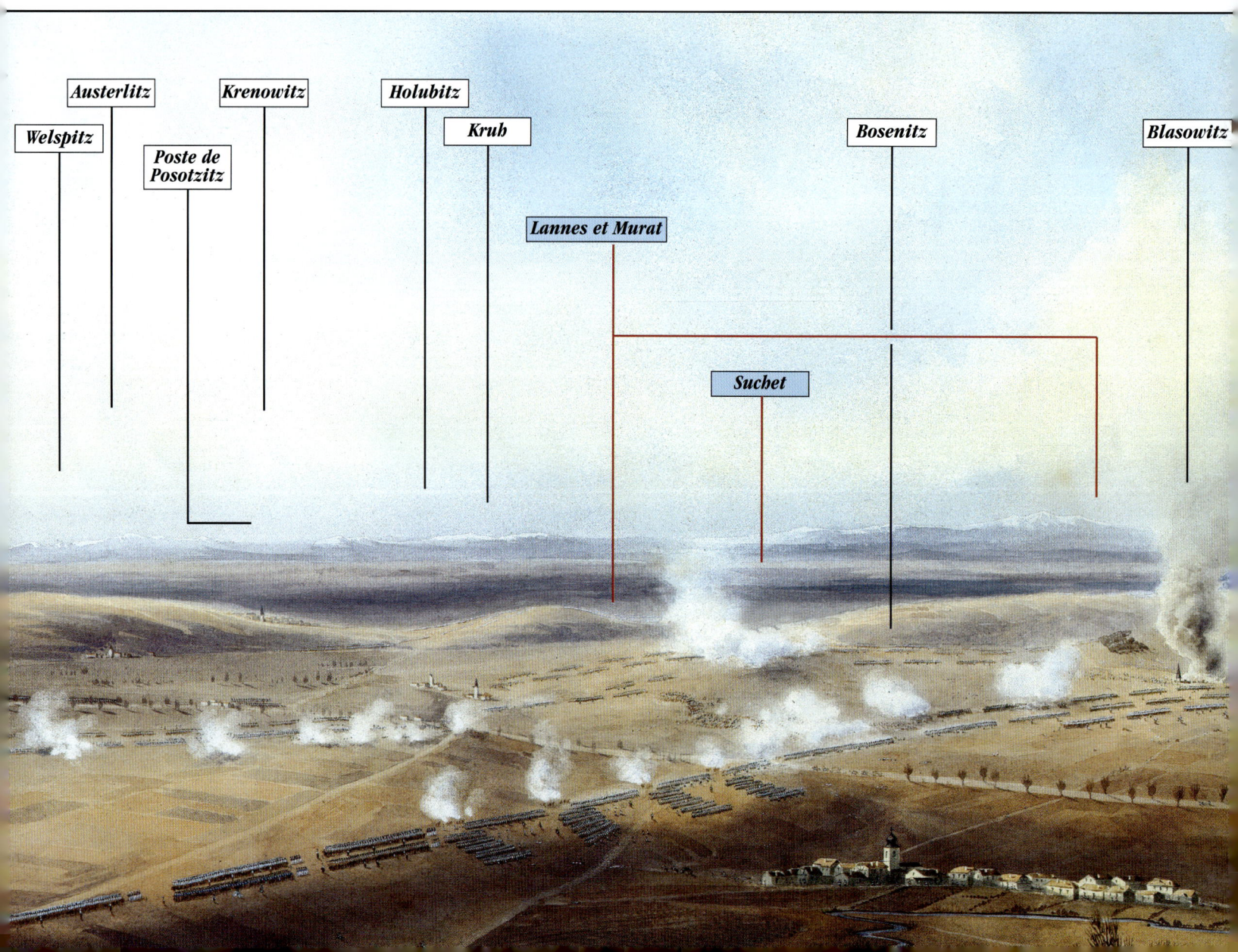

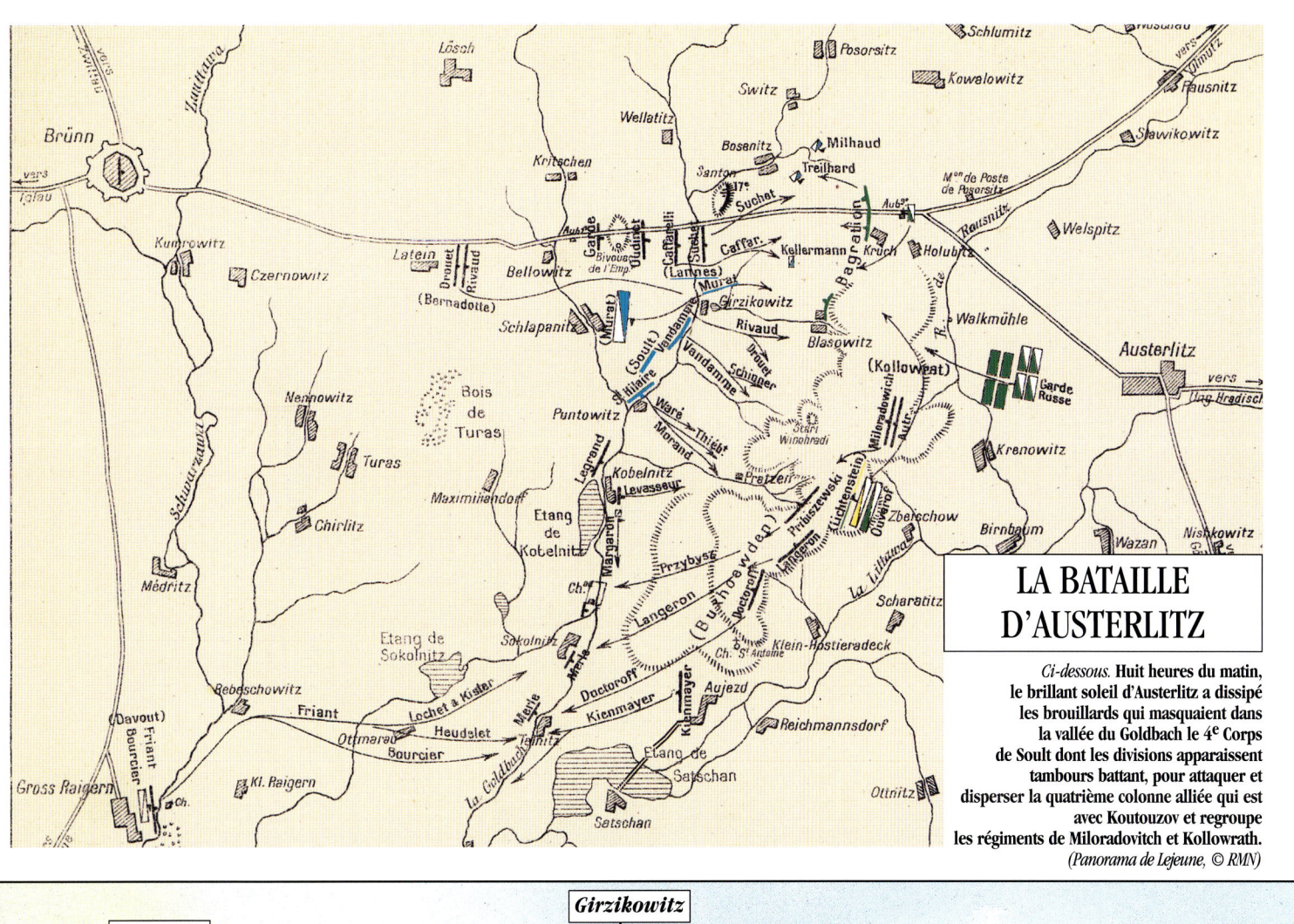

LA BATAILLE D'AUSTERLITZ

Ci-dessous. Huit heures du matin, le brillant soleil d'Austerlitz a dissipé les brouillards qui masquaient dans la vallée du Goldbach le 4ᵉ Corps de Soult dont les divisions apparaissent tambours battant, pour attaquer et disperser la quatrième colonne alliée qui est avec Koutouzov et regroupe les régiments de Miloradovitch et Kollowrath.
(Panorama de Lejeune, © RMN)

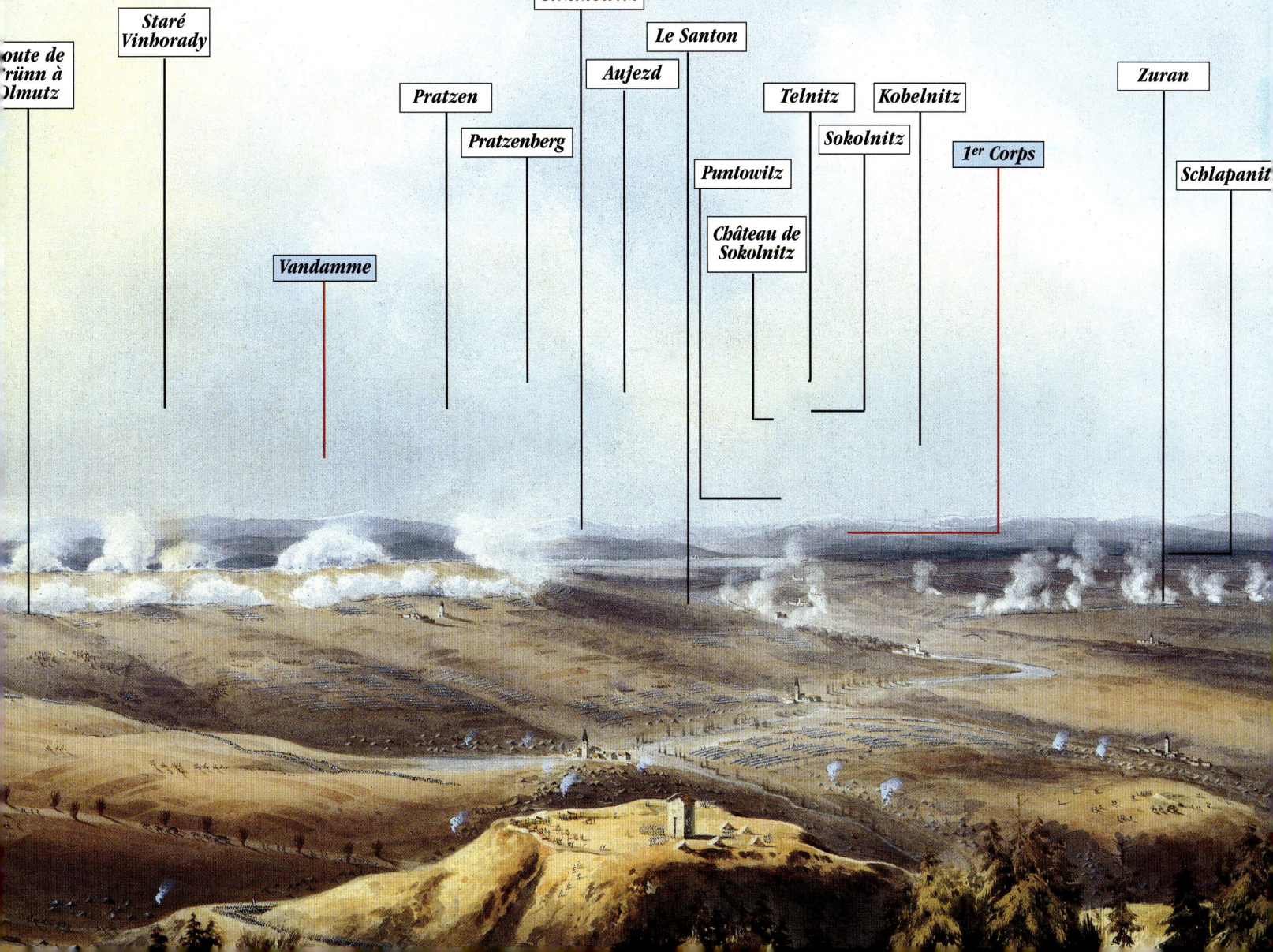

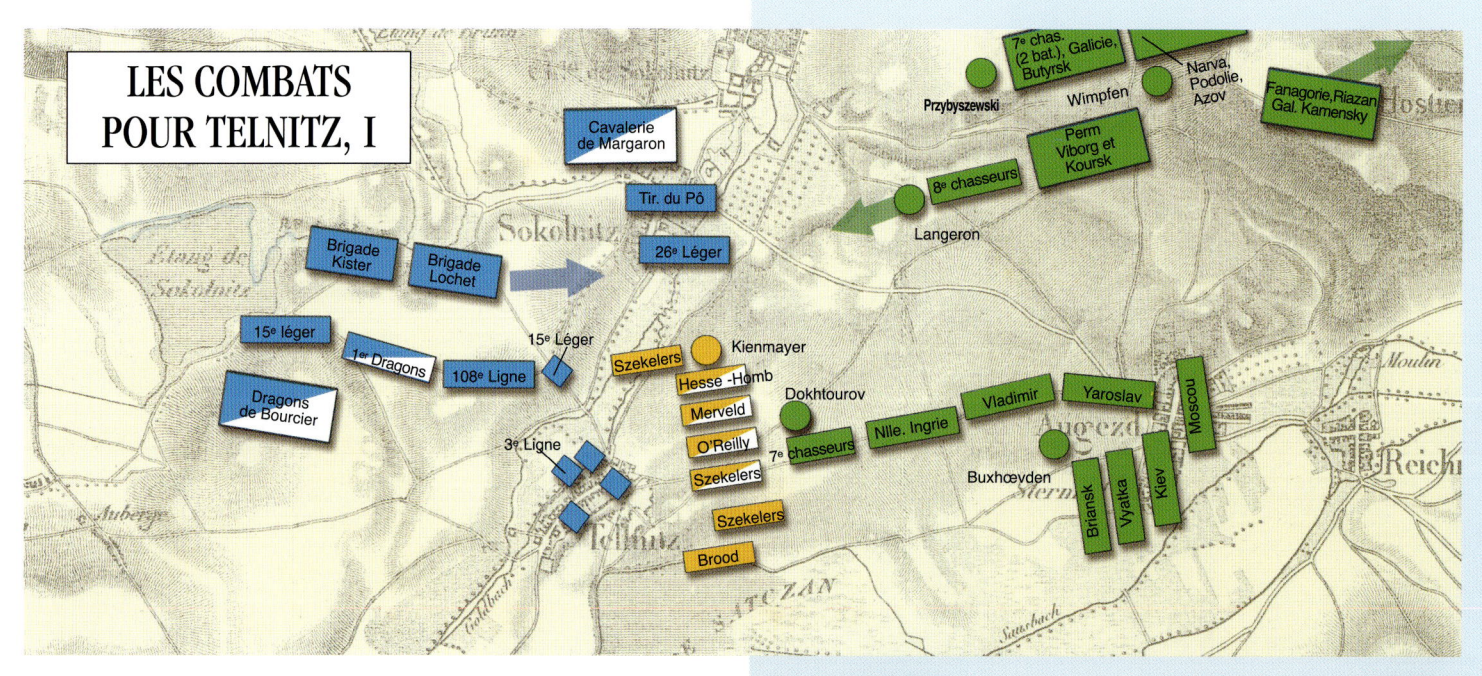

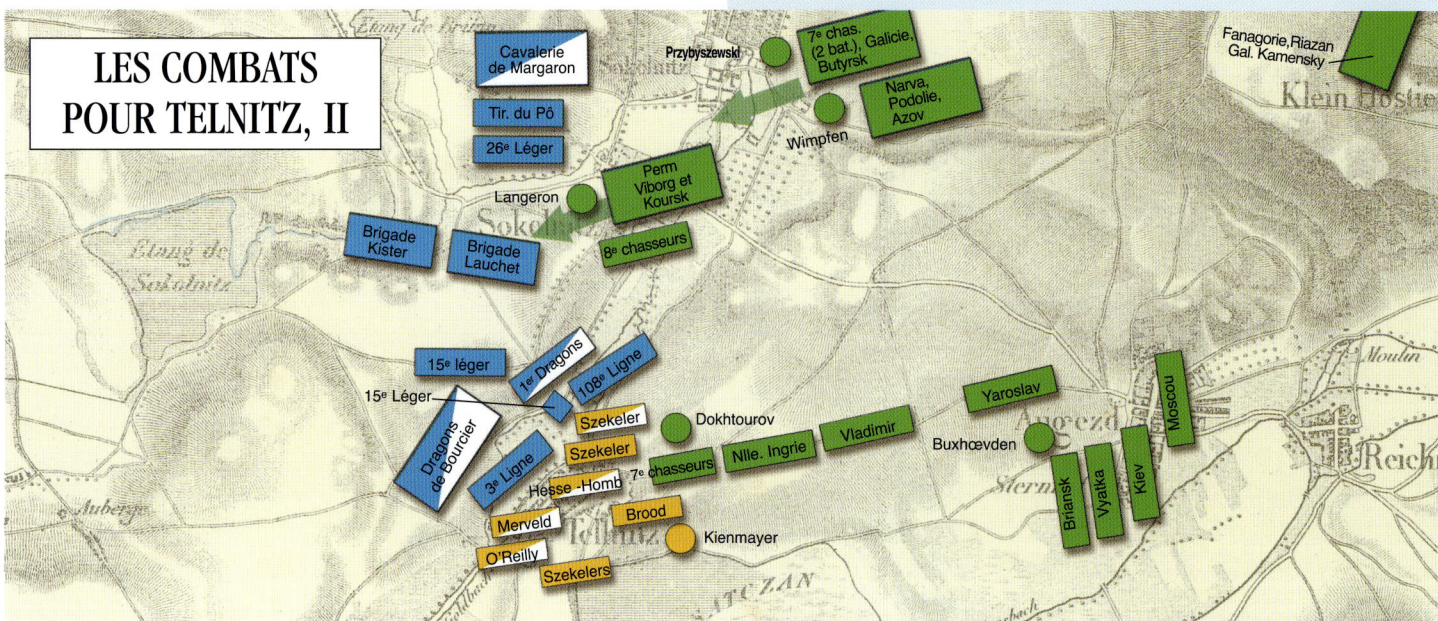

me colonne commandée alors par Koutouzov. Le tsar suit le déroulement des opérations.

A GAUCHE

Vers Telnitz, **Kienmayer** se bat pour Telnitz avec ses 5 000 hommes dont 1 000 cavaliers et 12 canons. La première colonne de Dokhtourov va l'aider et arrive d'Aujezd.

Langeron, enfin dégagé de la cavalerie de Liechtenstein, descend vers Sokolnitz ainsi que Przybyszewski et sa troisième colonne, mais le brouillard les gêne au début. La fumée des tirs va l'épaissir. La supériorité numérique des Alliés sur cette zone est évidente. Ils vont pouvoir occuper Telnitz et Sokolnitz mais ne pourront pas en sortir. Buxhœvden qui commande cette aile reste devant Aujezd avec plusieurs régiments inactifs.

LES ACTIONS CONTRE L'AILE DROITE FRANÇAISE

1. LES COMBATS POUR TELNITZ

Pour tourner l'armée française les colonnes de Weyrother doivent obligatoirement passer par Telnitz et Sokolnitz. C'est le rôle de Davout, renforcé par les dragons de Bourcier et par la division Legrand, de les arrêter le plus longtemps possible pour laisser se développer les attaques de Soult vers le plateau de Pratzen qui devront le soulager probablement.

LES COMBATS POUR TELNITZ

- **Dans la nuit du 1ᵉʳ décembre**, Kienmayer a pris Telnitz, en chassant le poste des tirailleurs du Pô qui l'occupait. Le 3ᵉ de ligne a envoyé un bataillon pour reprendre ce village, Legrand va envoyer les deux autres bataillons du régiment pour renforcer cette défense.

- **Le 2 au matin**, dès 8 heures, Kienmayer va attaquer le village avec le 1ᵉʳ bataillon du 1ᵉʳ régiment de Szecklers qui est repoussé. Il envoie alors le 2ᵉ bataillon, sans succès. Les hussards de Hesse-Hombourg et les hussards Szecklers de Maurice de Liechtenstein couvrent l'infanterie contre la menace des cavaliers de Margaron.

- **Le général Carneville** appuie l'assaut avec le 2ᵉ régiment de Szecklers et le bataillon de Brood, cinq attaques successives sont repoussées.

- **Il fallut attendre 8 h 30** et l'arrivée de la première colonne de Doctorow pour que le 7ᵉ chasseurs russe soit envoyé en renfort aux Autrichiens, suivi du régiment de Nouvelle-Ingrie. Les 1 200 survivants du 3ᵉ de ligne doivent enfin céder et se réfugient dans les vignes et les fossés de l'autre côté du Goldbach. Buxhœvden qui commande toute cette aile gauche décide d'attendre l'arrivée de la deuxième et de la troisième colonnes pour poursuivre son offensive. Il reste devant Aujezd avec quatre régiments russes.

- **Davout** qui remontait vers Turas est averti par Margaron des événements de Telnitz et va, dès lors, marcher vers Telnitz et Sokolnitz. Il envoie vers Telnitz le général Heudelet qui dispose du 108ᵉ de ligne, des voltigeurs du 15ᵉ léger et du 1ᵉʳ dragons commandé par le capitaine Ménard.

- **Dans le brouillard épais**, Heudelet lance ses hommes qui mettent le désordre dans les troupes alliées, le régiment de Nouvelle-Ingrie s'enfuit portant la confusion dans les troupes de Dokhtourov qui le suivent. Les hussards de Hesse-Hombourg chargent et refoulent le 108ᵉ qui doit aller se rallier auprès du 3ᵉ de ligne au delà du Goldbach. C'est à ce moment qu'il y a une méprise due aux hommes du 26ᵉ léger qui viennent d'être délogés de Sokolnitz et prennent le 108ᵉ pour des ennemis dans le brouillard encore épais et lui tirent dessus.

- **Davout** décide alors de regrouper ses forces plus au Nord derrière le ruisseau de Sokolnitz. Les dragons de Bourcier sont là pour empêcher les ennemis de déboucher de Telnitz, entre leurs mains.

LES COMBATS POUR SOKOLNITZ, I

LES COMBATS POUR SOKOLNITZ, II

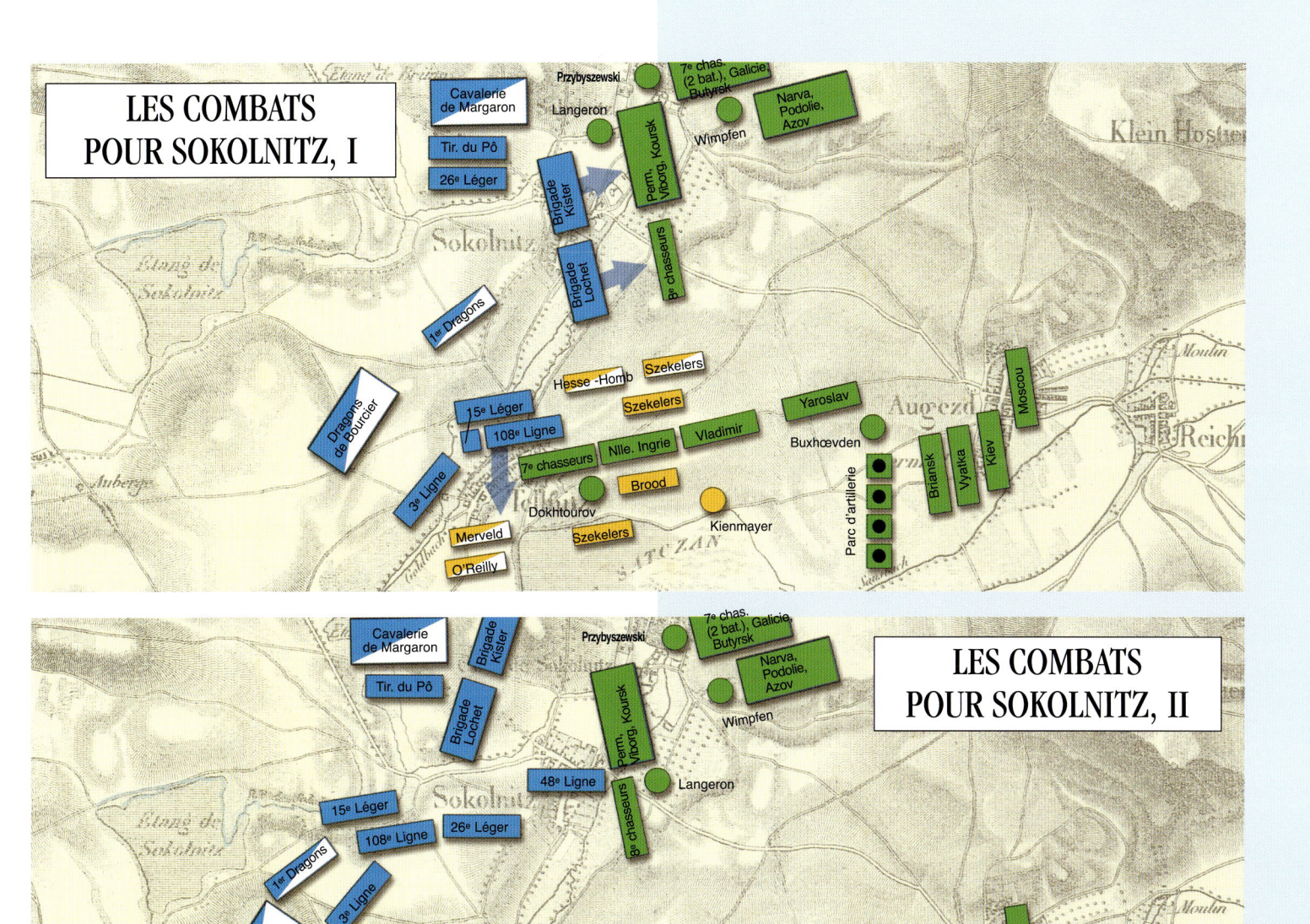

Kienmayer, avant-garde de la première colonne, doit, en principe, nettoyer Telnitz pour faciliter la marche de la première colonne de Dokhtourov (7 752 hommes et 64 canons). Le village est traversé par une large route séparant des maisons basses, il est sur la rive gauche du Goldbach, dominé par une faible hauteur que l'on trouve en venant d'Aujezd. Cette hauteur est dominée par la Colonne des Martyrs. Le village est entouré de vignobles et de cultures. Kienmayer a été chassé de Telnitz la veille au soir par le 3e de ligne, (division Legrand), dont le colonel Schobert a maintenant les quatre bataillons installés dans ce village. Kienmayer dispose de deux régiments de Szecklers (2 600 hommes), plus un bataillon de *Brood-infanterie* (500 hommes), les hussards Szecklers (600), les hussards de Hesse-Hombourg (200, les chevau-légers d'O'Reilly (900) et de 12 canons. Ils vont attaquer le 3e de ligne environ cinq fois sans succès. Buxhœvden doit attendre l'arrivée de la tête de la première colonne de Dokhtourov pour renforcer ses attaques. Celui-ci envoie le 7e chasseurs qui va entraîner les Autrichiens et refouler le 3e de ligne hors du village où les hommes se rallient. Les chasseurs de Margaron n'ont pu enrayer les attaques des cavaliers autrichiens engagés au maximum.

Davout qui a quitté Raygern à 5 heures 30, remontant vers Turas comme prévu, reçoit l'ordre de gagner Sokolnitz. Il infléchit aussitôt sa marche et trouve un officier de chasseurs à cheval de Margaron qui lui décrit la situation difficile de Telnitz. Le maréchal envoie aussitôt le 1er dragons dans cette direction et hâte la marche de ses hommes. Heudelet est en tête avec les voltigeurs du 15e léger, le 108e et le 1er dragons en soutien. Le brouillard épais rend la vue difficile et noie toute cette basse région des étangs. Les dragons de Bourcier s'approchent de Telnitz.

Les soldats du 108e voient de nombreux blessés du 3e venant à leur rencontre. Ils vont déposer leurs sacs et se restaurer un peu avant l'attaque. Sur les 1 637 hommes qui ont marché depuis le début vers Raygern il n'y en a qu'environ 800 qui sont disponibles aujourd'hui. De même, les voltigeurs du 15e léger qui sont avec eux ne sont

LES COMBATS DE SOKOLNITZ

- **La deuxième colonne de Langeron** a ce village comme objectif, ainsi que la troisième colonne de Przybyszewski. Le désordre lié à l'erreur de Liechtenstein qui est venu bivouaquer la veille à la nuit au milieu des 2e et 3e colonnes les a retardées pour leur départ vers Sokolnitz.
- **C'est à 9 heures** que Langeron descend avec, en tête, le 8e chasseurs et ses pionniers suivis par la brigade d'Olsufiev avec les régiments de Vibourg, Perm et Koursk. Langeron attend l'arrivée de Przybyszewski. Il va pénétrer avec les chasseurs au sud du village tenu par les hommes de Merle : le 26e léger et les tirailleurs du Pô. Les chasseurs russes et les régiments de Viborg et de Perm vont repousser le 26e au dehors du village, en le poursuivant sur la colline située au sud-ouest du village, c'est là, que refluant vers Telnitz, ils vont prendre le 108e pour des ennemis et tirer sur eux.
- **Davout** va replier aussi le 26e léger au delà du ruisseau de Sokolnitz. Przybyszewski a tenté de déborder le village vers Kobelnitz, mais il sera repoussé par Levasseur qui a le 18e, 75e et les tirailleurs corses.
- **Les Alliés** sont maîtres de Sokolnitz, mais la division Friant arrive avec Lochet en avant qui va nettoyer le sud du village avec le 48e, pour le soutenir il faut envoyer le 111e. Huit canons et deux drapeaux sont pris mais les combats sont très durs et les Français sont chassés du village. Seul le 48e restera tenant le Sud du village. Davout rassemble ses régiments au Nord et les rallie de son mieux. Langeron a été rappelé par Kamenski, affolé, sur le Pratzen où il a vu le désastre en cours. Du coup il s'est retourné et participe à cette bataille capitale.
- **C'est Olsufiev** qui reste seul dans Sokolnitz. A 12 h 30, Davout est prêt à nouveau à l'attaque ayant rallié ses régiments.

qu'une centaine. Ces 900 soldats d'élite vont attaquer Telnitz par le Nord, ils sont accueillis par le feu de 12 pièces placées par Kienmayer dans la large rue du village. La fumée des pièces assombrit le brouillard déjà épais, mais les Français vont charger à la baïonnette refoulant les chasseurs russes du 7e et un bataillon de Szecklers de Carneville. Ces hommes en fuite vont jeter le désordre dans les bataillons du régiment de Nouvelle-Ingrie qui leur sont envoyés comme renfort par le général Lévis de la première colonne. Deux drapeaux alliés sont pris par les grenadiers Mauzy et Pront. Ils seront distingués par Davout qui a suivi l'action.

Les tirailleurs français s'avancent vers l'est à travers les vignes. Le colonel Mohr qui est en position avec 360 hussards de Hesse-Hombourg va mener une charge contre les soldats du 108e qui débouchent. Il leur cause des pertes importantes, les survivants se réfugient dans les vignes qui les protègent de la cavalerie. Une tragique méprise va encore augmenter le désordre régnant. Des soldats du 26e léger, refoulés hors de Sokolnitz vers le sud, voyant les hommes du 108e les prennent à travers le brouillard pour des ennemis et leur tirent dessus. Il faut que le capitaine Livadot brandisse une aigle en criant pour que cesse cette funeste erreur.

Finalement, Telnitz va rester aux mains des Alliés, mais ils ne pourront pas en déboucher. En effet, les dragons de Bourcier ont pris position et font tirer leurs quelques pièces tout en protégeant le ralliement des hommes du 3e de ligne et des autres éléments du 108e qui ont quitté le village. Buxhœvden, déjà à moitié saoul, donne l'ordre de rester dans le village en attendant l'arrivée des deuxième et troisième colonnes qui approchent mais sont encore dans le brouillard. Il est très satisfait de la prise de Telnitz, son premier objectif est atteint. Il garde avec lui quatre régiments russes en réserve devant Aujezd. Cette réserve inactive aurait pu prendre Sokolnitz…

Sur les six régiments de la quatrième division de Bourcier, un a été conservé vers Raygern pour surveiller la route venant de Vienne. C'est par cette route qu'arrivent les retardataires de la division Friant, stimulés par le bruit des canons et le reste de la division Klein. C'est le 25e du colonel Rigau qui est chargé de cette mission. Le 1er dragons de la division Klein est toujours avec Heudelet qui rallie ses troupes chassées de Telnitz. Les 15e, 17e, 18e, 19e et 27e dragons de Bourcier sont en ligne avec leurs canons pour les soutenir et empêcher les alliés de déboucher au delà du Goldbach.

Le reste de la division Klein va rejoindre Raygern en fin de journée, après la bataille.

2. LES COMBATS DE SOKOLNITZ

Situé sur la rive droite du Goldbach, appuyé à une petite colline, le village a une large rue en T ; son château possède un parc entouré de murs et, plus au nord, on trouve un bois de 600 m sur 300, clos de murs, appelé : « *La faisanderie* ». Les 340 tirailleurs du Pô sont dans le château avec 51 tirailleurs corses et la brigade Merle avec le 26e léger qui est revenu pour tenir le village menacé par l'arrivée des deuxième et troisième colonnes alliées. Legrand va les renforcer avec la brigade Levasseur qui est devant Kobelnitz. Margaron et sa cavalerie sont là.

C'est Langeron, émigré au service russe, qui débouche le premier à la tête de sa deuxième colonne. Heureusement, l'encombrement créé par le mauvais bivouac de la cavalerie de Liechtenstein bien trop au sud, en plein sur la route de Langeron, a causé un retard important pour la marche de l'aile gauche des Alliés. C'est Langeron qui a dû réparer cette erreur et Liechtenstein est parti retrouver son emplacement de départ plus au nord, vers Blasowitz. Langeron attend l'arrivée de la 3e colonne de Przybyszewski mais va amorcer l'attaque du village avec les troupes de Miller III. Celles-ci comprennent le 8e chasseurs et les régiments de Viborg, de Perm et de Koursk de la brigade d'Olsufiev. Przybyszewski est arrivé et va participer à l'attaque avec, en tête, deux bataillons du 7e chasseurs. Le 26e léger est repoussé hors du village et même chassé de la petite colline au sud-ouest de celui-ci. C'est qu'il tirera sur le 108e.

Friant est en route pour une contre-attaque. Il arrive avec la brigade Lochet (48e et 111e). Il est un peu plus de 9 heures du matin. Le 48e enlève cette colline, prend 6 canons et deux drapeaux et pénètre dans Sokolnitz. Le régiment est entouré par les ennemis et il faut que le 111e intervienne pour le dégager et ils prennent deux canons. Lochet, magnifique, va regrouper le 48e dans la partie sud du village où il va lutter comme un lion et tenir. Davout va lancer le 15e léger, puis le 33e de ligne dans cette bataille terrible.

Les renforts russes vont repousser les Français au delà du ruisseau où ils se reforment. Langeron se rend compte de ce qui se déroule au même moment sur le Pratzen et va retrouver Kamenski qui vient de le prévenir et s'est décidé à combattre à front renversé avec les régiments de Fanagorie et de Riazan (formés surtout de conscrits novices) car la queue de la deuxième colonne de Langeron qu'il commande est attaquée sur son arrière par le corps de Soult qui investit le plateau de Pratzen. Langeron remonte vers cette zone. Cette absence temporaire du général émigré va donner un peu de répit aux combattants de Sokolnitz en pleine confusion. C'est Olsufiev, laissé là par Langeron, qui mène le combat dans ce secteur.

Langeron, conscient du danger de la situation, voudrait bien ramener vers le plateau une partie de ses troupes engagées dans Sokolnitz, mais il est trop tard. Le 43e de Varé va venir au secours du 36e. Vandamme et Saint-Hilaire sont maîtres du plateau et les bataillons de Kamenski, à moitié détruits, sont forcés de se replier avec Koutouzov vers Krenowitz.

L'ATTAQUE DU PLATEAU DE PRATZEN

Masqués par le brouillard très épais, les soldats du 4e corps ont franchi le Goldbach sans être vus, ils sont prêts à foncer tambours battants et musique jouant. En face, les Alliés sont prêts à attaquer. C'est la quatrième colonne qui va s'ébranler pour se diriger vers Kobelnitz. Elle comprend **les Russes de Miloradovitch** qui commande les régiments de Novgorod, d'Apchéron, de Petite Russie et de Smolensk. A 8 heures 30, ils partent de Krenowitz où ils étaient près du quartier-général des empereurs. Ils vont passer dans Pratzen, mais Langeron critique l'insouciance de Miloradovitch qui avance sans avoir éclairé le terrain alors qu'il dispose de cent dragons de l'archiduc Jean,

Page précédente, en haut.
Napoléon et son état-major sur une éminence — peut-être est-ce Le Staré Vinhorady représenté naïvement ? — suit les premiers déploiements de ses troupes. On reconnaît, à gauche, à l'arrière plan, les chasseurs à cheval de l'escorte et, au premier plan, le maréchal Murat en chapeau.
(Collection de l'auteur)

Le 1ᵉʳ Corps français va traverser le Goldbach. Division Drouet, fractionnée en demi-bataillon, vers Pratzen et la division Rivaud vers Blasowitz.

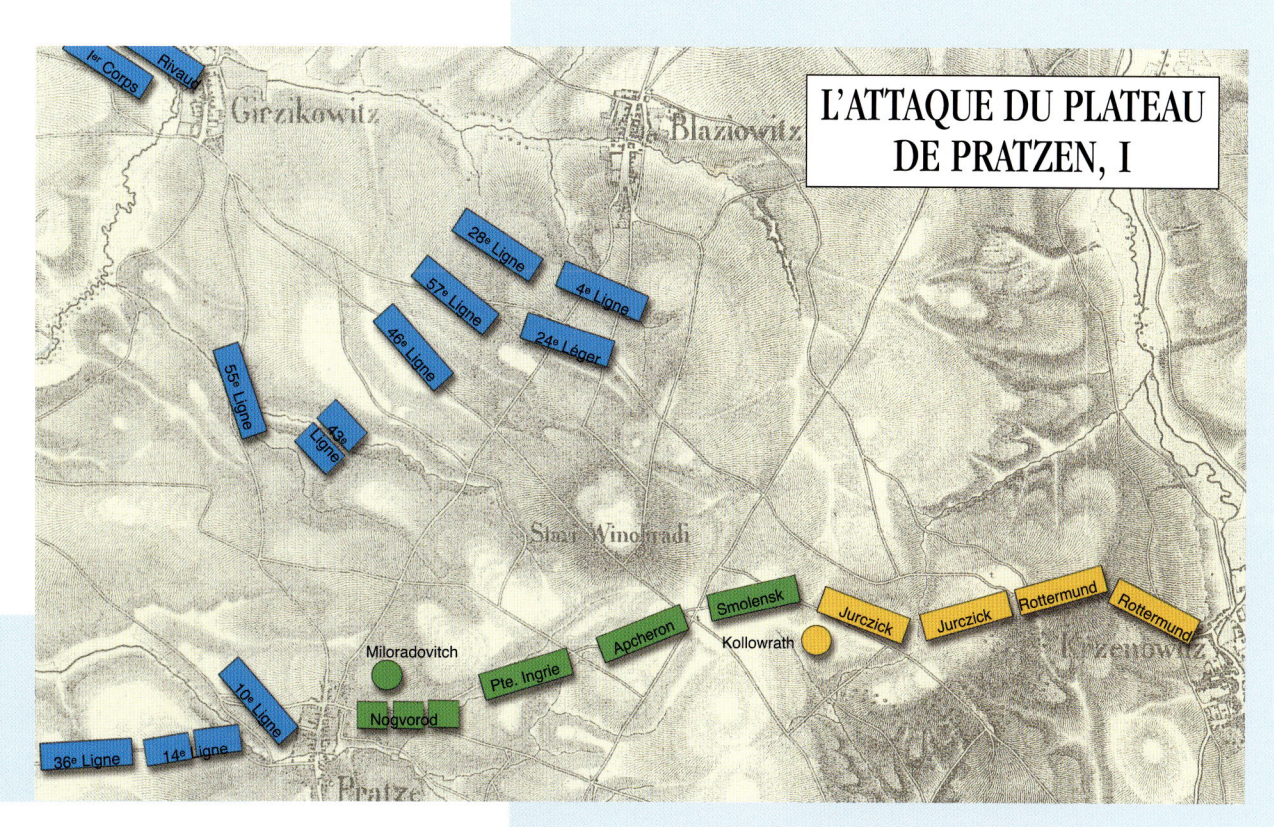

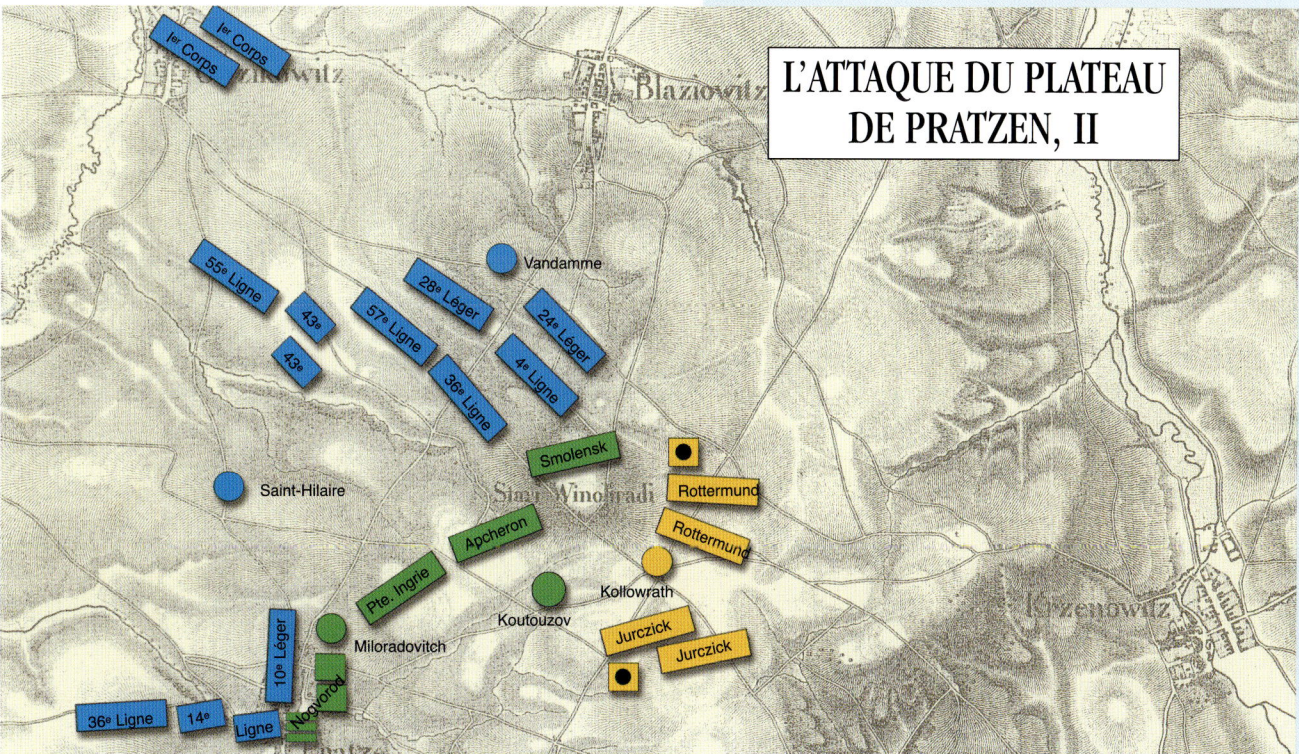

L'ATTAQUE DU PLATEAU DE PRATZEN, I

L'ATTAQUE DU PLATEAU DE PRATZEN, II

L'ATTAQUE DU PLATEAU DE PRATZEN.

- **C'est Miloradovitch** qui vers 8 h 30 va démarrer pour attaquer en direction de Puntowitz et Kobelnitz, le lieutenant-colonel Monaktin mène le régiment de Novgorod et celui d'Apchéron suivis par ceux de Petite Russie et de Smolensk avec les dragons de l'archiduc Jean. Cette marche se fait sans éclaireurs en avant alors que le brouillard épais masque les bas fonds d'où partent au même moment les hommes de Soult. Le soleil vient de se lever, radieux, et dissipe progressivement ces nappes de brouillard.
- **C'est le 10ᵉ léger** de Morand qui monte en avant et rencontre les ennemis du côté du village de Pratzen. C'est la surprise totale. Un premier bataillon a tendu une embuscade au débouché du village avec les hommes couchés derrière la crête. Thiébault est alors chargé de prendre ce village. Il envoie le colonel Mazas avec le 1ᵉʳ bataillon du 14ᵉ qui tombe dans l'embuscade et se débande, Mazas les rallie vers Morand, il sera tué par un biscaïen. Thiébault emporte le village à la course. Le régiment de Novgorod et celui d'Apchéron sont mis en pleine déroute sous les yeux du tsar. Le général Repninski est blessé et pris ainsi que le général Berg qui tente de rallier le régiment de Petite-Russie.

- **Les hommes de Miloradovitch** ont été dispersés en une demi-heure par la brigade Ferey (16ᵉ et 57ᵉ) qui reçoit l'appui de Varé avec le 55ᵉ et un bataillon du 43ᵉ qui ira rejoindre plus tard le deuxième bataillon détaché en renfort vers la droite de Thiébault. Les Russes vont se replier vers Krenowitz, en pleine déroute. Cette première phase est finie à 9 heures, 30.

- **Les Autrichiens** vont monter en ligne vers les deux points menacés : les hommes de Jurczick (6ᵉ bataillons) vers le Pratzenberg et les régiments de Rottermund (Régiment de Salzbourg à 6 bataillons plus un bataillon d'Auersperg et un de Kaunitz, soit 4 000 hommes) vers le Staré Vinhorady où arrive Vandamme. Le régiment de Salzbourg va être attaqué par le 4ᵉ et le 24ᵉ léger à la baïonnette, ils arrivent par la face nord et la face ouest du mamelon. Le régiment de Salzbourg est bousculé et mis en retraite, son artillerie prise. Les Autrichiens sont en déroute, poursuivis vers Aujezd. Ils vont entraîner dans leur fuite le bataillon d'Ismaïlowski envoyé par Constantin en renfort à la demande de Koutouzov.

- **Sur le Pratzenberg**, grâce à l'action du général Kamenski, les régiments de Riazan et de Fanagorie qui formaient la queue de la deuxième colonne de Langeron, vont se retourner et monter vers la crête. Langeron a été prévenu par le lieutenant colonel Balk qui commande deux escadrons des dragons de Saint-Pétersbourg associés à cette deuxième colonne avec les Cosaques d'Issaev. Il va quitter Sokolnitz laissant Olsufiev commander dans le village et il

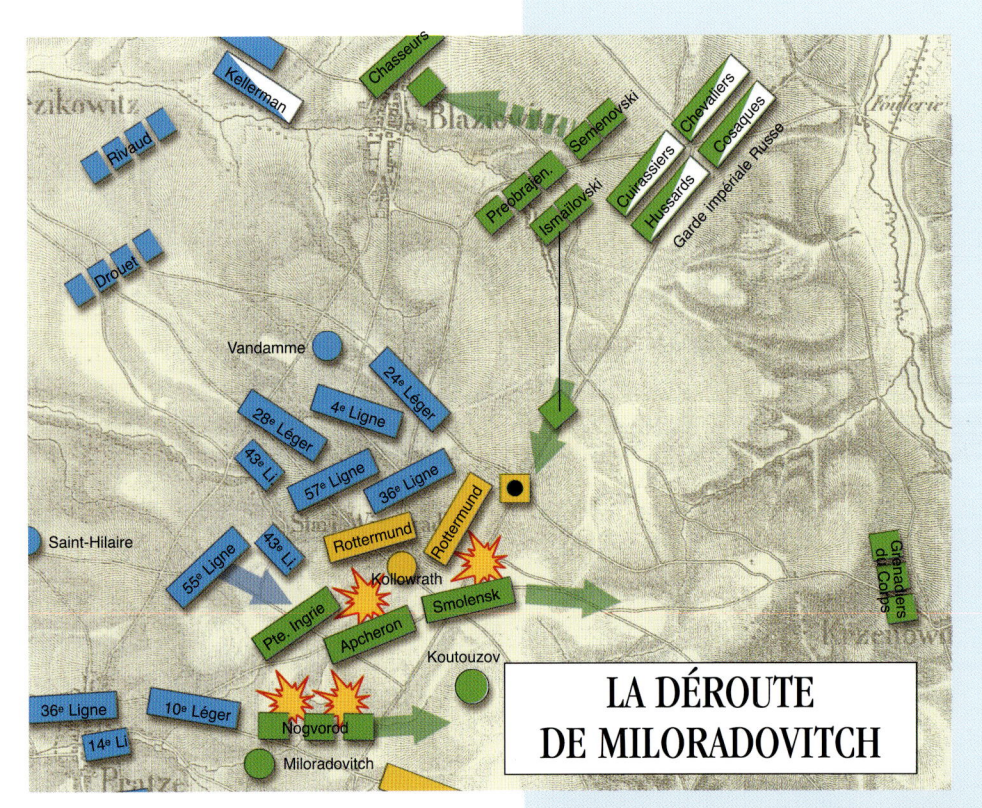

LA DÉROUTE DE MILORADOVITCH

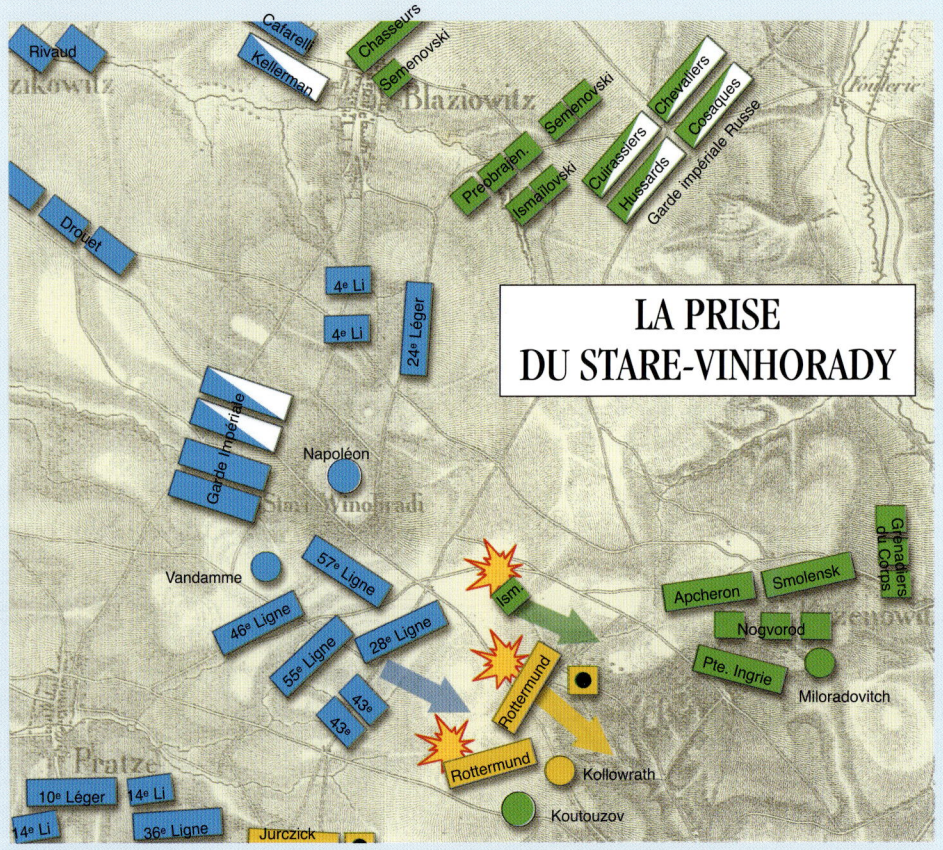

LA PRISE DU STARE-VINHORADY

il précise que l'infanterie n'a pas chargé ses fusils. A la même heure, Saint-Hilaire est devant Puntowitz et va démarrer son offensive. Il voit parfaitement son objectif : les hauteurs de Pratzen, le Pratzenberg (cote 324 m) au sud du village du même nom. Le 10e léger, entraîné par Morand, est en tête, précédant Thiébault (14e et 36e) que suit Varé (43e et 55e) qui constitue la première réserve.

Vandamme est plus au nord, devant Girzikowitz, son objectif est le petit sommet du Staré Vinhorady, haut de 298 mètres et couvert de vignes. La brigade Férey est en tête (46e et 57e), le 28e suit et à gauche le 4e et le 24e léger couvrent vers Blazowitz. Il faut insister sur l'erreur de Liechtenstein qui est venu prendre ses bivouacs la veille à la nuit avec sa cinquième colonne de cavalerie trop bas et va créer le désordre en voulant remonter vers l'emplacement de départ prévu initialement, à hauteur de Blasowitz, pour couvrir la charnière du front vers Bagration. Il a surtout coupé la route de la deuxième colonne de Langeron qui a pris du retard dans sa marche vers Sokolnitz.

La surprise des Alliés sera complète lorsque, le soleil éclatant va dissiper peu à peu les brouillards. Ils vont voir surgir les soldats du 10e léger qui se ruent vers leur objectif : le Pratzenberg. L'état-major et les deux Empereurs arrivent près de Koutouzov qui supervise la quatrième colonne et n'a pas encore bougé. C'est l'avant-garde de Miloradovitch qui va supporter le choc initial. Elle est confiée au colonel Manachtine qui sera tué à la Moskowa. Il dispose des régiments russes de Novgorod, d'Apchéron, de Petite Russie et de Smolensk. Plus en arrière, les Autrichiens du régiment de Salzbourg et les bataillons des dépôts autrichiens, beaucoup moins aguerris, sont en seconde ligne, en colonne sur la même route. Ces troupes partent pour attaquer vers Puntowitz. Quelle sera leur surprise en voyant déboucher les Français, les attaquants sont devenus les attaqués. Deux bataillons de Novgorod sont installés dans Pratzen ; le premier est couché, en embuscade derrière une crête, en sortant de Pratzen. Le second est en pleine déroute, semant le désordre dans le régiment d'Apchéron. Tous ces fuyards passent devant le tsar qui essaye de les arrêter, sans succès. Ces éléments de la quatrième colonne théorique sont sous le commandement de Koutouzov lui-même et de Miloradovitch. Ce général est très mal jugé par ceux qui ont assisté aux combats. Ils l'accusent d'avoir « fait son cinéma » pour épater le tsar qui va le prendre pour un héros alors qu'il va se faire écraser. Claude Manceron dans son livre rapporte le dialogue suivant au sujet de ce général :

vient aider Kamenski. Volkonsky et même Weyrother vont venir sur ce point diriger des charges.

- C'est **Thiébault** qui va supporter les attaques de Kamenski. Il a le 36e qui a à sa gauche le deuxième bataillon du 14e appuyé en potence au premier bataillon du 14e qui prolonge la droite du 10e léger de Morand, lui aussi, en potence qui se trouve opposé aux Autrichiens de Jurczik.
- **Thiébault** a reçu en renfort six pièces de 12 qu'il va associer à ses trois canons présents, masquant cette batterie solide par ses fantassins. Il va avoir à supporter plusieurs charges des Russes associés aux Autrichiens des 6e bataillons. Le feu démasqué des pièces de Thiébault et les tirs d'infanterie vont décimer ces attaquants repoussés à chaque tentative mais qui vont se battre longtemps, perdant 50 % de leurs effectifs devant Langeron qui admire leur courage.
- Finalement, **Kamenski** doit céder et il va descendre vers Krenowitz avec Koutouzov. Il est onze heures et demie et le plateau de Pratzen est pris. Napoléon va en profiter pour venir sur le Staré Vinhorady (298 m) d'où il pourra mieux conduire, à vue, les opérations. Il est suivi par la Garde mais il a laissé en arrière les grenadiers d'Oudinot comme réserve éventuelle pour Legrand et Davout.
- Les deux bataillons du 43e, seront appelés vers le Pratzenberg pour aider Thiébault et Morand, la brigade Levasseur s'est déplacée vers la droite de Thiébault avec le 18e, le 75e et les tirailleurs corses, complétant la ligne.

« Monté sur un superbe cheval anglais, très rapide à la course, le général Miloradovitch va et vient à toute vitesse au milieu des balles et des boulets. Du petit tertre où lorgnette à la main, le Tzar observe le spectacle, avec le même sang-froid un peu crispé que pour un ballet mal monté à l'Opéra, on ne voit que lui. Il fascine les officiers de l'état-major et le souverain lui-même.
Toujours entre ses soldats et l'ennemi, Miloradovitch jure, gronde, agite le sabre et tire des coups au jugé avec une énorme paire de pistolets d'argent.

— *Avez-vous remarqué qu'il ne s'éloigne jamais de la vue du Tzar ?* Soupire Czartorinsky, trop fin pour se laisser prendre à ce jeu grossier.

— *Ce qui est beaucoup plus grave, Excellence, c'est qu'il est tout à sa pantomime, lui répond le général Intzow. Il n'a pas donné un ordre à ses hommes depuis ce matin.* »

Ce sont les Russes qui tiennent le plateau, les Autrichiens qui étaient en seconde ligne sont dirigés les uns vers le Staré Vinhorady vers lequel on voit monter la division

LE PRATZENBERG, I

LA DEROUTE DE KOUTOUZOV

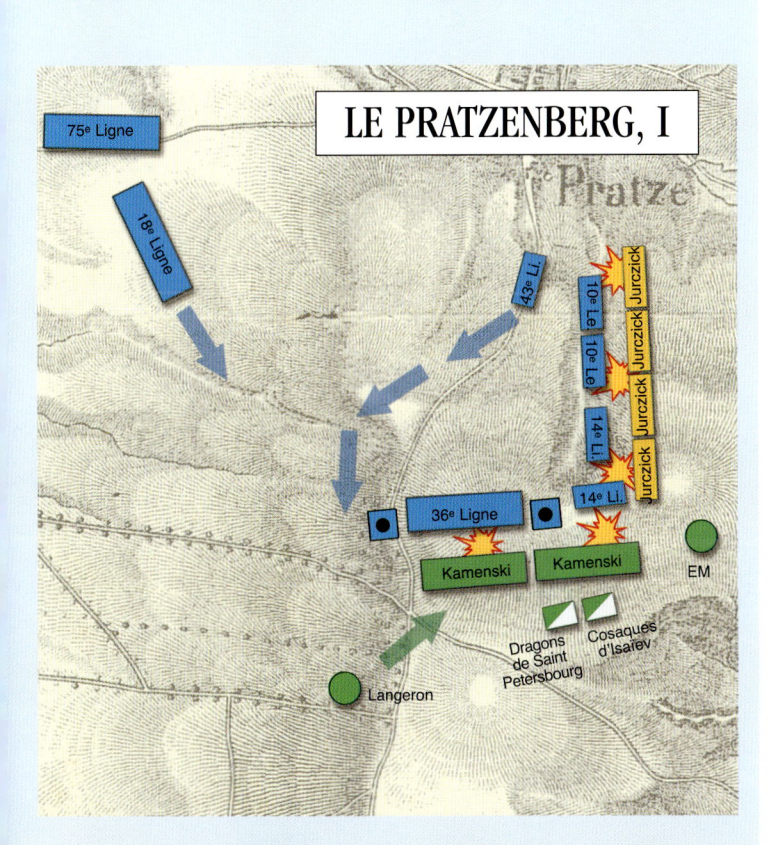

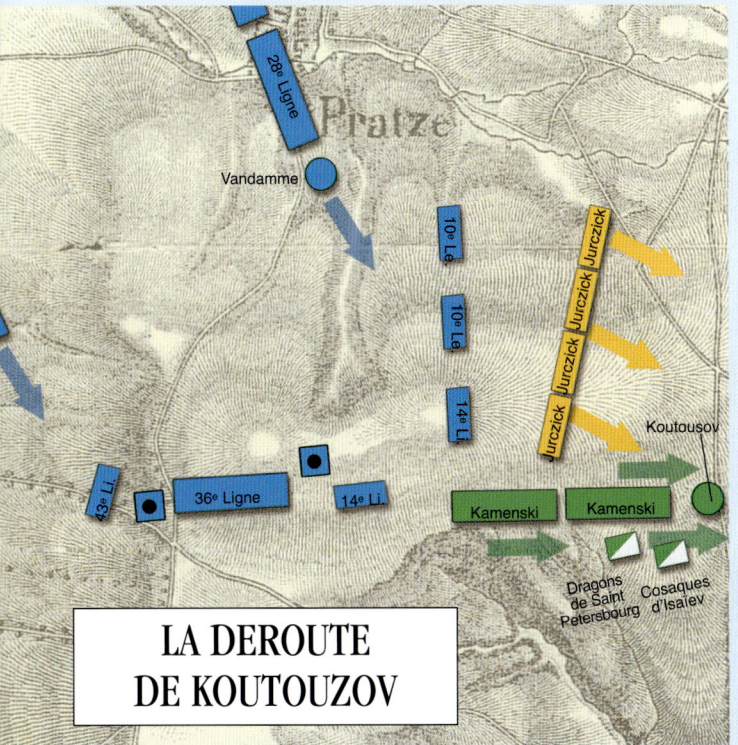

Vandamme, les autres vers le Pratzenberg.

Entre 9 heures et 9h30, Thiébault est envoyé prendre le village de Pratzen que, normalement, l'on devait laisser isolé sans l'attaquer, ce sont les hauteurs qui priment. Cette attaque va coûter la vie au colonel Mazas qui débouche à la tête du 1er bataillon du 14e et tombe dans l'embuscade tendue par un bataillon russe dont les hommes, couchés derrière la crête qui précède le village, se dressent tout d'un coup et lâchent leur salve qui met en désordre le bataillon français. Thiébault vient à la rescousse et emporte le village à la course avec ses trois autres bataillons. Vandamme arrive de son côté avec la brigade Ferey (46e et 57e). Le général Repninski tente de ramener au feu le 1er bataillon de Novgorod, mais il tombe atteint de trois balles. Le général Berg qui tente de ramener au combat le régiment de Petite Russie est blessé et fait prisonnier. C'est la déroute complète de Miloradovitch qui est obtenue en trente minutes. Le Tsar essaye bien de les arrêter, mais sans succès. Sur le Pratzenberg, Morand a du mal à progresser et les Autrichiens de Jurczik arrivent vers lui de l'Est, entraînés par leurs musiques. Un général va sauver pour un moment la défense du Pratzenberg, c'est Kamenski qui appartient à la colonne de Langeron. A la suite du désordre causé par Liechtenstein, il a pris du retard et assiste à l'attaque des Français sur le plateau. Intelligemment, il décide de remonter sur ce point essentiel au lieu de continuer à descendre vers Sokolnitz. Il fait prévenir Langeron par le colonel Balk qui commande deux escadrons des dragons de Saint-Pétersbourg qui sont avec les Cosaques d'Issaev rattachés à leur colonne. Langeron stupéfait demandera à ces cavaliers une confirmation de ces faits surprenants et très inattendus. La confirmation obtenue, il va venir retrouver Kamenski, laissant Olsufiev diriger l'action dans Sokolnitz.

De son côté, Vandamme progresse vers son objectif du Staré Vinhorady. Le 55e et un bataillon du 43e de la brigade Varé qui sert de réserve, sont venus appuyer l'attaque du Staré Vinhorady. L'autre bataillon du 43e est envoyé vers la droite de Thiébault menacée par la volte-face de Kamenski qui arrive avec ses six bataillons des régiments de Fanagorie et de Riazan, il sera rejoint par l'autre bataillon, plus tard.

L'état-major des Alliés est tout près des combats et Weytrother, comme Volkonski, aide de camp d'Alexandre, sont venus se mettre à la tête des hommes de Kamenski et les font charger deux fois sans succès. Thiébault raconte :

« Par suite des mouvements qui, pendant les premières heures de combat, surtout, se firent presque tous en courant (tant l'ennemi nous pressait de tous côtés) le 36e avait à ce moment le 2e bataillon du 14e à sa gauche, et ma ligne s'appuyait perpendiculairement au 10e léger du général Morand dont la droite était formée par le 1er bataillon du 14e, en potence. »

La brigade ainsi fractionnée, le général Morand, avec trois bataillons est chargé de battre les Autrichiens de Jurczik qui avançaient en faisant jouer leurs musiques. Le général Thiébault, avec les trois autres bataillons, est opposé aux nouvelles masses du général Kamenski dont la brigade fait partie de la deuxième colonne de Langeron mais n'a pas encore amorcé sa descente vers Sokolnitz.

Sur le Staré Vinhorady, les Autrichiens de Kollowrath, avec le général Rottermund, seront battus par la 24e légère et le 4e aidés par les hommes de la brigade Varé et surtout le 55e, le bataillon du 43e allant, ensuite, renforcer la droite de Thiébault. Les Autrichiens fuient en direction d'Aujezd et leur artillerie est prise. Leur déroute entraîne le bataillon des gardes du régiment Ismaïlowski envoyé en renfort par Constantin à la demande de Koutouzov.

Thiébault a reçu un renfort important sous la forme de six pièces de 12 venant de la réserve du corps sous le commandement du chef de bataillon Fontenay. Il a disposé ces pièces lourdes avec les trois déjà présentes derrière un rideau d'infanterie et il explique cette action ainsi :

« Je les fis placer de chaque côté du 36e… J'ordonnai au commandant Fontenay de faire charger toutes les pièces à mitraille et à boulet, et sur l'observation que cela les abîmait, j'ajoutais : Qu'elles durent dix minutes et cela suffira. Je fis ensuite vérifier le pointage des pièces pour tirer à 15 ou 20 toises ; je fis placer dix cartouches à mitraille et dix boulets par pièce à côté de chacune d'elles, pour tirer plus vite ; je fis renouveler et renouvelai moi-même aux troupes la recommandation de bien viser avant de tirer, et de viser à la ceinture des hommes et au centre des pelotons afin qu'aucun coup de fusil ne fût perdu ; puis ayant utilisé de cette sorte jusqu'au dernier moment, je laissai approcher ces formidables masses à la distance prévue, et brusquement, mes neuf pièces démasquées et toute ma ligne commencèrent un des feux les plus destructeurs qui jamais aient été faits…

On conçoit ma satisfaction en voyant chacun des coups de canon ouvrir dans les régiments de larges trous carrés, et ces régiments qui assaillaient mes trois bataillons se disperser en masses fuyantes… En prévenant un choc auquel nous étions hors d'état de résister, je sauvais ma brigade et l'avant-garde que commandait Morand, et nous pûmes ainsi nous maintenir sur le plateau de Pratzen, dont la perte nous aurait été aussi fatale que sa conservation fût décisive. »

Kamenski est repoussé et deux batteries attelées lui sont prises. Langeron qui est arrivé auprès de Kamenski dit qu'il voit fuir les Autrichiens poursuivis par les Français. Il est 11 heures du matin. Il rend hommage au courage des conscrits russes dont le tir était mal dirigé car ils n'avaient pratiquement jamais vu le feu. Il les admire pour avoir tenu pendant deux heures alors que plus de la moitié d'entre eux fût couchée sur le terrain. Koutouzov est éraflé par une balle tirée des lignes du 10e léger de Morand, son gendre est tué en essayant de rallier les hommes en fuite, tout comme le général Jurczik. Thiébault surnommé « le boucher » a bien mérité ce surnom et son manque de modestie est conforme à la suite de ses mémoires. Il a fait, fort bien, son métier de tueur indispensable dans les affrontements de cette époque. D'ailleurs, à Austerlitz, les fantassins français ont chargé à la baïonnette bien décidés à ne pas faire de quartier, leur général l'a demandé : il ne « *faut rien laisser derrière* », d'autant que les Russes blessés tentaient de recharger leurs armes pour leur tirer dessus une fois dépassés. Les Russes habitués à lutter contre les Turcs avaient pris l'habitude de combats cruels.

La brigade Varé va entrer en scène avec le 43e qui vient renforcer Thiébault avec son 1er bataillon (le deuxième a marché avec le 55e contre les bataillons de Milora-

Bagration

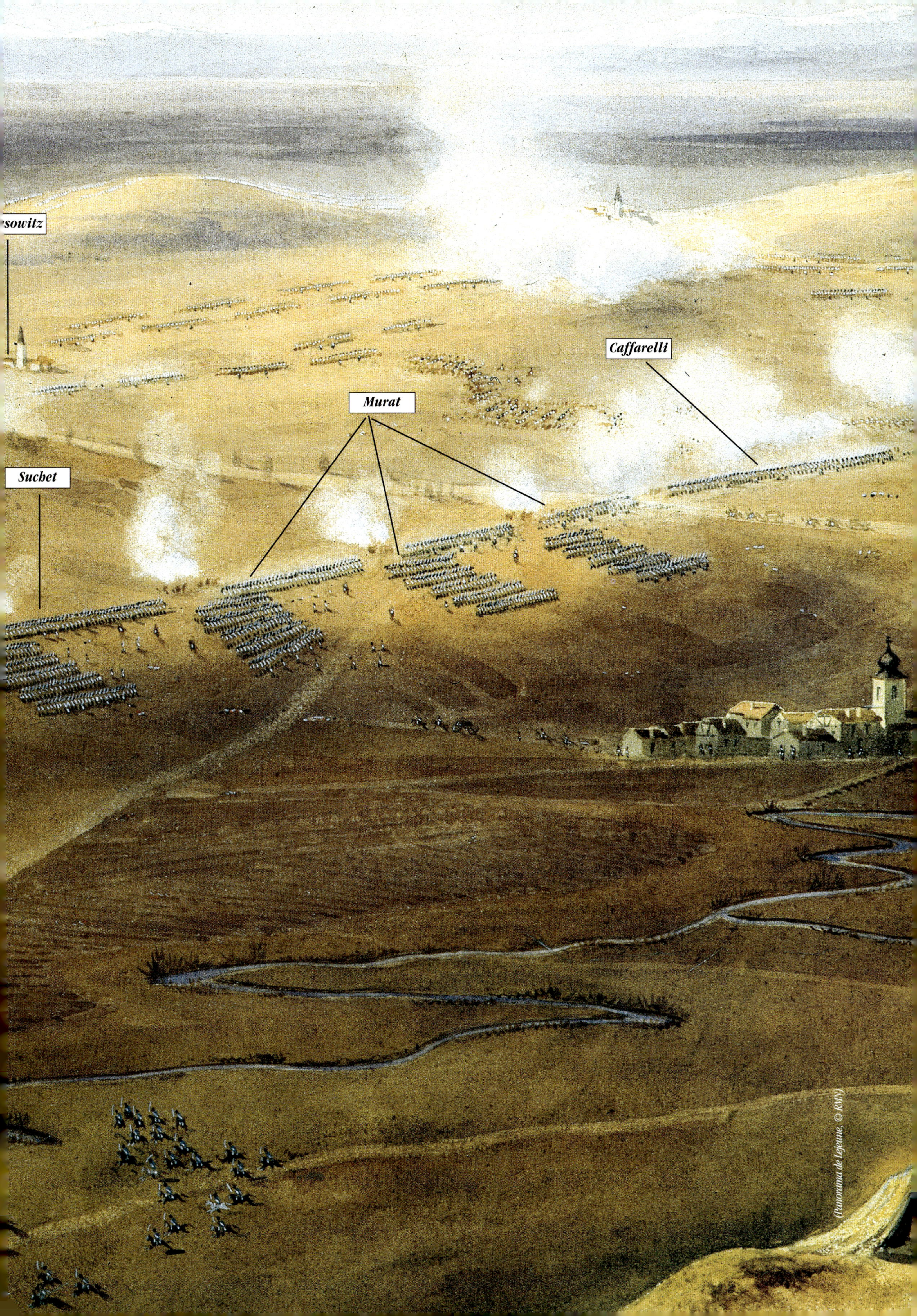

(Panorama de Lejeune, © RMN)

dovitch). Langeron raconte que, dans le secteur du Staré Vinhorady, la première ligne fut écrasée en moins d'une demi-heure par la faute du général qui fait sa pantomime devant le Tsar.

Ledru des Essarts qui commande le 55e donne, dans une lette à son beau-frère, les détails suivants:

« Je suis échappé sain et sauf, cher ami, aux dangers de la bataille d'Austerlitz. Tu liras sans doute avec intérêt quelques détails sur ce qu'a fait mon régiment dans cette célèbre journée.

La première division du corps du maréchal Soult commandée par le général Saint-Hilaire et dont le 55e fait partie, avait été désignée par l'Empereur pour commencer l'attaque et devait couper l'armée ennemie en son centre. Le 2, à la pointe du jour, elle marche en colonne vers les hauteurs de Pratzen. J'obliquai à gauche avec mon corps et avec le 2e bataillon du 43e régiment pour enlever une batterie de six pièces de canons qui nous prenait en flanc et nous faisait beaucoup de mal, elle était défendue par deux régiments russes. Dans un instant, mon général de brigade (Varé) et mes trois chefs de bataillons furent mis hors de combat. Je pris le commandement. Je fis doubler le pas en faisant un feu terrible. L'ennemi fut culbuté et son artillerie tomba en notre pouvoir. Ces deux régiments chassés coururent en désordre se rallier à 300 pas derrière un corps de 4 000 hommes occupant une hauteur avantageuse avec huit pièces. Je n'hésitais pas à l'attaquer quoiqu'il fut deux fois plus nombreux que moi et, faisant faire les feux de bataillon en avançant, j'emportai cette position aussi rapidement que la première. Presque tous les canonniers furent tués sur leurs pièces et cette seconde artillerie tomba aussi au pouvoir de mon régiment. Cet avantage me coûta cher puisqu'en

L'Empereur, partout à la fois, semblant déjà connaître les phases de la bataille donne ses ordres. *(DR)*

Le plateau de Pratzen, en hiver, sous le brouillard, tel qu'il apparaissait peut être aux yeux des fantassins de l'Empereur, quelques minutes avant le célèbre soleil. *(© Garnier)*

moins de cinq minutes la mitraille et les balles me firent perdre 300 hommes et frappèrent mon cheval. On arrivait sur la hauteur.

Je m'attendais à être vigoureusement reçu à la baïonnette par les Russes tant vantés, mais ils gagnaient en fuyant le village de Pratzen. Un feu roulant les abattait par centaines et la terre était jonchée de leurs morts. J'allais entrer dans Pratzen et détruire entièrement cette colonne lorsque les cuirassiers de la garde impériale de Russie accoururent au galop pour les sauver et me charger. Je me formai lestement en masse et quoique mes tirailleurs allassent à 50 pas pour leur tuer du monde. Ils n'osèrent pas m'attaquer et ce fut alors que le maréchal Soult arriva avec la division du général Vandamme. Il me fit les compliments les plus flatteurs et je rejoignis le général Saint-Hilaire qui se trouvait à une demi-lieur de là en mesure d'attaquer le château de Sokolnitz où mon régiment fit près de 400 prisonniers dans le parc. Jusque là, le soldat avait tué sans miséricorde et n'avait voulu prendre personne en représailles de la cruauté des Russes. Vers quatre heures, lorsque les débris de l'armée ennemie étaient acculés au lac de Menitz, l'Empereur passa près de moi, m'appela et eut la bonté de me témoigner sa satisfaction sur la conduite de mon régiment et de me donner des détails sur les résultats de la bataille.

Tu les liras dans les rapports officiels. Jamais l'armée française ne fut couverte de tant de gloire. Le 55e a perdu 344 hommes dont 18 officiers, mes deux chefs de bataillon et 8 capitaines ont été gravement blessés. Je viens d'arriver à Vienne, garnison de faveur, où je compte un peu me reposer car je suis extrêmement fatigué. Je loge dans une belle auberge où la ville me paye une table de six couverts, deux domestiques, un carrosse et mes entrées aux théâtres.

Tu vois que je ne suis pas trop malheureux, donne moi de tes nouvelles. Je t'embrasse bien tendrement ainsi que ma sœur… »

Ledru des Essarts.

Ce témoignage rend bien compte de la cruauté de ces combats sans pitié dans les affrontements d'infanterie que les Russes abordent en poussant des cris affreux. Ces hommes ont tous été « dopés » au départ par une bonne ration d'alcool et les Français, tout aussi « dopés », étaient jaloux de la réputation qui vantait la soi-disant supériorité des Russes. Le célèbre dicton concernant les *moujiks* se confirme à cet instant:

« Il ne suffit pas de tuer un Russe, il faut aussi le pousser pour qu'il tombe ».

Au Staré Vinhorady, les 9 bataillons russes placés par Miloradovitch, qui étaient à droite de Pratzen et comptaient environ 4 500 hommes des régiments de tête, sont attaqués par Vandamme avec la brigade Ferey (57e et 46e) qui arrive de front alors que la brigade Varé avec le 55e et un bataillon du 43e les attaque sur leur flanc gauche. Leur ligne fut écrasée en une demi-heure. Le 1er bataillon du régiment de Novgorod fut presque entièrement détruit (dit Colin dans son article précieux de la Revue d'Histoire).

Le général Repninski est blessé trois fois et le général Berg qui tente de rallier son régiment de Petite-Russie est blessé et pris. Les Autrichiens de Rottermund, avec le régiment de Salzbourg et les deux bataillons de Kaunitz et d'Auersperg, sont arrivés sur le Staré-Vinhorady. Vandamme les fait attaquer par le 4e et le 24e léger qui montent à l'assaut sans tirer et chargent à la baïonnette. Ces Autrichiens sont mis en déroute et vont se diriger vers Aujezd. Leur artillerie a déjà été prise. Dans leur

La victoire n'a pas encore choisi son camp. Au milieu de sa Garde sur le Staré Vinhorady, l'Empereur observe les régiments de la ligne montant — espère t-il déjà — asséner le coup de grâce. *(DR)*

déroute, ils vont entraîner les débris des bataillons russes battus ainsi que le bataillon d'Ismaïlowski que Constantin a détaché vers eux. Le reste de la garde russe va descendre vers la division Vandamme, appelée par Koutouzov. Le plateau est libéré.

Après cette conquête définitive du plateau, Napoléon va venir sur le Staré Vinhorady qui est tombé à 11 heures. De là, Napoléon, à midi, peut suivre tout le développement de la bataille. Il est suivi par la Garde et Soult est auprès de lui avec l'état-major. La garde a suivi, mais les grenadiers d'Oudinot ont été laissés vers Turas pour aider, si besoin, Davout.

La brigade Levasseur, laissée devant Kobelnitz, est avancée vers la droite de Thiébault, complétant la ligne d'attaque. Les divisions du premier corps ayant franchi le Goldbach à Girzikowitz commencent leur montée avec Drouet à droite qui a divisé ses bataillons évoluant par demi-bataillon et Rivaud, plus à gauche, vers Blasowitz.

Ce témoignage ainsi que le récit de Thiébault nous montre aussi la complexité des combats livrés sur le Pratzen aboutissant à la destruction de ce qui fut la quatrième colonne alliée malgré le retour intelligent de Kamenski, quand même obligé de se replier vers Krenowitz avec Koutouzov. Le régiment de Riazan aura deux drapeaux pris. Weyrother et Volkonski, aides de camp du tzar, vont bien essayer de rallier tous ces bataillons en retraite vers Krenowitz mais sans succès.

Les Alliés n'ont plus qu'une ressource pour essayer de tenir au centre c'est la garde russe qui va monter en ligne.

L'ATTAQUE DE LA GARDE RUSSE

Le Grand duc Constantin fait avancer ses régiments vers le Pratzen et vers Blasowitz où s'amorce une fissure grave car Bagration est très attaqué sur ce point. L'aile droite des Alliés risque fort d'être coupée du centre et rejetée vers Olmutz isolée. Les efforts de Murat et de Lannes, dont la droite tenue par Caffarelli avance et attaque, poussent à la retraite cette aile droite alliée.

La garde russe déployée au sud-est de Blazowitz a son infanterie rangée sur deux lignes avec devant:

Les **régiments Préobrajenski** et **Semenowski** avec une compagnie d'artillerie entre les deux. Derrière, sont le régiment **Ismaïlowski** et les **chasseurs de la garde**. En arrière les **cuirassiers** et les **hussards** de la garde forment une troisième ligne.

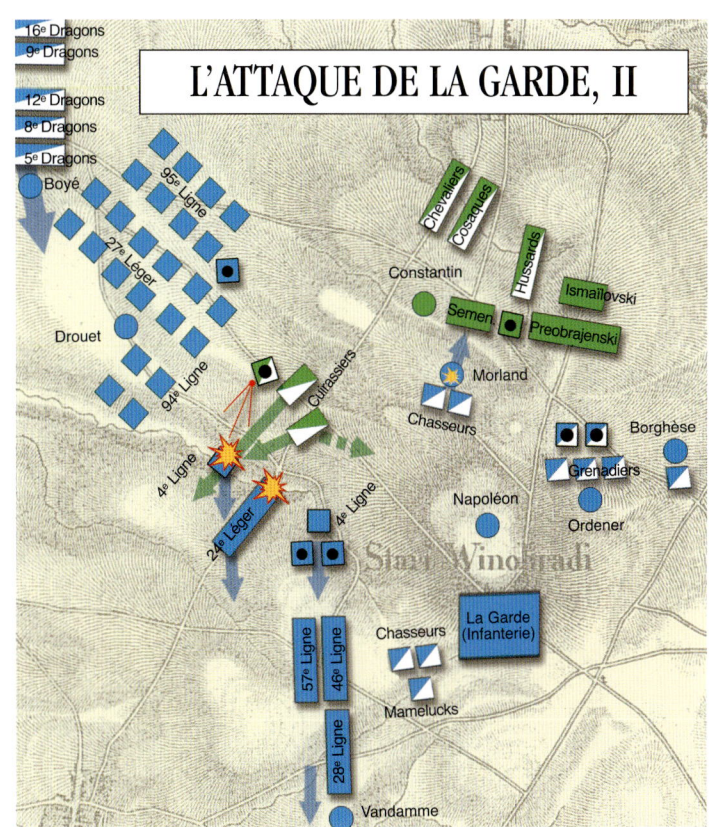

En réserve, il y a les **chevaliers-gardes**, et les **Cosaques de la garde** et enfin les **grenadiers du corps**. Constantin qui mène une vie dissolue et maltraite ses domestiques au point de les faire tuer à la moindre incartade, n'est qu'un général novice et il se sent bien isolé. Il va s'appuyer sur le point charnière de Blazowitz qu'il fait occuper par les chasseurs de la garde et un bataillon de Semenoski avec 3 pièces de canon. La cavalerie de Liechtenstein (de la cinquième colonne) est rassemblée aussi vers Blazowitz ayant enfin gagné son poste de départ prévu.

Koutouzov demande des renforts pour le centre et Constantin lui envoie un bataillon d'Ismaïlowski, mais ce bataillon dirigé vers le Staré Vinhorady va se trouver entraîné par la déroute des bataillons autrichiens de la quatrième colonne. Il faut que la cavalerie de la garde intervienne.

LA GRANDE CHARGE D'AUSTERLITZ

C'est la gauche de Vandamme, un peu isolée entre Blazowitz et Pratzen, qui va supporter le choc avec le 4e et le 24e léger, eux aussi isolés au Nord du Staré Vinhorady, d'autant que Napoléon va déplacer vers la droite le reste de la division Vandamme que les divisions du premier corps commencent à remplacer en montant de Girzikowitz, après avoir franchi le Goldbach. Drouet est à droite et Rivaud à gauche. Constantin va lancer son infanterie à la charge mais les fait démarrer de trop loin. Arrivant au contact après une course de 300 mètres, ils seront vite stoppés. C'est la cavalerie de la garde qui doit intervenir.

Le capitaine Vincent, aide de camp de Vandamme, voyant arriver les cavaliers russes va au devant d'eux et alerte son général. Il a vu une batterie à cheval qui vient de prendre position devant les lignes des cavaliers mais tombe victime de la première décharge. Bigarré va retrouver le premier bataillon du 4e très exposé, il le rejoint et le fait mettre en carré. Un premier escadron est en pleine charge contre lui. C'est le 1er escadron des cuirassiers de la garde russe du colonel Ojarovsky. Cette charge est reçue par une fusillade qui la refoule, mais le deuxième escadron va suivre surprenant le bataillon dont déjà deux porte-drapeaux ont été tués par l'artillerie, c'est le sergent-major Saint-Cyr qui tient le drapeau qui va lui être enlevé par les hommes de la 3e compagnie de ce 2e escadron entraînée par le lieutenant Khmelev et les gardes Lazonov, Ouchakov et Omeltchenko qui le blessent 12 fois et enlèvent le drapeau. Cette charge a mis en déroute le 4e et le 24e léger qui courent en se retournant. Cet épisode fera dire à Bessières qui s'adresse à son aide de camp César de Laville : « *Nous allons avoir une affaire de cavalerie* ». Il lui expliquera ensuite que les fuyards devant l'infanterie ne se retournent pas alors que devant la cavalerie ils le font car ils craignent d'être rattrapés à tout instant.

Napoléon du haut du Staré Vinhorady a vu ce désordre et demande à Bessières de faire donner la cavalerie de la Garde pour colmater cette déchirure du front.

Bessières dispose de **quatre escadrons de chasseurs à cheval de la garde** soit 375 cavaliers sous les ordres de colonel Morland, avec eux marchent les mamelucks qui ne sont que 42 avec 6 officiers (373 chasseurs sont absents) ; **quatre escadrons**

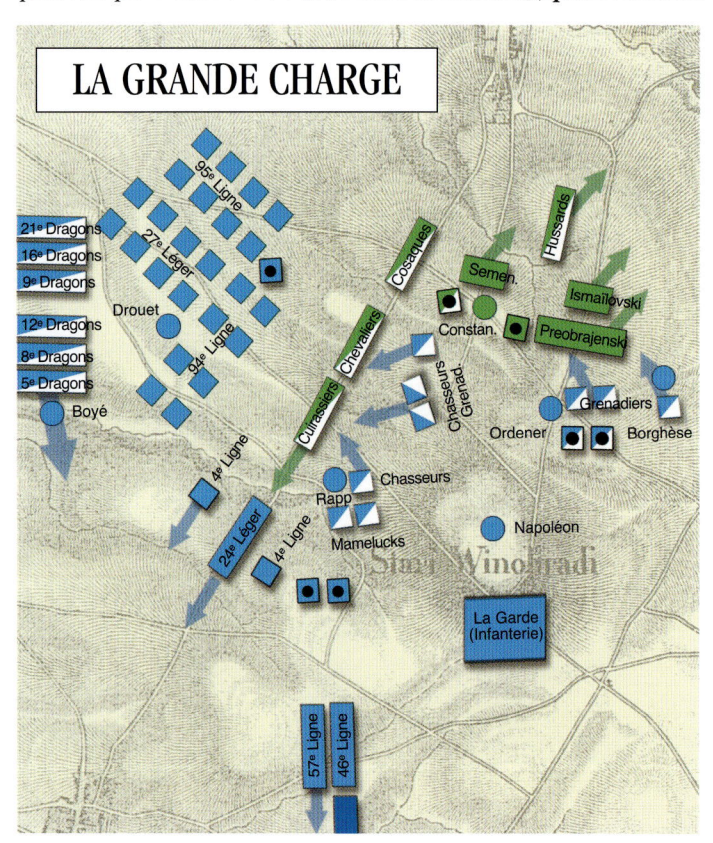

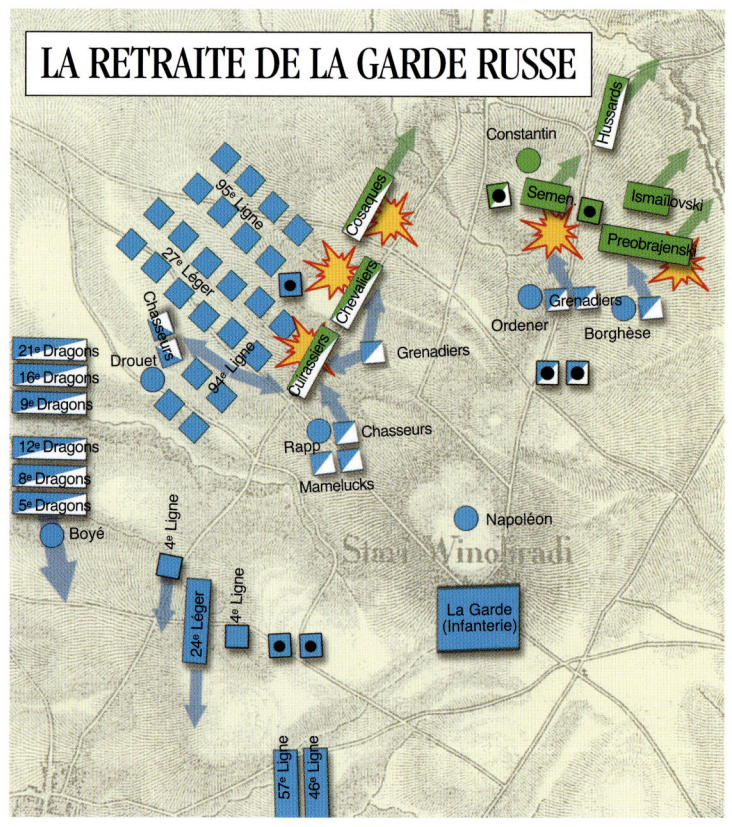

LA GRANDE CHARGE

LA RETRAITE DE LA GARDE RUSSE

Au plus fort de la mêlée, les Mamelucks aux côtés des chasseurs à cheval chargent la cavalerie de la Garde Russe. *(J. Girbal, collection de l'auteur)*

Ci-contre. **La mort de Morland à la tête de ses chasseurs, tué par la balle d'un fantassin du régiment Semenovski.**
(© Peinture de Rigo « Le Plumet » pour Histoire & Collections)

de grenadiers à cheval, les « chevaux noirs », les « invincibles ». Commandés par Ordener, ils sont 706. Deux cent quarante huit ont été laissés en route. Le prince Borghèse, mari de Pauline, commande un escadron de ces cavaliers noirs.

Les Gendarmes d'élite ne sont pas à Austerlitz.

Bessières trop économe de ses enfants chéris, n'envoie d'abord que deux escadrons de chasseurs avec Morland épaulés sur leur droite par trois escadrons d'Ordener. Malgré leur courage, ils vont être repoussés par le régiment de Séménowski rallié et le colonel Morland est tué.

Doguereau est aussi mis en place avec une batterie volante de la garde avec 8 pièces. Il tire sur l'infanterie de la garde russe. Les hommes du 24ᵉ léger et du 4ᵉ vont se rallier progressivement et aider les cavaliers. L'étendard du 5ᵉ escadron de réserve des cuirassiers est pris et les cavaliers russes mis en désordre. En fait, cet étendard n'est qu'un fanion de couleur de l'escadron de réserve des gardes figuré dans le livre de Vérillon, on entend dire que c'est l'étendard des chevaliers-garde qui a été pris, en fait cet étendard des chevaliers-gardes est un *vexillum* à hampe d'argent, (laissé toujours en arrière comme l'étendard régimentaire des cuirassiers de la Garde qui formaient la première vague.)

Les Russes font aussi charger les chevaliers-gardes appuyés par les cosaques de la garde. Comme la mêlée est encore incertaine, l'Empereur envoie Rapp pour qu'il mette un peu d'ordre de ce côté. L'aide de camp de Napoléon, déchaîné, part à la tête des mamelucks qu'il a formés jadis. Une seconde vague de cavaliers de la garde française va être lancée, entraînée par Ordener avec le dernier escadron des grenadiers, magnifiques cavaliers pleins d'expérience avec Dahlmann en tête des deux derniers escadrons des chasseurs. Le prince Borghèse couvre la droite d'Ordener avec son escadron. Doguereau a installé une batterie volante de la garde, avec huit pièces, et tire sur la garde à pied.

En même temps, le général Drouet fait avancer ses régiments dont le feu va démonter les attaquants. Ses bataillons, séparés en deux moitiés, sont espacés et entre leurs carrés les cavaliers de la garde vont pouvoir se réfugier derrière leurs feux très efficaces dirigés

55

contre les Russes qui veulent poursuivre les cavaliers de la garde. Ceux-ci repartent à la charge une fois reposés. Avec Werlé, le 94e est le premier en ligne, le 95e en deuxième ligne et le 27e léger en troisième ; ce régiment est commandé par Frère. Leur artillerie est installée. Les chasseurs de la garde, une fois à l'abri de l'infanterie de Drouet, font usage de leurs carabines contre leurs poursuivants éventuels.

Rapp trop engagé est en danger, il sera sauvé par Daumesnil aidé par deux mamelucks, les lieutenants Chahin et Daoud Habaiby. Le prince Repnine, chef d'escadron des chevaliers gardes est pris avec 200 de ses cavaliers. Cinq cents Russes de la garde vont rester sur le champ de bataille. L'avance de Drouet complète cette victoire. Rapp va conduire à l'Empereur le prince prisonnier et les étendards capturés par les cavaliers de la garde comme on le voit dans le magnifique tableau commandé par Napoléon qui en précisera les détails. Les cavaliers français vont charger les régiments de Séménowski et de Préobrajensky que mitraille Doguereau avec ses canons. La garde russe se replie vers les grenadiers du corps en position près de Krenowitz qui sera enlevé bientôt par le 27e léger.

Cet épisode célèbre n'est qu'un bref combat à la gloire de la garde à cheval qui va « *faire pleurer les belles dames de Saint-Pétersbourg* » car tous les officiers des gardes sont des fils de grandes familles nobles russes. Ces beaux jeunes gens étaient certainement courageux mais ils n'avaient ni la technique, ni l'expérience, des vieux guerriers de la garde de Napoléon, professionnels de très grande qualité. Cette remarque est tout aussi valable pour la qualité relative des deux armes que ce soit l'infanterie française formée parfaitement à Boulogne au tir et aux manœuvres sur le terrain et exaltée par la présence de l'Empereur, ou la cavalerie très entraînée par des cadres chevronnés dont beaucoup ont connu l'Égypte. Le camp de Boulogne aura au moins servi à forger une armée instruite et professionnelle, très supérieure aux novices qui lui sont opposés.

Morland sera momifié par Larrey et envoyé à Paris dans un tonneau de rhum. En le sortant de ce tonneau, on découvrit que les moustaches et la barbe de Morland avaient poussé jusqu'aux genoux. Napoléon pensait faire exécuter une statue de chacun des principaux héros morts à Austerlitz dont il aurait décoré le pont de la Concorde. Cette idée initiale sera remplacée par l'attribution de leurs noms à des rues situées près du pont d'Austerlitz.

La deuxième vague de cavaliers russes est lancée contre Rapp et Ordener (4e et 5e escadrons des chevaliers gardes et Cosaques de la garde). L'étendard du 5e escadron (de réserve) des gardes du corps est finalement le seul étendards pris dans cette mêlée, mais les pertes des chevaliers-gardes sont considérables, Danilevski donne les chiffres de 16 officiers et 200 cuirassiers tués ou blessés ainsi que 300

Les troupes françaises se déploient et arpentent sans discontinuer le champ de bataille d'Austerlitz. C'est avant tout avec les jambes de ses fantassins que Napoléon décrochera la victoire. *(DR)*

Dahlmann. *(DR)*

chevaux. Seuls 18 survivent à cette lutte de géants. Le prince Repnine et plusieurs officiers blessés sont pris. Les hussards de la garde russe se sont dérobés dans un vallon où ils se sont cachés, d'après Langeron. L'infanterie de la garde russe a dû supporter les charges et les coups de l'artillerie de Doguereau. Elle va alors reculer aussi en ordre que possible vers Krenowitz. Les grenadiers du corps ne pourront pas arrêter la retraite.

J'ai recherché les états de service d'un très grand nombre des cavaliers français qui ont participé à ce grand combat de cavalerie. Vous les trouverez parmi les combattants. Les pertes du côté français sont relativement faibles. **Les grenadiers** ont eu 6 officiers blessés, trois cavaliers tués et 18 blessés. Quatre vingt dix neufs chevaux ont été perdus. **Les chasseurs** ont perdu leur colonel Morland et le capitaine Thervay, 18 officiers et 5 chasseurs ont été blessés. 151 chevaux sont morts. Les mamelucks n'ont eu que trois blessés.

La garde russe se replie. Le centre des Alliés est percé. Drouet est monté sur le Pratzen et menace le village de Krenowitz et le chemin d'Austerlitz, mais Bernadotte reste timide et ne veut pas prendre de risques en avançant trop loin ses troupes. Il finira par faire prendre Krenowitz par le 27e léger de Frère qui refoulera l'infanterie de la garde russe. Ils entreront dans Austerlitz abandonné par les Alliés.

Napoléon va coucher au palais le lendemain soir dans le lit occupé par le tsar la veille de la bataille. Le soir du 2, Napoléon restera couché à la Poste de Posorzist. Le tsar, effondré, triste et malade ne trouve que Czernicheff qui va chercher et trouver Koutouzov qu'il ramène. On n'a pas trouvé la voiture d'Alexandre qui ne sera récupérée que trois jours plus tard. Les blessés et traînards sont abandonnés ainsi que le matériel. Seul, Bagration qui va rejoindre, tente de mettre de l'ordre.

MURAT ET LANNES CONTRE LE CORPS DE BAGRATION

Le centre ennemi est en pleine déroute. Il est à peine une heure de l'après-midi.

Le premier objectif essentiel est

LA CHARNIÈRE DE BLASOWITZ

C'est la division Caffarelli qui marche à l'aile droite de Lannes et débouche vers Blasowitz en joignant son action à celle de Vandamme dont le 4e et la 24e légère forment l'extrême gauche. Vers 10 heures 30, Lannes voyant les progrès faits au centre vers Pratzen, fait attaquer Blasowitz par Caffarelli, avec le 13e léger en tête suivi du 30e. Le 17e, le 51e et le 61e suivent en deuxième ligne. Blasowitz est tenu par un bataillon du régiment de Séménowski et les chasseurs de la garde commandés par Saint-Priest, (émigré qui sera tué en 1814), ils n'ont que trois canons. Le 13e léger est en avant, précédé par 4 compagnies de tirailleurs. Le 2e bataillon charge dans le village et fait 300 prisonniers et prend les trois canons. Le colonel Castex est tué au cours de l'attaque. Le 51e suit et bloque 250 fuyards, 450 prisonniers sont faits. Kellermann refoule les cavaliers alliés et prend une batterie.

Liechtenstein veut dégager cette menace et c'est le général Essen II qui démarre trop tôt et charge avec les 10 escadrons des uhlans de Constantin. Il se heurte aux cavaliers de Kellermann qui vont intelligemment se replier derrière l'infanterie, passant entre les bataillons. Tombant devant l'infanterie, les uhlans sont fusillés et subissent de lourdes pertes. Le gros du régiment poursuit mais il est obligé de passer entre les hommes de Caffarelli et ceux de Suchet et sont fusillés des deux côtés, laissant le quart des leurs sur le terrain. Essen II est tué et le général Miller Zkomelski est blessé gravement et fait prisonnier. Les uhlans en fuite se rallient vers la poste de Posorzist.

Kellermann, heureux que son piège ait fonctionné aussi bien, va passer dans les intervalles des bataillons français et charger plusieurs fois. La troisième charge est efficace et le colonel Burthe du 4e hussards, un instant pris, est libéré. Contre Dolgoroukov qui commande cette charnière. Kellermann, appuyé par Sébastiani et les 3e et 6e dragons et suivi par la division Walther, va repousser les cavaliers d'Ouvarov. Le 5e chasseurs va se conduire brillamment et son chef Corbineau va pénétrer dans les rangs des Russes et saisir un drapeau. Son cheval est tué et il faut que deux chasseurs viennent à son secours. Voici le texte de leurs citations.

Fortier, chasseur. *« A pris un drapeau au milieu d'un bataillon ennemi ; au moment ou le colonel blessait le porte-étendard et se saisissait d'un drapeau ; il a aidé le colonel démonté à joindre l'armée française ».*

Tassu, chasseur. *« A garanti le colonel d'être pris en se mettant entre l'ennemi et lui, lorsque ayant frappé le porte-drapeau son cheval fut tué et il tomba dans les rangs ennemis ; il a été blessé en défendant le colonel et en l'emmenant, traîné par la queue de son cheval ; il lui avait offert de le monter, mais le colonel n'en a pas eu le temps ».*

Bagration a essayé d'attaquer vers le Santon avec des cosaques, les hussards de Marioupol et le 5e chasseurs russe. Mais s'ils sont arrivés à prendre pied dans Bosenitz, le 17e léger se replie vers la grande batterie du Santon où les ennemis sont stoppés par le feu de l'artillerie des 18 pièces. Le chef de bataillon Anglès repart en avant avec le 2e bataillon du 17e léger appuyé par la cavalerie de Treillard et de Milhaud, elle-même couverte par les dragons de Roger. Ils reprennent Bosenitz et refoulent les attaquants vers Sitwitz.

Pour venir à bout de la cavalerie ennemie, Murat va faire donner les cuirassiers de Nansouty qui vont faire des charges remarquables, comme à l'exercice, et permettre de prendre Holubitz. Les carabiniers vont attaquer en tête, suivis par les cuirassiers. Le 3e cuirassiers se laissera emporter au delà du pont et il faudra aller le dégager. La cavalerie d'Ouvarov est dispersée et son artillerie perdue. Quittant Blasowitz, le 13e léger a repoussé les charges des dragons russes et les régiments de Caffarelli vont prendre Holubitz et Kruh. Toutes les tentatives des cavaliers ennemis sont repoussées par cette infanterie et le 6e chasseurs russe d'Oulanius est refoulé hors des villages.

Lannes est avec ses hommes, noir de poudre, pas rasé depuis deux jours, le col ouvert, sans chapeau, il est terrible. Il fait pousser l'avantage et la brigade Demont avec le 30e et le 17e va franchir la route d'Olmutz et dépasser la poste de Posoritz. La cavalerie alliée sera battue par les cuirassiers de Nansouty et de d'Hautpoul. Bagration qui a vu la déroute du centre, sait que la bataille est perdue et décide donc de se replier en ordre, par étapes, vers Rausnitz. Le major autrichien Frierenberger va arriver fort à propos amenant d'Olmutz une batterie de 12 pièces qui permettra à Bagration d'installer une position devant Rausnitz. Frierenberger sera décoré pour son action de l'ordre de Marie-Thérèse. Le 5e chasseurs se distingue.

Vers son aile gauche il a Dolgoroukov qui tient encore Holubitz et Kruh avec les restes du 6e chasseurs. Derrière, Ouvarov aligne une cavalerie imposante avec les hussards d'Élisabethgrad, les dragons de Kharkov et de Tchernigov avec les hussards de Marioupol et de Pavlovgrad et en réserve les dragons de Twer et de Saint-Pétersbourg qui ont deux escadrons détachés chez Langeron. Il va tenter de charger mais est repoussé et les cuirassiers de Nansouty alignés comme à la parade vont disloquer cette cavalerie de Liechtenstein. Les hommes de Caffarelli des 30e, 17e et 61e vont chasser le 6e chasseurs d'Holubitz et de Kruh, le régiment d'Archangelsk envoyé au secours du 6e chasseurs est anéanti. Les hussards de Pavlovgrad forment le dernier rideau de cavalerie. Avec les cuirassiers, les cavaliers de Kellermann, qui a une jambe cassée par une balle, et les dragons de Walther ont bien nettoyé le terrain et leur général est aussi blessé. Les régiments de Suchet les plus à droite (34e, 40e et 88e) ont bien contribué à fusiller les cavaliers russes. Très entamés par les charges des cuirassiers d'Hautpoul, les régiments de Pskov et de Vieille Ingrie sont dispersés par la charge des régiments de Suchet. Bagration se replie par échelons vers Rausnitz, grâce au renfort des 12 pièces arrivant d'Olmutz. Arrivé, il pourra former une position d'arrêt. Laissant Liechtenstein s'occuper de Blazowitz, Constantin a répondu aux appels urgents de Koutouzov au centre et a marché vers le sud.

C'est Murat qui a le commandement général de l'aile gauche. Une fois les villages de la charnière pris et Bagration étant coupé du reste de l'armée russe et se repliant devant Rausnitz, Murat arrête la poursuite, confortant ses positions d'Holubitz et de Kruh. Il contrôle la poste de Posorsitz et le carrefour des routes. Il pense que Napoléon peut avoir besoin de renforts pris sur sa cavalerie comme il l'a fait déjà de la division de dragons Boyé.

Bagration que l'on va croire en retraite vers Olmutz, finira par pouvoir rejoindre à Austerlitz le tsar et l'armée dont il formera l'arrière-garde plus sûrement que Miloradovitch avec les débris qu'il a essayé de regrouper. Caffarelli, furieux, voudrait pousser encore plus en avant. Ainsi dans cette plaine dite « plaine de la cavalerie », les forces alliées sont mises en déroute grâce à l'attaque déterminante des cuirassiers de Nansouty et de d'Hautpoul.

Bagration retraitera quand même en ordre, de position en position, mais perdra ses canons et son infanterie sera très entamée. Le ralentissement puis l'arrêt de l'offensive de Murat lui permet de se rallier un peu.

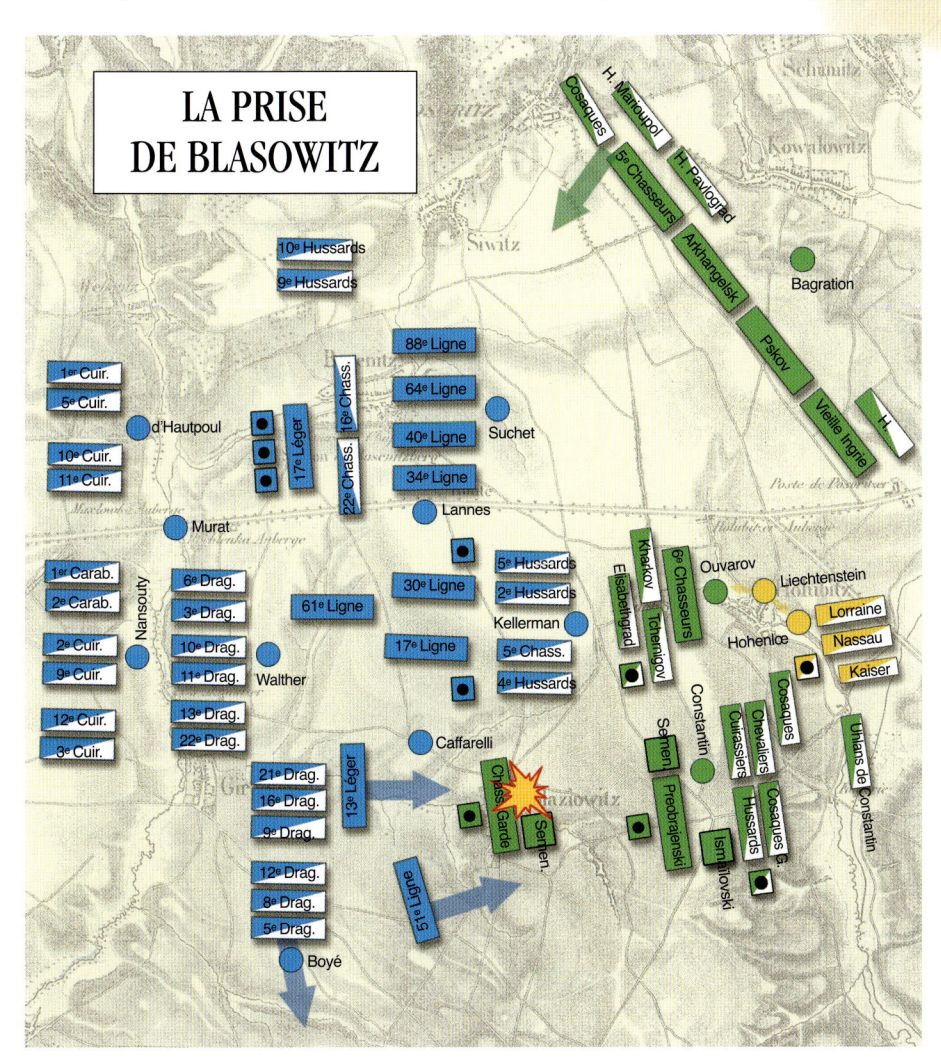

L'ECHEC DES UHLANS DE CONSTATNTIN

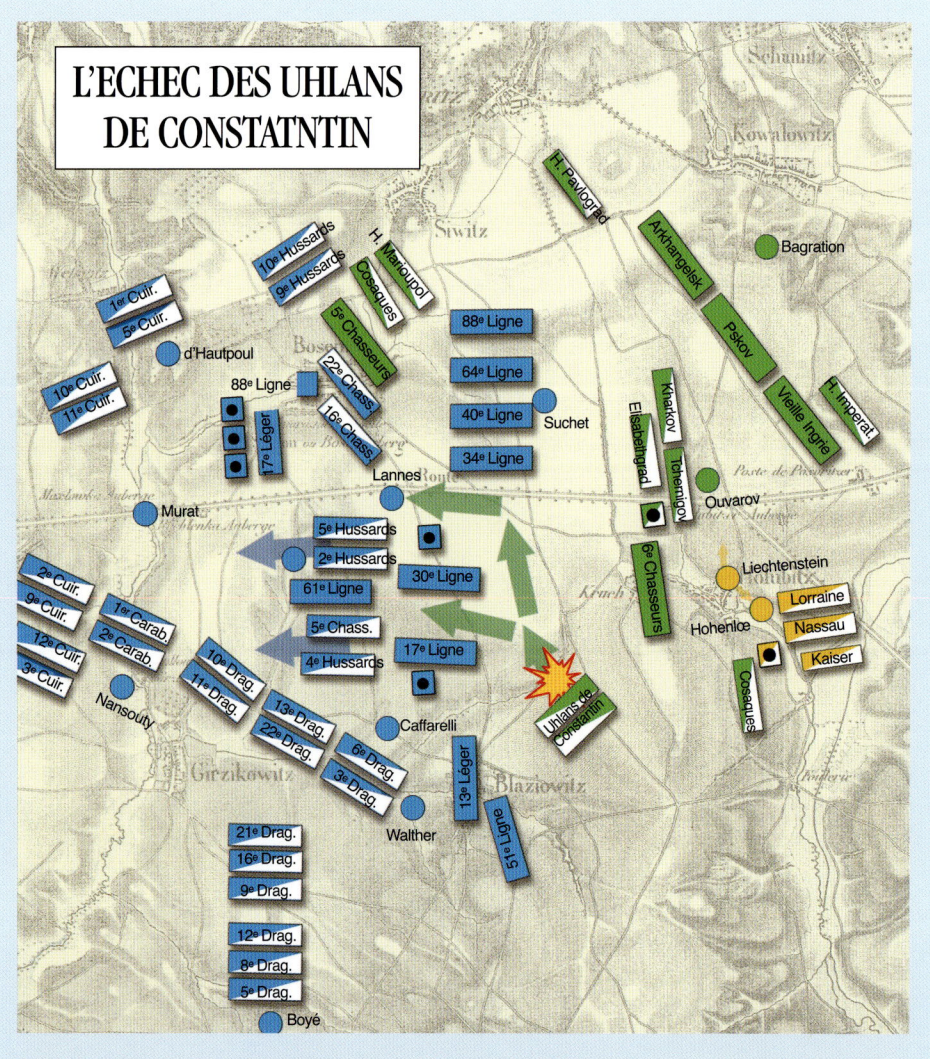

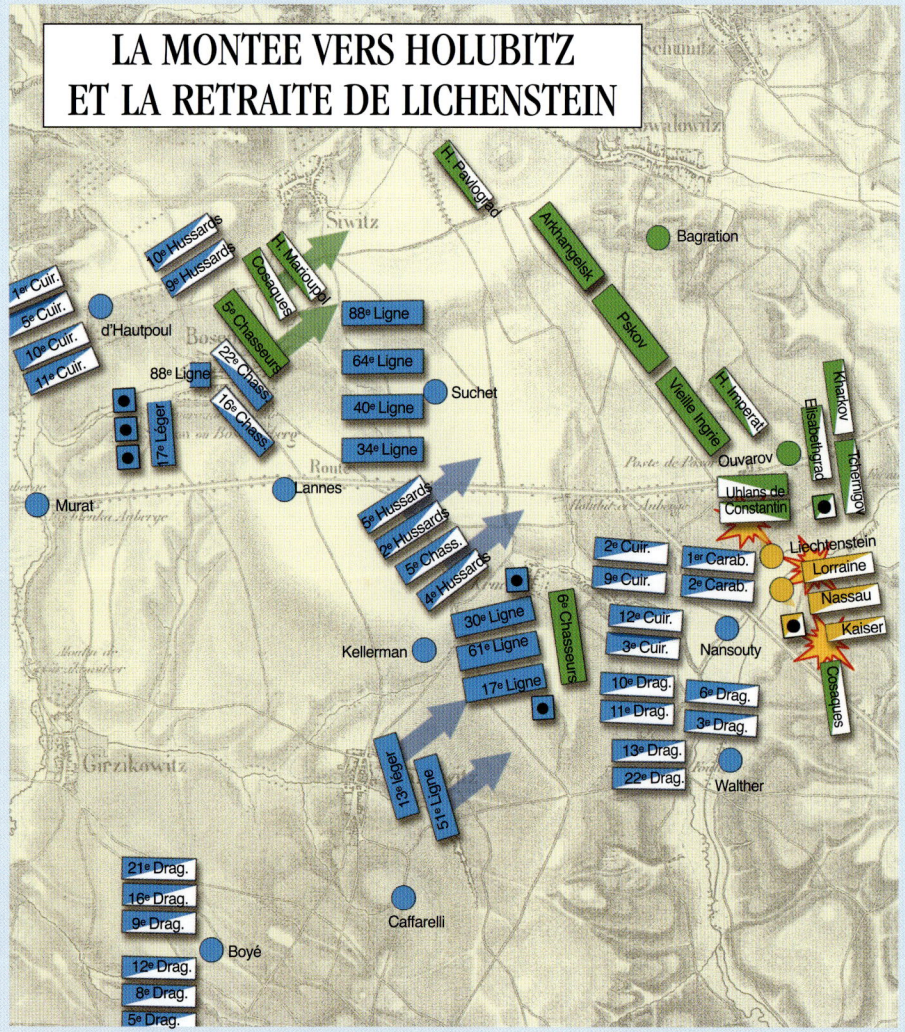

LA MONTEE VERS HOLUBITZ ET LA RETRAITE DE LICHENSTEIN

LA CHARNIÈRE DE BLASOWITZ

- **C'est seulement après 9 heures** que Murat et Lannes vont marcher en avant, voyant les progrès du centre. Ils vont à la rencontre de Bagration.
- **La division Caffarelli** marche vers Blasowitz précédée par la division de Kellermann.
- **Constantin** a disposé la garde dominant le vallon de Blasowitz avec en première ligne les régiments de Semenowski et de Préobrajenski, en deuxième ligne les chasseurs et le régiment d'Ismaïlowski dont un bataillon sera détaché en renfort vers Koutouzov qui le réclame. Il s'est avancé avec la garde et envoie dans Blasowitz menacé les chasseurs de la garde et un bataillon du régiment Semenowski avec trois canons.
- **Derrière eux**, les Gardes du corps et les Hussards de la garde. Plus en arrière les Chevaliers-gardes et les Cosaques de la garde. Tout en arrière vers Krenowitz les grenadiers du corps forment la dernière barrière.
- **La cavalerie de Liechtenstein** s'est mise en place finalement où il fallait. Elle comprend les cavaliers autrichiens de Hohenlœ et les cavaliers russes d'Ouvarov, d'Essen II et de Chepelev ils sont plus de 5 000 rassemblés vers Kruh et Holubitz.
- **Le général Essen** va partir trop tôt à la charge contre Kellermann. Il conduit les uhlans de Constantin (10 escadrons) contre les 4 régiments de Kellermann. Il les repousse, mais ce général fait retirer ses escadrons entre les carrés d'infanterie de la division Caffarelli et le 34e régiment de Suchet. Les uhlans vont poursuivre en passant entre les faces des régiments qui les fusillent sur toute la longueur, ils laissent 25 % des leurs sur le terrain.
- **Kellermann reprend** alors son offensive, sortant de ce piège tendu et charge à son tour, mais le 4e hussards est entouré et le colonel Burthe est pris. A la troisième charge des régiments, Burthe est libéré et 2 canons sont pris. Les uhlans se replient pour se rallier vers Holubitz. Le général Meller-Zakomelski est blessé et pris, Essen II blessé mortellement.
- **A la demande de Koutouzov**, Liechtenstein envoie Hohenlœ pour charger le 4e de ligne et le 24e léger qui sont sur la pente nord du Staré-Vinhorady. Cette charge gênée par les vignes sera sans succès pour ces cuirassiers.
- **Vers 10 heures, 30, Lannes** attaque Blasowitz avec le 13e léger qui court dans le village, le colonel Castex est tué, mais le village est pris. Le 51e qui participe va bloquer les fuyards et 450 hommes sont pris ainsi que 5 canons. Une charge d'Ouvarov et d'Essen est un échec.
- **Murat fait alors avancer Nansouty** qui va charger d'abord avec les carabiniers qui enfoncent la première ligne. Puis les 2e et 3e cuirassiers enfoncent la deuxième, refoulant les ennemis qui se réfugient au delà du pont d'Holubitz. Le 3e cuirassiers se laisse entraîner à leur suite mais est ramené.
- **La division Caffarelli** va monter à l'assaut d'Holubitz et de Kruh avec les 30e, 17e et 61e qui vont déloger les chasseurs du 6e du général Oulanius. Kellermann a repris ses charges avec Walther. Sur la route d'Olmutz, la batterie de Yachvill est en position, soutenue par les dragons de l'Impératrice qui commandés par de Witt ne bougeront pas pour l'aider. Au dessus, Bagration a mis en ligne les régiments d'Arkhangel, Pskov et Vieille-Ingrie sous les ordres de Dolgourouki, il y a aussi les hussards de Pavlovgrad et ceux de Marioupol ainsi que le 5e chasseurs russe.
- **Bagration va tenter une diversion** en menaçant le Santon et le 5e chasseurs entre dans Bosenitz, mais il en sera rapidement chassé par le 2e bataillon du 17e léger aidé par les cavaliers de Treillard et de Milhaud.
- **Suchet fait avancer sa ligne.** Le général Valhubert a la cuisse emportée par un boulet mais il refuse de se faire évacuer et va mourir sur le champ de bataille. Les 34e, 40e et 88e aux dires de Suchet ont « *couvert le champ de bataille de 2 000 morts, ils ont pris 16 canons et un grand nombre de prisonniers* ».
- **Kellermann va charger** au dessus de Kruh mais il a la jambe cassée par une balle. Les dragons de Walther chargent aussi et le général est aussi blessé, mais Bagration est

LA DÉFAITE DE BAGRATION, I

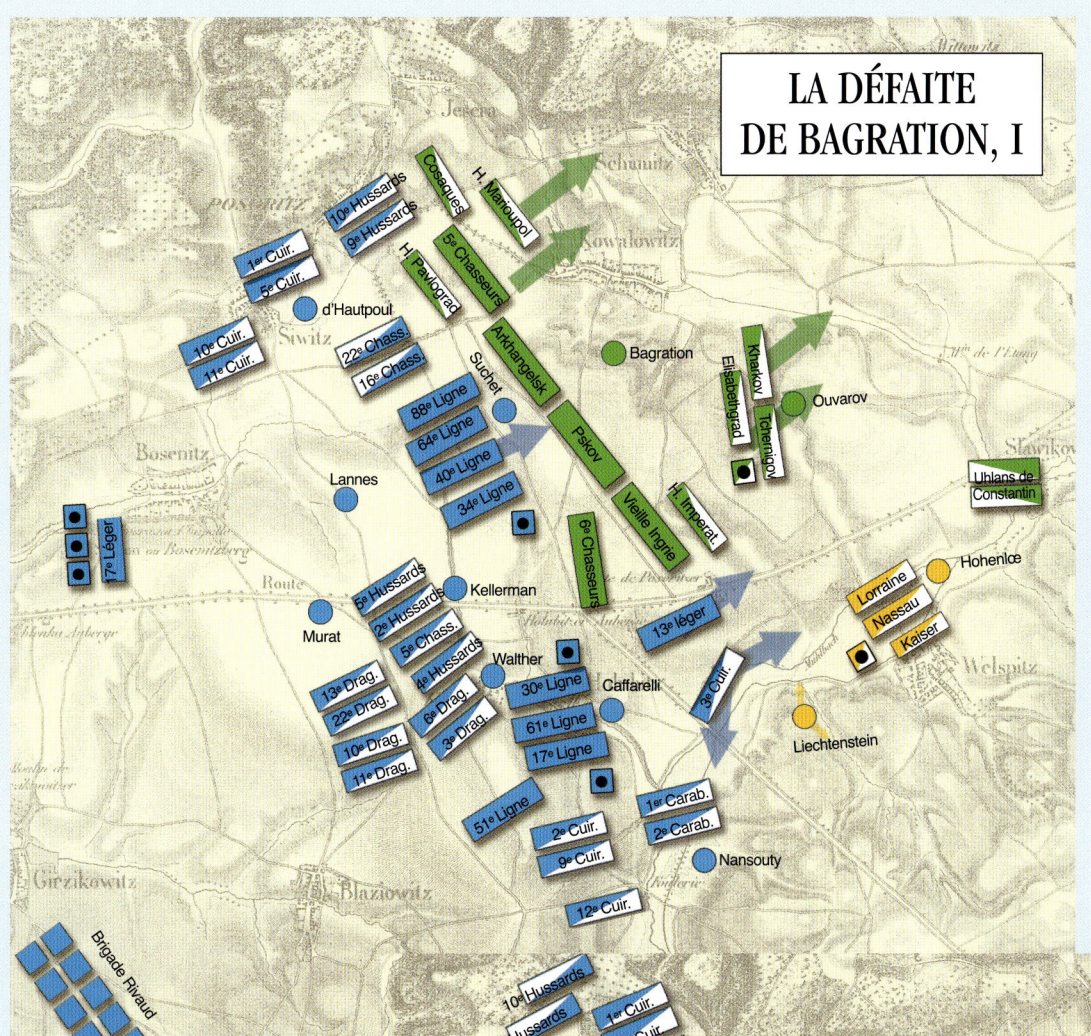

Chasseur à cheval de la garde impériale en tenue de piquet à cheval devant l'état-major de l'Empereur. Quatre de ces cavaliers, placés aux quatre points cardinaux, assuraient la protection de Napoléon.
(Dessin de J. Girbal, DR)

refoulé dans Kovalowitz.
- **Les cuirassiers d'Hautpoul** vont repousser progressivement les soldats de Bagration de Posorzitz jusque devant Kovalovitz. Le 5ᵉ cuirassiers a pris un drapeau et 6 canons. Treillard et Milhaud dégagent l'extrême gauche française en refoulant les Cosaques.
- **A 3 heures**, le plateau est dégagé. Le 88ᵉ est devant Kovalowitz avec les 34ᵉ, 40ᵉ et 64ᵉ aussi. Bagration recule vers Rausnitz.
- **Les 17ᵉ et 30ᵉ** sont devant la poste de Posorzitz et le reste de la division Caffarelli est au delà d'Holubitz au débouché du ruisseau de Rausnitz qui conduit vers Krenowitz qui sera pris par le 27ᵉ léger du premier corps. Demont a traversé la route.
- **C'est alors que Murat** va suspendre sa marche. Il pense que Napoléon peut avoir besoin de ses cavaliers, car il a déjà prélevé la division Beaumont pour que Soult dispose de cavalerie pour la dernière phase qui va s'amorcer contre l'aile gauche des Alliés. Bagration est coupé de Koutouzov et contrôlé même si sa position set trouvée renforcée par l'arrivée d'une batterie de 12 amenée d'Olmutz par le major Frierenberger. Il finit rallié devant Rausnitz et ira vers Austerlitz.

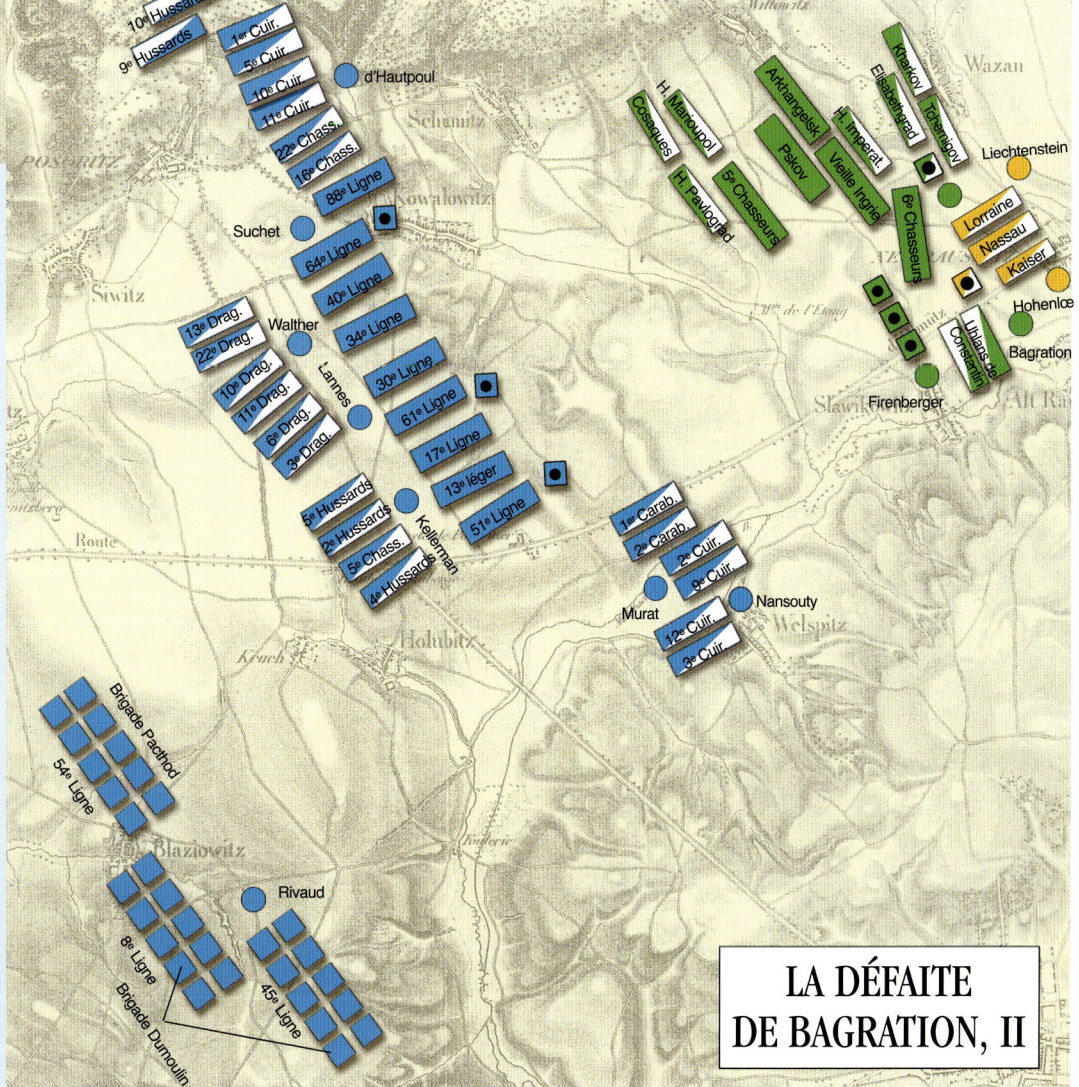

LA DÉFAITE DE BAGRATION, II

Le petit pont sur le Goldbach devant le village de Sokolnitz et le célèbre mur du château de Sokolnitz franchi par les fantassins de Friant. (© *Garnier*)

L'ÉCRASEMENT DE LA GAUCHE ALLIÉE

1. LA REPRISE DE SOKOLNITZ

Les trois premières colonnes de Buxhœvden sont refoulées dans le triangle infernal de Sokolnitz, Telnitz et Aujezd au dessus des étangs. L'empereur va quitter le Staré Vinhorady pour venir à la pointe sud du plateau de Pratzen près de la chapelle Saint-Antoine. Le 1er corps doit relever celui de Soult au centre et pousser vers Krenowitz. Ne se préoccupant plus de son aile gauche, laissant le corps de Bernadotte remplacer Soult devant Krenowitz et vers Austerlitz, il vient superviser l'écrasement de cette masse d'ennemis pris au piège. Le corps de Soult est ramené vers le sud pour aider Davout. La division de dragons Boyé a été aussi rappelée pour participer à ce final glorieux.

Saint-Hilaire qui a Levasseur à sa droite, descend vers Sokolnitz en refoulant les débris des Autrichiens renforcés un instant par les deux bataillons de Koursk amenés par Langeron. Ces deux bataillons sont écrasés « *une moitié fut tuée, l'autre prise. Les canons et les drapeaux sont capturés.* » Avoue Langeron qui ajoute :

« *Le comte Buxhœvden vit la marche et la défaite de ces deux bataillons, et ne sortit point de son immobilité physique et morale. Ce général se trouvait alors sur un mamelon au sud-est de Sokolnitz. Fier de son petit succès à Telnitz, il se pavanait sur ce mamelon ; il y était immobile et ne donnait aucun ordre. Son visage était cramoisi, et il me parut n'avoir plus sa tête ni sa raison. Je lui dis ce qui était arrivé à Pratzen, et que nous étions tournés et entourés par les ennemis. Il me répondit assez grossièrement : Mon général, vous voyez partout des ennemis !*

Je lui dis, assez peu respectueusement, à la vérité : « Vous, monsieur le comte, vous n'êtes plus en état d'en voir nulle part. Un capitaine de l'état-major autrichien, nommé Jurczik, s'exprima dans des termes beaucoup plus forts.

Il disait en fait que le comte Buxhœvden était complètement saoul depuis un moment. A cet instant, l'ordre de Koutouzov de battre en retraite arrive. Colin précise qu'à son avis les ressorts de l'intelligence des généraux alliés sont brisés et que la déroute est commencée.

Saint-Hilaire débouche sur Sokolnitz, suivi par Vandamme et par les dragons de Boyé appuyés par les brigades Varé et Levasseur. Friant, de son côté a rallié ses héros et va attaquer à trois endroits : les survivants des 33e, 11e et 15e léger sont groupés au Nord-Ouest du village et attaquent le petit pont sur le Goldbach. Les restes du 3e et du 108e vont aider les hommes du 48e qui tient toujours l'angle sud du village à remonter avec le 26e léger le long du ruisseau.

Langeron précise « *Je retirai du bout du village vers Telnitz le 8e régiment de chasseurs et celui de Viborg avec lesquels étaient le général Olsufiev et le colonel Laptiev. Les ennemis avaient déjà percé et entouré la colonne de Przybyszewski et avec elle le régiment de Perm et un bataillon de Koursk, de la mienne ; les tirailleurs français s'avançaient de tous côtés et eurent bientôt garni les haies et les maisons du village. Ils faisaient un feu affreux.* ». N'ayant plus assez d'hommes pour contre attaquer, Langeron place ses soldats avec les canons du régiment de Viborg au sud du village, les Français s'arrêtent alors et le général va retrouver Buxhœvden qui n'oubliera pas les propos tenus et sera cause de la disgrâce de Langeron, lampiste tout désigné.

Enfermés dans le village, on trouve encore vers le nord : le 7e chasseurs russe, les régiment de Perm, de Galitch et de Boutyrsk, puis le général Wimpfen, devant le Goldbach, avec deux bataillons de Narwa, les régiments d'Azov et de Podolie.

Les colonnes de Saint-Hilaire foncent vers le village. Wimpfen, blessé, va se trouver pris par les dragons et Seletkow va essayer de le remplacer. Thiébault arrive dans Sokolnitz avec son 36e qui rejoint le 48e. Friant a culbuté contre les murs du parc les Russes qui étaient dans la plaine. Le 36e et le 48e prennent le château et le parc et refoulent les ennemis sur la colline au Nord-Ouest du village. C'est là que le général Thiébault est gravement blessé en menant l'attaque d'une batterie.

Legrand et Saint-Hilaire vont envoyer les 14e, 43e et 10e léger pour couper la retraite de ces ennemis refoulés au Nord-Ouest de Sokolnitz et de ceux qui cherchent à gagner Schlapanitz après avoir traversé la Faisanderie. Les régiments des grenadiers d'Oudinot sont dirigés vers cette zone en renfort éventuel. Ces derniers, de la brigade Dupas, sont ceux confiés en partage à Duroc pour soulager Oudinot blessé récemment. D'autres éléments ont essayé de se réfugier dans la Faisanderie, mais cernés et attaqués, ils vont se rendre. Przybyszewski avec Seletkhow et Strick tentera bien de s'échapper mais il est poursuivi par le 36e et le 48e avec qui se trouve Lochet qui compte bien capturer ces généraux, mais il sera devancé par Franceschi qui surgit avec son 8e hussards et les fait prisonniers.

2. LA PRISE D'AUJZED

Vandamme s'est arrêté près de la chapelle Saint-Antoine pour attendre que son artillerie le rejoigne. Il domine Aujezd et de ce côté les pentes sont plus marquées. Il envoie d'abord un bataillon du 28e pour qu'il bloque la sortie d'Aujezd vers Hostizeradek et vers Austerlitz. Le bataillon remplit sa mission barrant la sortie Est de ce village. La troisième division de dragons est derrière Vandamme qui attend son artillerie.

Buxhœvden a reçu l'ordre de retraite et s'est quand même décidé de réagir. Il rassemble ses forces devant Aujezd et Telnitz et aligne une batterie de 24 pièces dirigée par Sievers. L'infanterie rassemble les restes des régiments de Kiev, de Jaroslaw, Vladimir, Nouvelle Ingrie, Briansk, Viatka, Moscou, les bataillons des 7e et 8e chasseurs. Buxhœvden les fait couvrir par la cavalerie récupérée qui comprend : les hussards Szecklers du prince Maurice Liechtenstein blessé, les chevau-légers d'O'Reilly avec Stutterheim et des Cosaques. Buxhœvden va passer le vieux pont en mauvais état à la sortie d'Aujezd, pont réservé au passage du bétail. Il le franchit avec sa suite et deux de ses bataillons mais une batterie autrichienne qui suit va démolir ce pont, le passage est bloqué pour les suivants. Buxhœvden pourra rallier Austerlitz en suivant la rive gauche de la Litawa.

Vandamme qui souffre du feu des batteries fait charger cette ligne par la division Boyé, mais cette charge un peu molle va agacer Napoléon qui envoie Gar-

Du mamelon où est érigée la chapelle Saint-Antoine, Napoléon distribue ses derniers ordres qui vont permettre à l'armée française d'anéantir tout espoir chez les Alliés. Aux uniformes arborés par les membres de son état-major, ou aux drapeaux dans la plaine, on remarque aisément que ce tableau est largement postérieur aux faits dépeints.
(© RMN))

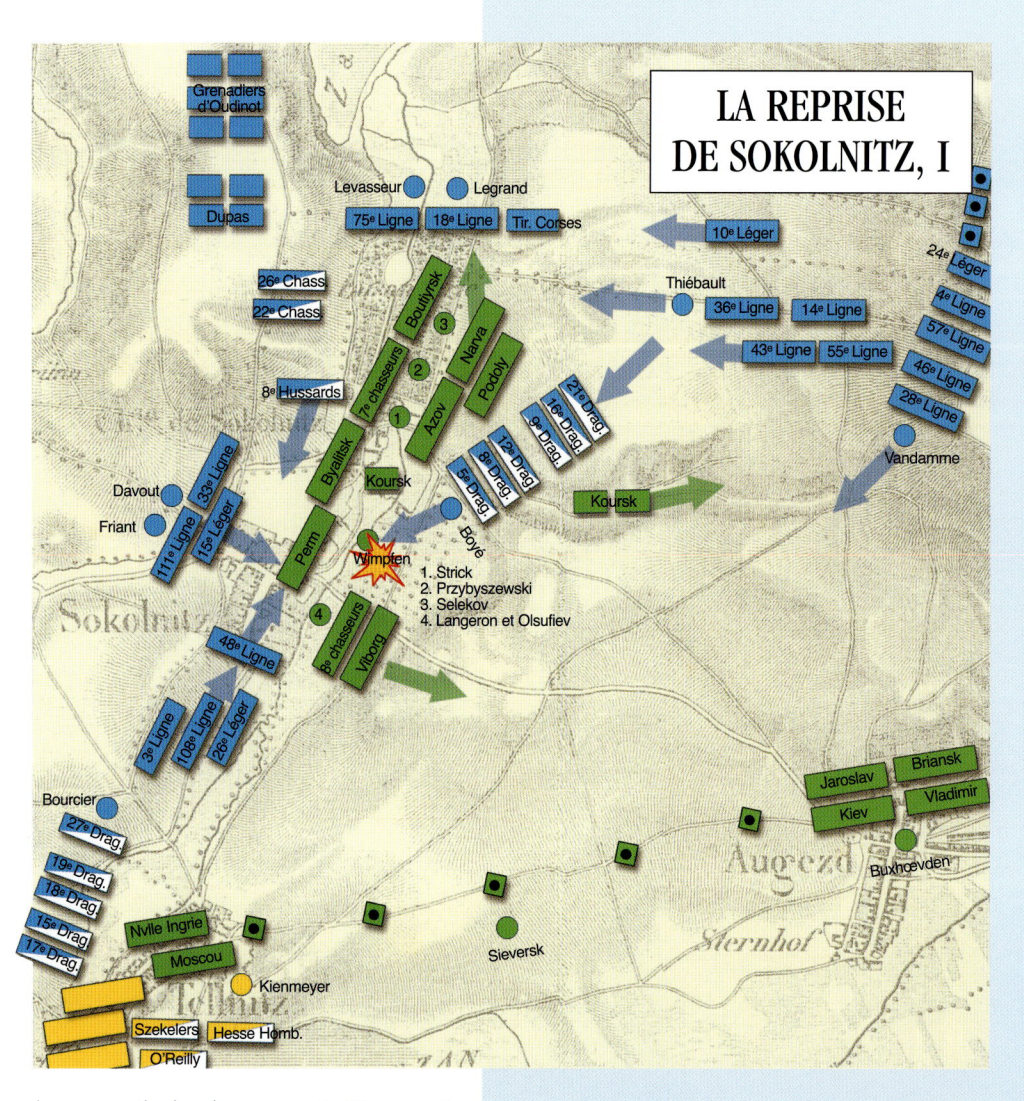

LA PRISE DE SOKOLNITZ

- **Le Corps de Soult** va aider Davout. C'est la division St Hilaire qui descend des hauteurs de Pratzen et va attaquer Sokolnitz en venant de l'Est.
- **La brigade Thiébault** marche au centre vers le château, appuyée par Morand et le 10e Léger à droite et par la brigade Waré (43e et 55e) à gauche, et non la brigade Levasseur, à gauche. Cette dernière attaque la parc du château et fait 400 prisonniers, comme le précisera Ledru. Le château est pris par Thiébault avec la participation des tirailleurs du Pô. Le général Müller trouvé blessé est pris.
- **Plus au nord**, la brigade Levasseur (18e, 75e et tirailleurs corses) s'opposera aux fuyards russes qui vont essayer de s'échapper vers Kobelnitz. La brigade Dupas des Grenadiers d'Oudinot et de Duroc est en marche pour les appuyer.
- **A l'ouest**, les régiment de Friant ralliés avec Davout derrière le ruisseau situé au delà du village vont attaquer avec le 15e Léger en tête qui prend le petit pont donnant accès à Sokolnitz. Dans le village même, Lochet qui a tenu, occupe toujours la partie sud et attaque, appuyé par le 26e Léger qui remonte le long du Goldbach.
- **Przybyszewski** avec les généraux Selekhov et Stryeck est refoulé par ces attaques vers la hauteur sud-ouest voisine. C'est le 8e hussards de Franceschi qui va recevoir leur reddition, privant le général Lochet de cette récompense.
- **Langeron** a laissé dans la partie nord du village le dernier bataillon de Koursk et le régiment de Perm encerclés. Il n'a pu retirer que le 8e chasseurs et le régiment de Viborg qu'il dispose à la sortie de Sokolnitz, en direction d'Aujezd, y rejoignant lui même Buxhœvden. Il a prélevé deux bataillons de Kourk et les a envoyés vers le Pratzenberg; malheureusement trop tard ils tombent entre les mains des Français et sont anéantis.
- **Le général Wimpfen** est resté sur la rive gauche du Goldbach avec Narva, Azov et Podolie. Il va recevoir l'attaque des dragons de Boyé en route vers le sud. Blessé, il est pris avec une partie de ses troupes.
- **En voulant déboucher** du chatta de Sokolnitz, Thiébault attaque une batterie russe avec le 36e de Ligne. La batterie est prise mais le général est gravement blessé.

dane reprendre les choses en main. Digeon arrive alors avec une batterie à cheval de la garde et renforce l'artillerie de Soult qui s'est mise en place. Les Français attaquent et occupent Aujezd et les ennemis sont rejetés dans Telnitz ou vers les étangs. Certains voulant gagner Satchan essayeront d'utiliser une digue qui y conduit directement mais elle est à moitié submergée et prise sous la glace qui ne résistera pas au poids des chevaux et des canons qui s'enfoncent. La profondeur est faible et les hommes pourront se tirer d'affaire.

Le 4e aidé par le 28e et le 24e léger vont se venger dans Aujezd. Bigarré, écœuré par la perte de son aigle, va faire prisonnier le colonel Soulima du 8e chasseurs et réussira à prendre deux drapeaux ennemis. A cet instant, en fait, il croit encore avoir son aigle, mais il s'agit de l'une des aigles du 24e léger ramassée par des hommes du 4e et qui lui sera réclamée le soir.

3. LA PRISE DE TELNITZ

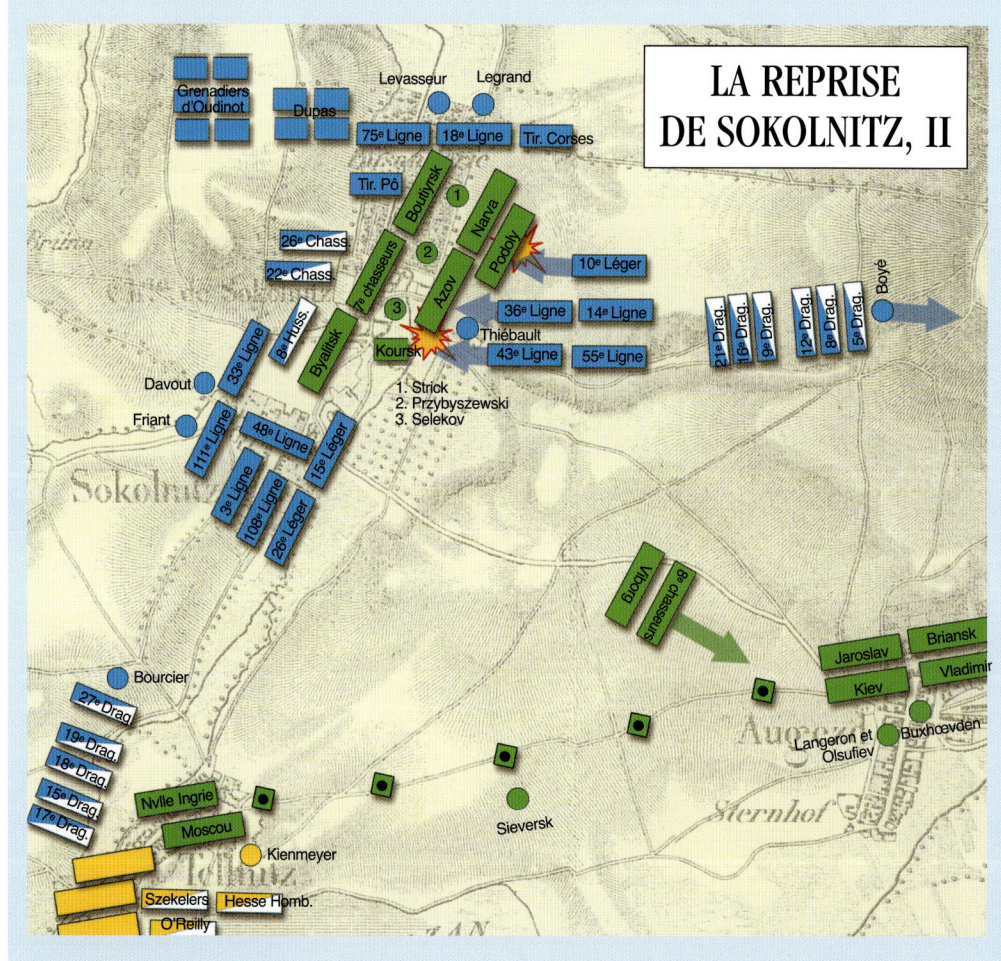

Buxhœvden parti, c'est Dokhtourov qui commande. Il ne lui reste plus comme voie possible que la route qui va de Telnitz à Menitz. Une ligne de défense va être formée dans Telnitz pour permettre le repli des autres forces qui restent mais elles doivent utiliser une digue très étroite allant directement à Satchan où seuls deux hommes peuvent passer de front et qui est à moitié immergée et couverte de glace. Le général Lévis va se sacrifier dans Telnitz. Des cavaliers veulent tenter une charge, mais sont repoussés par les dragons et les chasseurs de la Garde qui viennent d'arriver.

Davout envoie Friant et les dragons de Bourcier vers Menitz ce qui va obliger les derniers défenseurs de Telnitz à abandonner ce village si disputé, occupé maintenant par Vandamme. Langeron décrit ainsi cette retraite : « *il faut avoir été témoin de la confusion qui régnait dans notre retraite (ou plutôt dans notre fuite) pour s'en faire une idée. Il ne restait pas deux hommes d'une même compagnie ensemble, tout était mêlé et confondu : les soldats jetaient leurs fusils et n'écoutaient plus ni leurs officiers, ni leurs généraux ; ceux-ci criaient après eux, mais fort inutilement et couraient comme eux. Les deux escadrons de dragons de Saint-Pétersbourg et les cent cosaques d'Issaev perdirent leurs chevaux dans le étangs de Menitz gelés dont la glace s'enfonça. J'étais au nombre de ces infortunés qui cherchaient à échapper aux vainqueurs et, de plus, j'étais à pied.* » Après la rupture du pont d'Aujezd,

La blessure de Thiébault après la charge rondement mené contre une batterie russe. Il est entouré et pleuré de ses troupes et de son état-major. A la gauche du tableau, la Mère la Victoire court apporter un tonique à son général. *(DR)*

il a abandonné son cheval. Dahlmann va avec deux escadrons de la Garde poursuivre les fuyards et fera 1 200 prisonniers au sud de Menitz. Dokhtourov avec le seul régiment de Moscou encore en ordre relatif, va pouvoir exécuter une retraite et rejoindre les Alliés à Czeitsch, le 3 décembre. Langeron accompagne ces fuyards relativement ordonnés, il explique :

« *Je me joignis aux fuyards ; nous marchâmes ou plutôt nous courûmes toute la nuit. Le reste des troupes, exceptée l'arrière-garde du prince Bagration, était dans le même état, tout fuyait… Personne n'était à sa place ; les corps, les divisions, les régiments, tout était pêle-mêle et personne n'avait de quoi manger. On ne se nourrissait que de ce qu'on pillait dans les villages voisins. On laissa beaucoup de traînards, de blessés fatigués ou exténués d'inanition. On ne s'arrêta nulle part ; on fit 60 kilomètres en quarante heures et, dans cet espace de temps, beaucoup d'officiers ; de généraux, de soldats, ne prirent aucune nourriture. Si les ennemis nous eussent poursuivis, et je ne conçois pas pourquoi ils ne l'ont pas fait, ils eussent sabré ou pris encore plus de 20 000 hommes.* »

Les Russes ont rallié Czeitsch, Merveldt les couvre à Göeding mais va être rejoint par Davout et Gudin qui arrivent. Le tsar, épuisé et malade, va coucher dans une masure, sur la paille, à Urchitz. De là, il regagnera Czeitsch. Czernitcheff va lui retrouver Koutouzov et le ramener dans la nuit. Ensuite, le Tsar va ramener les débris de son armée en Russie.

Liechtenstein est envoyé par l'Empereur d'Autriche pour demander une rencontre avec Napoléon pour régler l'armistice, il a l'accord du Tsar. L'entrevue va avoir lieu au moulin de Spaleny, le 4 décembre. Le moulin a été saccagé et les empereurs se retrouvent autour d'un grand feu allumé par la Garde. L'empereur d'Autriche dira au cours de l'entrevue que : « *les Anglais sont des marchands de chair humaine* », il dit le plus grand mal des Cosaques et promet de ne plus recommencer la guerre et accepte les conditions de Napoléon. Il va perdre de nombreux territoires. De Ségur est témoin de ce qui s'est dit. La paix est décidée, les accords complets et les conditions de Napoléon acceptées.

Comme après la Moskowa, les Russes vont essayer

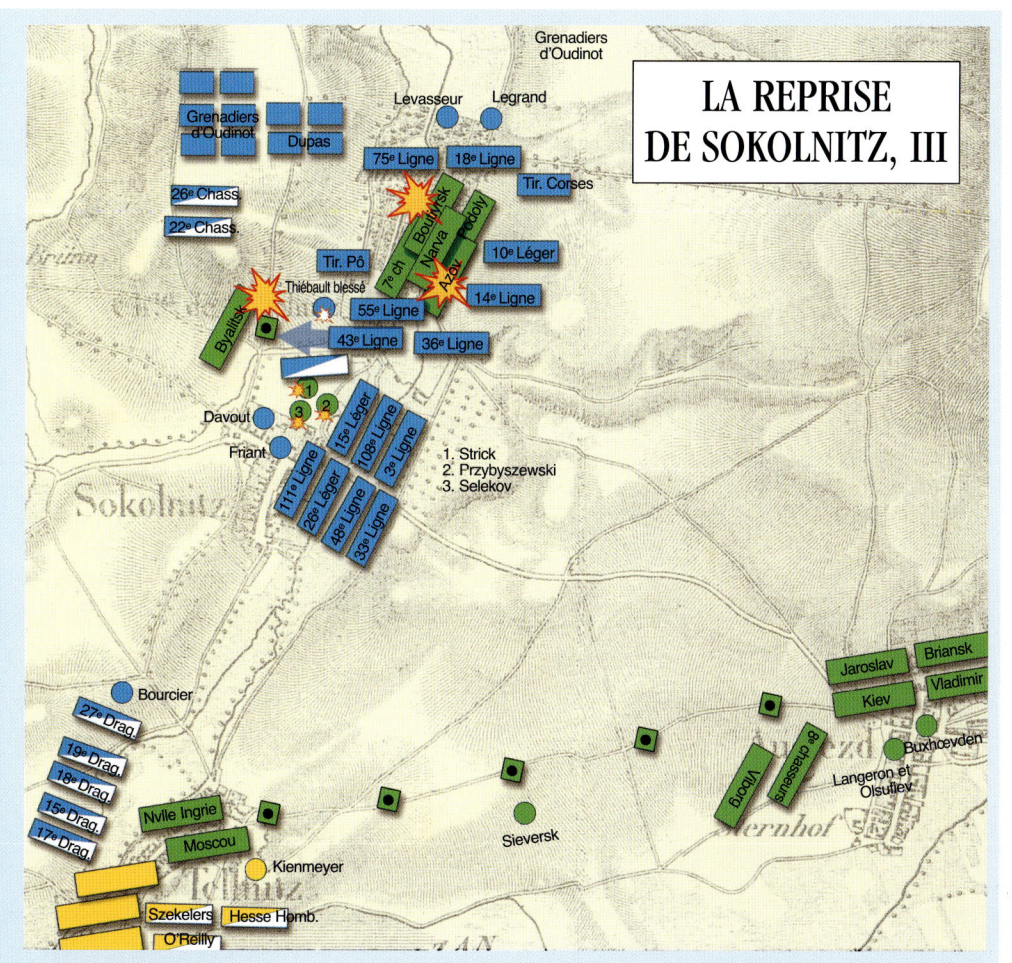

LA PRISE D'AUJEZD, PREMIÈRE PHASE

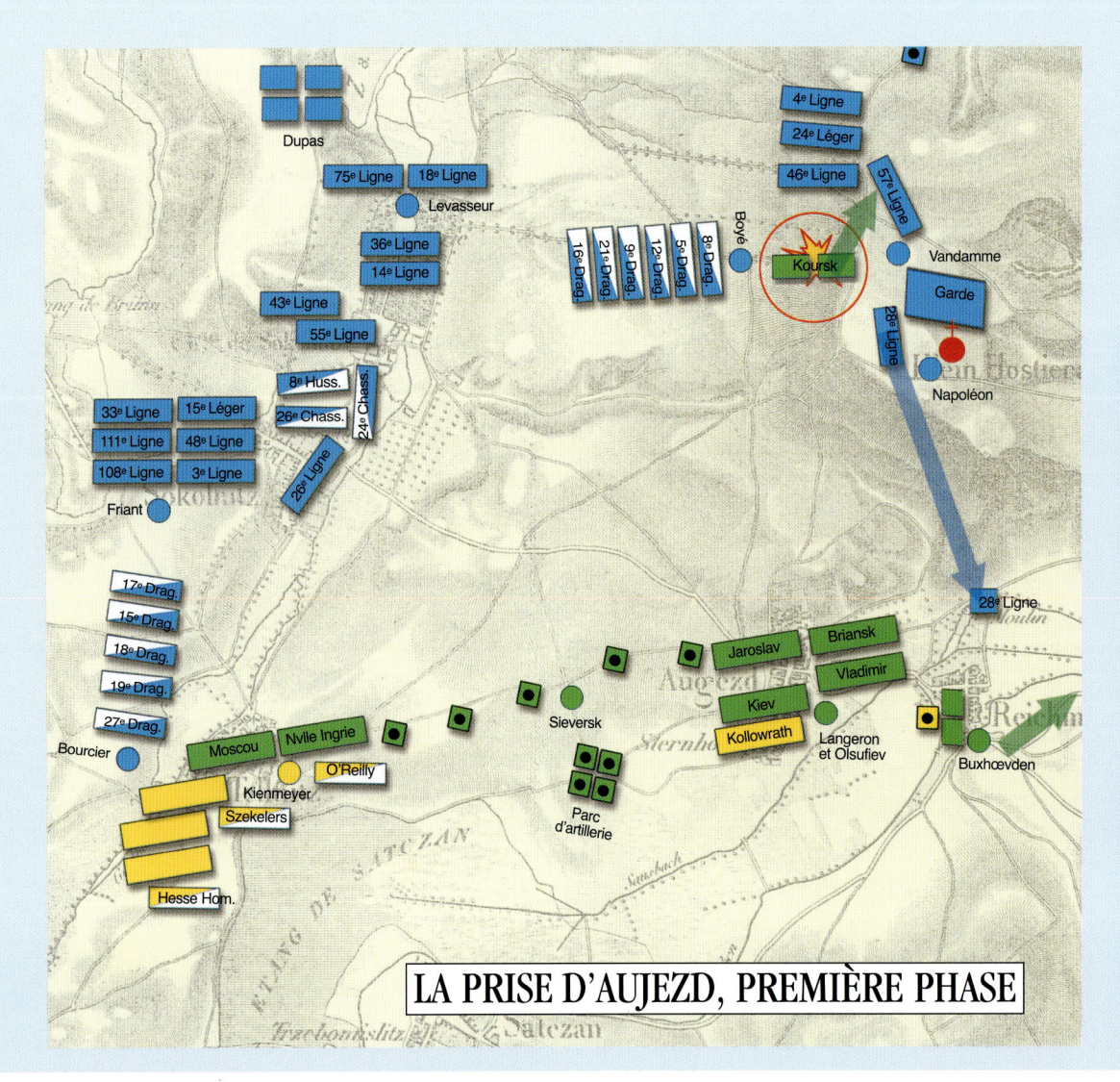

LA PRISE D'AUJEZD

- C'est Vandamme qui se met en ligne à droite de la chapelle Saint-Antoine. Il attend son artillerie et les dragons de Boyé. Il envoie un bataillon du 28e bloquer la route qui, sortant d'Aujezd, mène à Austerlitz.
- Les 4e, 28e de ligne et le 24e léger sont rassemblés. Les 46e et 57e vont, avec l'appui des dragons de Boyé anéantir les deux bataillons de Koursk en marche vers le Pratzenberg. La moitié de ces troupes russes est tuée et l'autre capturée avec ses drapeaux.
- Buxhoevden est toujours devant Aujezd avec sa réserve de quatre régiments; les Autrichiens en déroute, et le parc d'artillerie (42 pièces) de l'armée russe. Il a fait placer par Sievers une batterie de 15 à 20 pièces qui repoussera la première charge des dragons de Boyé; charge jugée trop « molle » par Napoléon qui envoie Gardane remédier à ce manque de détermination.
- Recevant l'ordre de repli Buxhoevden va avec sa suite et deux bataillons franchir la Littawa sur un pont pourri. Une batterie autrichienne qui le suit va effondrer ce pont, coupant ainsi toute voie de retraite à ceux qui sont déjà engagés dans Aujezd, attaqués qu'ils sont par la division Vandamme. Buxhoevden pourra se replier sur Austerlitz.
- L'attaque d'Aujezd est menée par les 4e, 24e légers et le 28e de Ligne, suivis des 46e et 57e. Bigarré va se venger en prenant deux drapeaux, le colonel Soulima du 8e chasseurs russe. Le parc d'artillerie et 4 000 hommes sont faits prisonniers.
- Les Alliés combattants d'Aujezd vont essayer de fuir en empruntant la digue qui mène à Satschan.

de bluffer le public en exaltant le courage des soldats et en distribuant des récompenses : les uhlans de Constantin ont droit à des trompettes d'argent et l'étendard des gardes du corps reçoit une inscription rappelant la prise du drapeau du 4e de ligne. Napoléon, tout enivré de sa victoire, ne s'intéressa à la poursuite que le lendemain et encore avec une méconnaissance de la vraie direction prise par les Alliés. Vers Olmutz, les poursuivants ne trouvent que de nombreux bagages et chariots. Ses ordres tardifs seront quand même donnés. Dans cette poursuite, on retrouve Davout, le plus rapide, qui tombe sur le détachement du général Merveldt et ne veut pas croire à l'armistice que ce général lui annonce. Davout est avec Friant, Klein et Lasalle avec leurs dragons, Gudin arrive. Merveldt envoie un officier qui va ramener un papier signé du tsar lui-même et Savary viendra confirmer les pourparlers de l'armistice qui sont prévus au moulin de Spaleny. L'Autriche va payer un lourd tribut. La Bavière devient un royaume et récupère le Tyrol et le Voralberg du territoire d'Anspach. Le Wurtemberg accède au statut de royaume reconnu et Bade devient un grand duché. La Vénétie, le Frioul, l'Istrie et la Dalmatie sont rattachés au royaume d'Italie. Enfin, les contributions sont fixées en tout à 85 millions. La paix est signée à Presbourg, le 16 décembre sans la participation de la Russie et sans l'Angleterre.

Franceschi et son 8e hussards capturent les généraux russes Przybyszewski, Seletkhow et Strick. (Aquarelle de L. Rousselot, DR)

Page suivante, en haut. Le drame ! Les batteries russes, trop lourdes, font craquer la glace des étangs, coupant court à toute retraite des forces alliées vers Mœnitz. (DR)

LE MYTHE DES ÉTANGS

On a peint un tableau dantesque de ces milliers de Russes qui, cernés et coupés des voies de retraite, coincés au bord des étangs glacés, ont tenté de passer sur la glace sous le feu de l'artillerie française qui contribue à casser cette glace et à entraîner leur noyade.

En fait, la glace a bien craqué mais sous le poids des canons allié et tous les hommes ont facilement pied. Ils vont pouvoir s'en sortir et il y aura environ 2 000 prisonniers récupérés et le parc d'artillerie resté sur le bord. Ensuite, Suchet eût la charge de récupérer les canons russes. Aidé par les gens du pays, une fois

LA PRISE D'AUJEZD, SECONDE PHASE

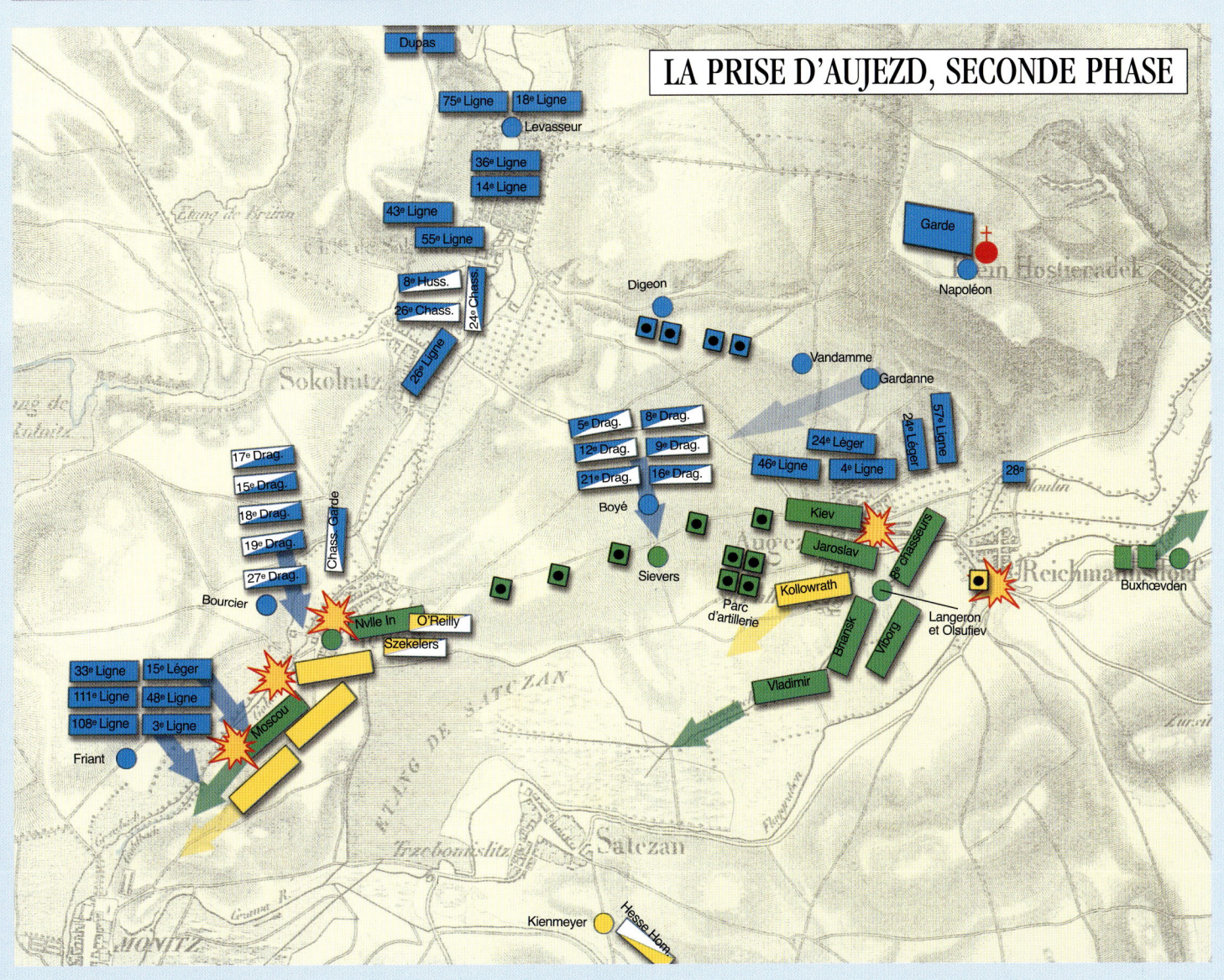

LA PRISE DE TELNITZ

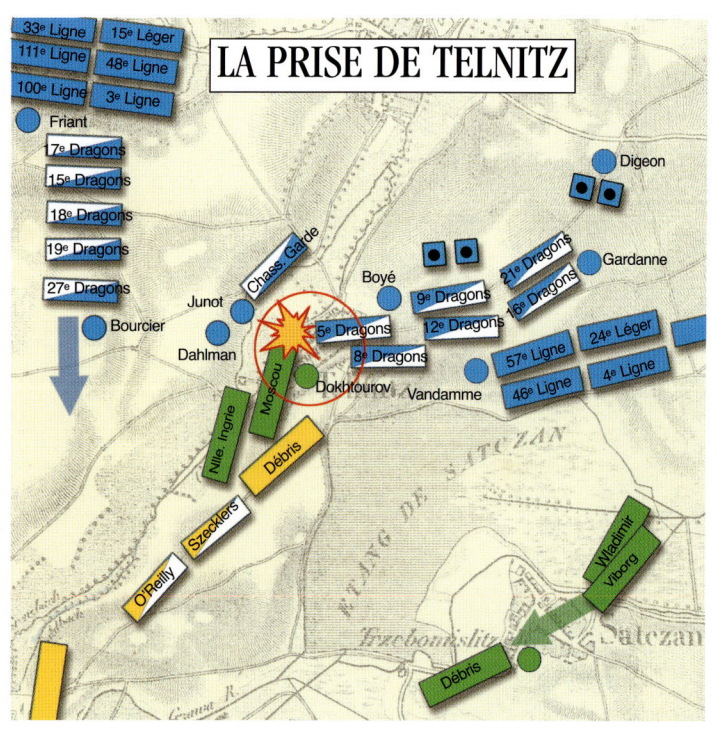

les étangs vidés, il trouva 38 canons et les cadavres de 130 chevaux. Rien ne fut trouvé dans l'étang de Menitz. Tous les témoignages locaux concordent sur ce point. Plusieurs enquêtes locales ont été faites. Pour l'étang de Satschan, on n'aurait trouvé que deux soldats russes morts, les cadavres de 180 chevaux et 18 canons.

Marbot qui était venu en mission au quartier général comme aide de camp du maréchal Augereau avec son camarade Massy a assisté à ce dernier épisode et il se vante peut-être en décrivant une scène de repêchage d'un russe réfugié sur un pan de glace et qu'il va aider à sauver, rentrant dans l'eau, suivi par un officier d'artillerie nommé Boumestain. Nus, dans l'eau glacée, ils vont arriver à ramener le Russe sur son glaçon devant l'Empereur. Réchauffé et soigné, Marbot n'aura pas de peine à se rétablir. Il parle des cordes lancées pour ramener les Russes qui sont dans ce vaste étang de Sastchan. Le Russe sauvé demanda à servir dans l'armée française et finit dans les lanciers polonais de la garde où Marbot le rencontra plus tard, toujours reconnaissant.

LES DRAPEAUX PRIS A AUSTERLITZ

Ils sont étudiés dans le livre du général Andolenko. Il y aurait eu 29 drapeaux russes de couleurs et 16 autrichiens.

Pour les russes, certains étaient complets d'autres étaient sans hampe ou il y avait la hampe seule, le drapeau ayant été arraché et caché par les prisonniers qui

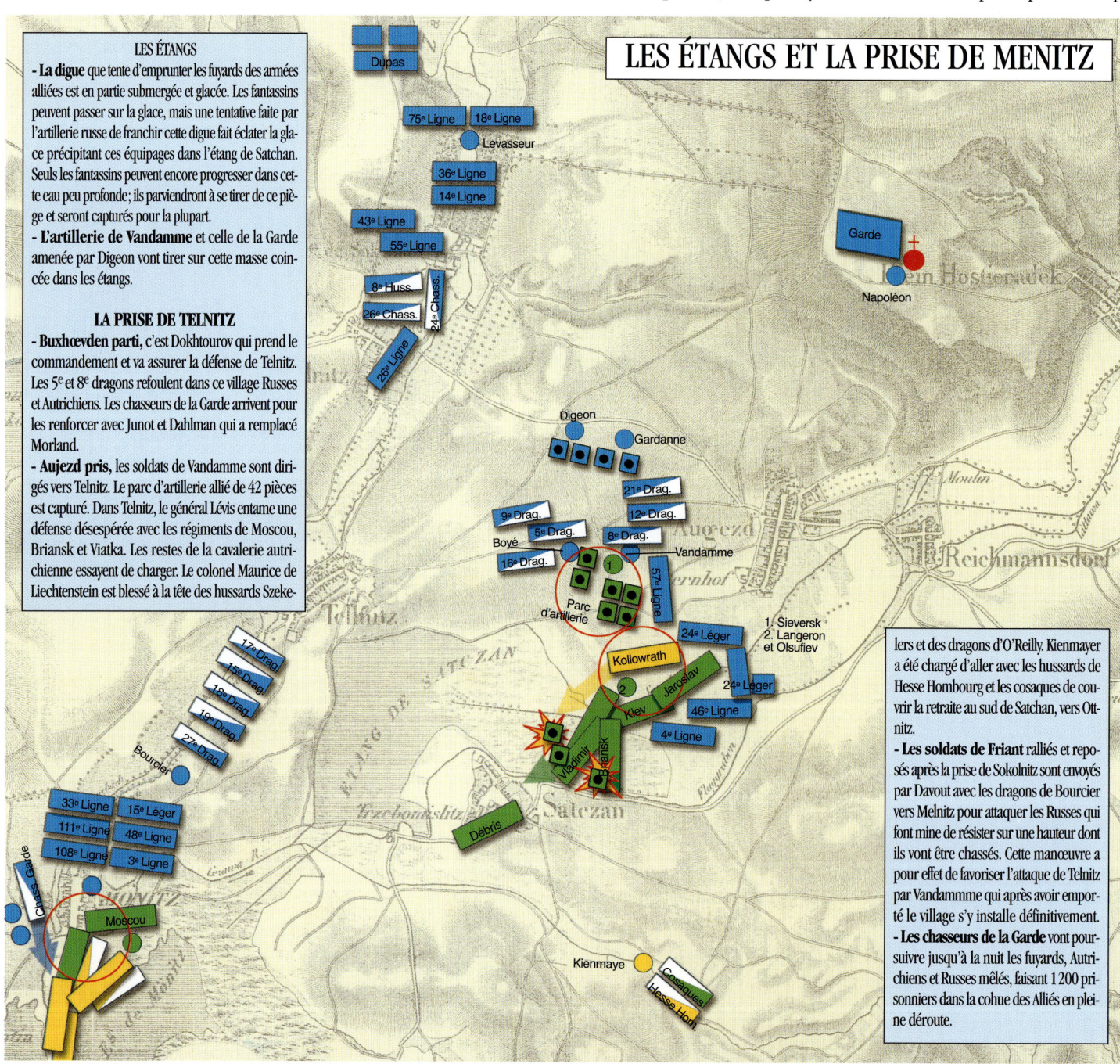

LES ÉTANGS ET LA PRISE DE MENITZ

LES ÉTANGS

- **La digue** que tente d'emprunter les fuyards des armées alliées est en partie submergée et glacée. Les fantassins peuvent passer sur la glace, mais une tentative faite par l'artillerie russe de franchir cette digue fait éclater la glace précipitant ces équipages dans l'étang de Satchan. Seuls les fantassins peuvent encore progresser dans cette eau peu profonde; ils parviendront à se tirer de ce piège et seront capturés pour la plupart.
- **L'artillerie de Vandamme** et celle de la Garde amenée par Digeon vont tirer sur cette masse coincée dans les étangs.

LA PRISE DE TELNITZ

- **Buxhœvden parti,** c'est Dokhtourov qui prend le commandement et va assurer la défense de Telnitz. Les 5e et 8e dragons refoulent dans ce village Russes et Autrichiens. Les chasseurs de la Garde arrivent pour les renforcer avec Junot et Dahlman qui a remplacé Morland.
- **Aujezd pris,** les soldats de Vandamme sont dirigés vers Telnitz. Le parc d'artillerie allié de 42 pièces est capturé. Dans Telnitz, le général Lévis entame une défense désespérée avec les régiments de Moscou, Briansk et Viatka. Les restes de la cavalerie autrichienne essayent de charger. Le colonel Maurice de Liechtenstein est blessé à la tête des hussards Szekelers et des dragons d'O'Reilly. Kienmayer a été chargé d'aller avec les hussards de Hesse Hombourg et les cosaques de couvrir la retraite au sud de Satchan, vers Ottnitz.
- **Les soldats de Friant** ralliés et reposés après la prise de Sokolnitz sont envoyés par Davout avec les dragons de Bourcier vers Melnitz pour attaquer les Russes qui font mine de résister sur une hauteur dont ils vont être chassés. Cette manœuvre a pour effet de favoriser l'attaque de Telnitz par Vandamme qui après avoir emporté le village s'y installe définitivement.
- **Les chasseurs de la Garde** vont poursuivre jusqu'à la nuit les fuyards, Autrichiens et Russes mêlés, faisant 1 200 prisonniers dans la cohue des Alliés en pleine déroute.

Les drapeaux pris à Austerlitz seront les derniers éléments de la légende qui sera forgée, le lendemain, dans le bulletin de la Grande Armée par l'Empereur lui-même.
(© Musée de l'Armée, tableau d'Edouard Detaille)

les ont ensuite ramenés. En tout, il y aurait eu 19 emblèmes ramenés par des prisonniers. Ce fut le cas pour un des emblèmes du régiment Boutirski, sauvé par l'adjudant chef Izmaïlov, évadé de Brünn. Trois autres ont été sauvés tout comme le drapeau blanc par l'adjudant chef Kokourine et conservé par le sergent Mostowski en captivité.

- **Un de Koursk** par l'adjudant-chef Svirtchevski.
- **Un de Perm** par l'adjudant-chef Karloukov. Deux autres ont été aussi sauvés dont le drapeau colonel par le colonel Kouznetzov.
- **Un de Narva** que Garilenko a arraché à sa hampe. Deux autres ont été sauvés et deux perdus.
- Le **régiment d'Arkhangelsk** a perdu un drapeau pris par le chef d'escadron Jacquemin du 5e cuirassiers.
- **Un d'Azov**, célèbre, remis au soldat Tchaïka par l'adjudant Staritchkov mourant. Ce drapeau finira à Kalouga, lieu de naissance de l'adjudant. Le tzar s'associa à la municipalité pour améliorer le sort de la famille, une plaque fut apposée sur la maison natale du héros. Son nom fut donné à une rue et le drapeau fut placé dans le musée régional de Kalouga. A Austerlitz, le régiment a cependant perdu trois drapeaux.
- **Un de Podolie** arraché à sa hampe par l'adjudant-chef Letzik.

Tous ces hommes ont été récompensés par un grade (aspirant) ou par 100 roubles. Ainsi, Koutouzov, dans un rapport annonce que douze drapeaux ont été ainsi ramenés ce qui porte à 18 le chiffre exact des emblèmes perdus au lieu des trente annoncés après la bataille.

En ce qui concerne les emblèmes de la garde russe, il semble que les étendards des chevaliers-gardes et des gardes du corps ont été renvoyés en arrière avant la charge, ainsi, aucun n'a été pris. Il n'y a eu de probablement capturé que celui des Gardes à cheval (5e escadron de réserve) qui figure dans le livre de Vérillon. Pour les Français l'étoffe du drapeau avait beaucoup moins d'importance. Ce qui comptait, c'était l'aigle avec, en dessous, le numéro du régiment.

_____
1. Langeron, ancien colonel en second du régiment Médoc en 1786, émigré ; rentra au service de la Russie, servit contre les Suèdois et contre les Turcs. Après sa disgrâce, il se réfugia chez le Duc de Richelieu à Odessa. Il reprendra son rang en 1807, il sera avec Tchitchagov à la Bérésina, puis en 1813 il va commander 50000 hommes à Bautzen et à la Katzbach. En 1814, il va bloquer Mayence puis défend Soissons, Reims et Laon. Il va enlever Montmartre. En 1815, il bloquera l'Alsace. Il va mourir du choléra en 1831.

Andolenko retient finalement comme drapeaux pris complets : **3 du régiment d'Azov**, **1 d'Arkhangelogorod**, **2 de Narva**, **5 de Podolie**, **2** ou **5 de Koursk** et **1 de Perm**. Donc 14 à 17 sans compter les hampes. Il dit aussi que sur son tableau célèbre, le baron Gérard a reproduit les drapeaux en prenant comme modèles ceux qui étaient aux Invalides, alors que les drapeaux pris à Austerlitz avaient été envoyés et confiés à Notre-Dame, à Paris, où ils ont disparu après l'incendie de 1851. On avait pendus aux voûtes de la nef de Notre-Dame, 47 drapeaux russes et autrichiens dont beaucoup avec la hampe seule. Davout, dans son rapport dit que : « *pour Friant, six drapeaux ont été pris par ses hommes, mais que deux soldats n'y attachant aucun prix parce qu'il n'existait plus que les « bâtons » ont dû en briser deux et les jeter* ».

Le Tsar de retour en Russie prend des sanctions à l'encontre des généraux responsables. Przybyszewski, emprisonné, fut dégradé, rétrogradé soldat pour dix ans. Langeron est mis en disponibilité sans la promotion qu'il espérait. Il est probable que leur qualité d'étrangers est une cause de leur disgrâce.

Voici la lettre que va recevoir Langeron.

« *Les suites de la journée du 2 décembre ayant été particulièrement fâcheuse pour la colonne qui s'est trouvée sous les ordres de Votre Excellence et Sa Majesté étant peu satisfaite de la manière dont cette colonne a été conduite, elle vous accorde par mon organe, pour ménager votre délicatesse, la permission de demander votre retraite.* »

Il offrira sa démission.

Les pertes de la colonne de Langeron furent de 5 officiers supérieurs 39 officiers subalternes, 1 684 hommes et 6 canons. Przybyszewski déplora, quant à lui, la perte de 5 280 hommes sur 7 563.

On comprend alors très bien la rancune qui se manifeste dans les mémoires de Langeron sur Austerlitz où il fustige les vrais responsables de la défaite et justifie son abandon de l'attaque de Sokolnitz pour aller avec Kamenski.

Deux bataillons du régiment de Novgorod qui avaient été mis en déroute devant le Tsar furent punis : le régiment devient « *le 43e chasseurs* », (donc sans drapeau), et les officiers sont privés de leur dragonne, les soldats de leurs sabres et leur temps de leur service augmenté de cinq ans. La sanction sera levée en 1810 à cause de leur conduite brillante contre les Turcs.

Napoléon, à Sainte-Hélène a dit à plusieurs reprises que les Russes d'Austerlitz avaient montré plus d'énergie que ceux de Borodino. Le manque d'unité et les erreurs dans le commandement causant la lenteur des mouvements furent certainement des cause du désastre des Alliés.

Miloradovitch et Buxhœvden portent une lourde responsabilité.

LES COMBATTANTS D'AUSTERLITZ

Il vous suffira de dire: « j'étais à la bataille d'Austerlitz. »
pour qu'on vous réponde: « Voilà un brave! »
Voici les Braves.

LA MAISON DE L'EMPEREUR

On trouve les détails du fonctionnement de cette maison dans les mémoires de Menneval et du baron Fain. Ce qui frappe de prime abord, c'est la puissance de travail et l'organisation de Napoléon tout en utilisant des formules simples. Il s'entourait d'hommes efficaces connaissant tous parfaitement leur rôle.

Il y a tout d'abord le grand maréchal du Palais **Du Roc**. Né à Pont à Mousson, cadet-gentilhomme en 1789, il est élève d'artillerie à Chalons. Il émigre et revient à l'école en 1793. Il est à l'armée d'Italie comme lieutenant en second, sert à Toulon et est nommé capitaine en 1794. Aide de camp de Bonaparte en 1796, il le suit en Égypte. Il est chef de brigade en 1799, blessé à Aboukir et est envoyé plusieurs fois en mission. Général en 1801, il est nommé Gouverneur des Tuileries et général de division en 1803. Grand maréchal du Palais et Grand Aigle de la LH en 1804. Il partage avec Oudinot, blessé, le commandement des grenadiers réunis à Austerlitz. Il signe au nom de l'Empereur le traité de Posen avec le roi de Saxe, ainsi que le traité de renonciation de Charles IV au trône d'Espagne. Il est à Essling et Wagram et signe l'armistice de Znaïm. Couronne de Fer en 1809. Il va en Russie et est nommé sénateur en 1813. Présent à Lutzen et Bautzen, il meurt frappé avec Kirgener par un boulet le 22 mai 1813 près de Gorlitz.

Il a comme adjoint (maréchal des logis du palais) le comte de **Ségur d'Auguesseau**, fils du marquis. Adjoint de Duroc en 1804, il est pris par les Russes en 1807 et sera libéré après Tilsitt. Passé major au 6e hussards, il est blessé à Somo-Sierra. De nouveau, adjoint de Duroc en 1809, il est général en Russie, gouverneur des Pages en 1813, et colonel du 3e régiment de Gardes d'Honneur formé à Tours. Il se bat à Montmirail, est blessé à Reims et défend Paris en 1815. En disponibilité en 1820, il devient lieuteannt-général en 1831, puis pair de France. GdCLH en 1847, retraité en 1848, il meurt en 1873. Il était l'époux de la célèbre romancière pour enfants.

Il a un aide de camp dénommé **Jacquinot**, né à Melun, blessé à Hohenlinden, colonel du 11e Chasseur en 1806. Blessé à Iéna, général en 1809. Il se bat à Raab puis à Wagram avec Montbrun. Il est en Russie avec la division Bruyères. Blessé à Denewitz en 1813, il est à Waterloo, puis devient inspecteur de cavalerie. Cr de SL et Gd CX de la LH en 1844. Il meurt en 1848

Duroc est aidé par le général **Macon**, commissaire des guerres puis chef de bataillon au 61e de Ligne. Il est adjudant supérieur du palais du gouvernement en 1802, général en 1803. Ct LH, attaché à l'Empereur, gouverneur du palais au grand quartier général à Austerlitz. Gouverneur de Leipzig en 1806, il est rapidement jugé intriguant par ses pairs. Il meurt de maladie à Leipzig en 1806.

Le marquis de Caulaincourt, fils du sénateur, il a le grade de sous-lieutenant en 1789. Aide de camp de son père, il est capitaine avec son oncle d'Harville. Volontaire en 1792, capitaine à l'armée des Côtes de Cherbourg et aide de camp d'Auberet-Dubayet qu'il suit à Constantinople en 1796. Il commande les 2e carabiniers en 1799. Blessé deux fois, il devient aide de camp de Bonaparte en 1802. Il dirige l'arrestation du duc d'Enghien en 1804. Il est nommé Grand écuyer et général de division en 1805. Grand aigle de la LH. Il est l'état-major de l'armée à Austerlitz. Il remplace Savary comme ambassadeur en Russie en 1807, duc de Vicence en 1808. Revient de Russie en décembre 1812. Il est promu grand maréchal du Palais à la mort de Duroc. Ministre des affaires étrangères du 21 mars au 8 juillet 1814, il est fait Pair de France par Napoléon. Proscrit en juillet 1815, il rentre et sera retraité en août 1815. Il meurt en 1827.

Les aides de camp de Napoléon sont **Junot**, dit « la tempête », premier aide de camp. Il est né près d'Alésia, étudiant en droit, volontaire de la Côte-d'Or, il deviendra célèbre pour sa conduite à Toulon avec Bonaparte qui le fait nommer aide de camp. Promu colonel en Italie, il part en Égypte et devient général à son retour. Gouverneur de Paris où il commet des excès nécessitant son éloignement, il est envoyé à Arras former les grenadiers réunis qui seront commandés par Oudinot. Mécontent de ne pas être nommé maréchal, il est écarté à nouveau. Envoyé à Parme réprimer une insurrection, il se retrouve gouverneur de Paris où il renouvelle ses excès et tombe sous l'influence de Caroline Bonaparte. Il est alors envoyé au Portugal et grâce à la convention de Cintra, il peut ramener ses soldats. Il repart au Portugal avec Masséna, mais sous ses ordres. En Russie, il est insuffisant à Valoutina, laissant Gudin faire le travail et se faire tuer. Ses troubles mentaux débutent, il est mauvais à la Moskowa. Nommé en Illyrie, il arrive dans un bal organisé par lui seulement vêtu de ses décorations. Rentré en Bourgogne, il se suicide le 29 juillet 1813 victime d'une syphilis tertiaire (dite paralysie générale). Ce 1er décembre, il vient d'arriver de Lisbonne après avoir parcouru 700 Lieues pour assister à la bataille.

Il a plusieurs aides de camp dont:
Bardin, aide de camp de Junot alors gouverneur de Paris en 1800. Il commande les Pupilles de la Garde en 1811. Retraité maréchal de camp honoraire en 1823.

Lallemand, François. Il sert à Rivoli, est guide en Italie et en Égypte. Capitaine aide de camp de Junot en 1799, major du 18e dragons en 1805 et colonel du 27e dragons en 1806 il est fait baron puis général en 1811. Il est en Espagne jusqu'en 1813 puis chef d'état-major du 11e corps en Saxe. Il sert à Hambourg avec Davout, rentre en 1814. Apprenant le retour de l'île d'Elbe, il essaye avec Lefebvre Desnoettes de soulever ses troupes, mais échoue. Arrêté, puis libéré, il est nommé lieutenant général le 30 mars. Commandant en second les chasseurs à cheval de la Garde, il est blessé à Waterloo. Il accompagne Napoléon à Rochefort, mais est arrêté et envoyé à Malte. Condamné à mort par contumace, il part pour Smyrne, puis l'Égypte. Il s'exile au Texas où il fonde le *Champ d'Asile* qui est un échec. Tombé dans la misère, il échoue à New-York et revient en France en 1830. Il est lieutenant général puis pair de France en 1832, GdOLH en 1835. Inspecteur de Saint-Cyr. Il meurt en 1839.

Ci-dessus, de gauche à droite et de haut en bas.
Le major Lallemand, Savary, futur duc de Rovigo, Bertrand et Caffarelli du Falga, tous membres de la Maison de l'Empereur.
(DR)

Caffarelli du Falga, frère du général mort en Égypte. Il sert comme cavalier au 15e dragons, il est blessé en 1793, colonel de la 9e légère, général en 1802, gouverneur des Tuileries, général de division en 1805 et aide de camp de Napoléon. A Austerlitz, il remplace Bisson, blessé à la tête de la première division de Davout, mais passe avec Lannes à l'aile gauche pendant la bataille. Grand aigle de la LH 1806. Il est en Espagne, revient aide de camp de l'Empereur en 1813. Il accompagna Marie-Louise et l'Aiglon à Vienne. Il sert aux Cent-Jours, retraité en 1816. Pair de France en 1832, il est définitivement retraité en 1832 et s'occupera du retour des cendres de Napoléon en 1840. C'est son frère qui avait été amputé et portait une jambe de bois.

Savary, est chef d'escadrons à l'armée du Rhin. Aide de camp de Desaix, il est en Égypte, à Marengo où il ramène Desaix mortellement blessé. Il commande par la suite la gendarmerie d'élite et participe à l'enlèvement du duc d'Enghien. Aide de camp de Napoléon à Austerlitz, il part

68

OFFICIERS D'ÉTAT-MAJOR

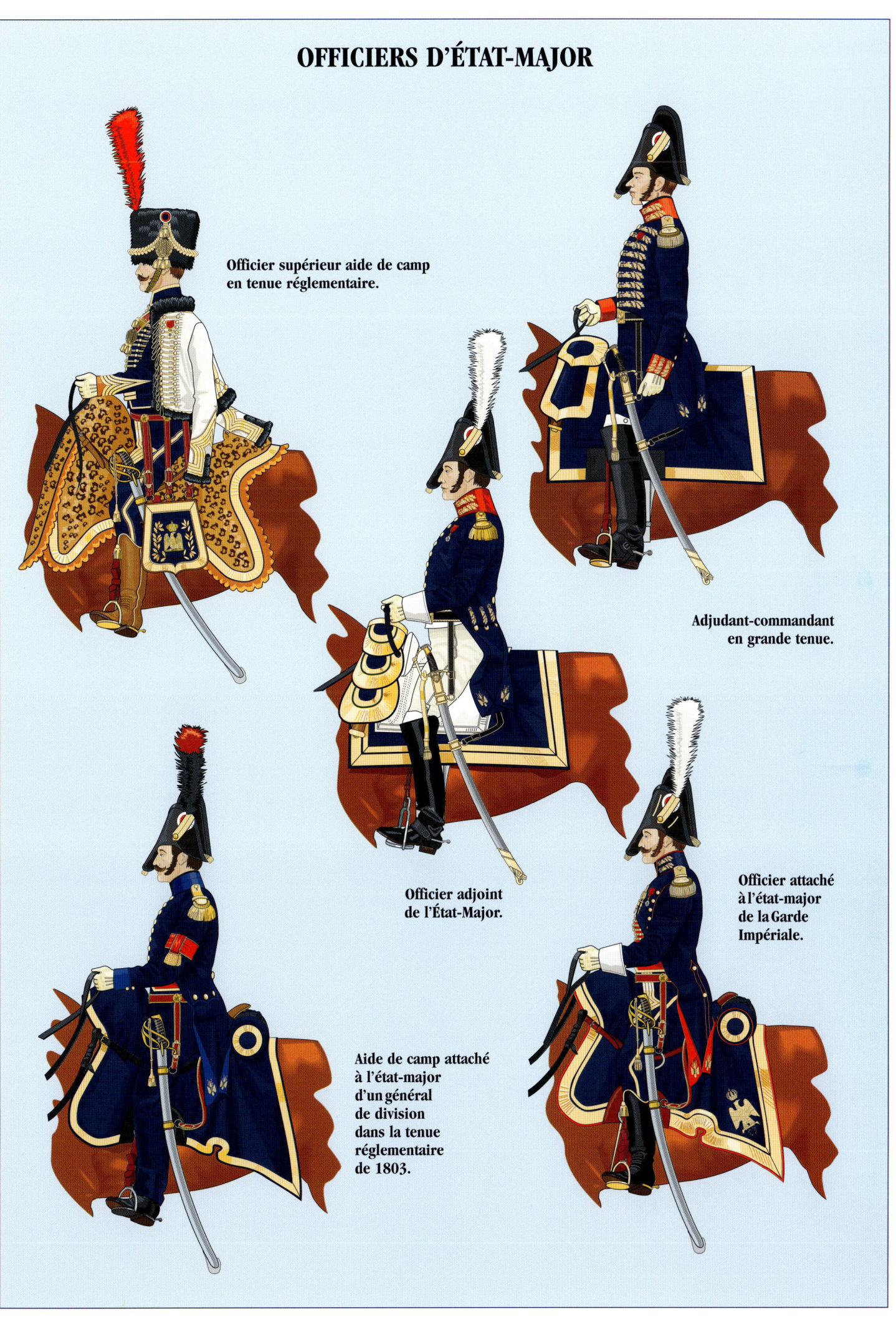

Officier supérieur aide de camp en tenue réglementaire.

Adjudant-commandant en grande tenue.

Officier adjoint de l'État-Major.

Aide de camp attaché à l'état-major d'un général de division dans la tenue réglementaire de 1803.

Officier attaché à l'état-major de la Garde Impériale.

au quartier général de l'empereur Alexandre avant la bataille. Général de division. Après Iéna, il poursuit les Prussiens avec le 7ᵉ chasseurs et le 1ᵉʳ hussards. Il remplace Lannes en 1807 devant Ostrolenka, Gd CxLH, il est envoyé en Russie où Caulaincourt le remplacera. Nommé gouverneur de la Prusse après Friedland. Il est fait duc de Rovigo en 1808. Il est en mission en Espagne, puis il est à Eckmühl en 1809. Il devient ministre de la police à la place de Fouché écarté. Victime de la conspiration de Malet il sera libéré. Sans activité lors de la première Restauration, il est nommé premier inspecteur de la gendarmerie pendant les Cent-Jours et pair de France. Il veut suivre Napoléon en exil, mais il est enfermé à Malte. Il s'échappe et va à Smyrne. Condamné à mort par contumace, il séjourne à Graz, puis repart à Smyrne. Acquitté en 1819, il reprend son grade. Retraité en 1823, il part pour Rome. Nommé commandant en Afrique en 1831, il meurt en 1833.

Lemarois, commandant des canonniers en 1793, il est à Toulon en 1795, aide de camp de Bonaparte. Présent à Lodi, blessé à Roveredo, il est à Arcole, mais ne peut suivre en Égypte à cause de ses blessures. Il retrouve Bonaparte à son retour, il est à Marengo et est nommé général en 1803. Il est à Austerlitz. Blessé à Iéna, gouverneur de Varsovie, député de la Manche en 1807, comte en 1808 et Gd OLH. Il désapprouve l'attaque en Russie et est laissé commandant du grand duché de Berg. Gouverneur de Magdebourg en 1813, il capitule le 28 mai 1814. Il commande à Rouen en 1815 et est mis en disponibilité ensuite, retraité en 1832; il n'est pas réélu.

Rapp, né à Colmar, aide de camp de Desaix en 1796, a reçu déjà de nombreuses blessures. Il le suit en Égypte comme capitaine. A Marengo, il soutient son chef mourant. Aide de camp de Bonaparte, il est chargé d'organiser l'escadron des mamelucks en 1801. Général en 1803, commandant en second les Grenadiers à cheval de la Garde en 1805 il est nommé aide de camp de Napoléon à Austerlitz. Blessé au cours de la grande charge, il capture le prince Repnin et sera nommé général de division le 25 décembre. Il est à Iéna et est blessé à Golymin, le bras gauche cassé par une balle. Nommé gouverneur de Dantzig, Couronne de fer et comte en janvier 1809. Il participe à la reprise d'Essling avec Mouton. Il désapprouve le divorce de Napoléon et la campagne de Russie mais l'a fait comme aide de camp de l'Empereur. Il reçoit quatre blessures à la Moskowa, Gd Cx de la Réunion en 1813. Enfermé dans Dantzig, il capitule avec l'assurance de pouvoir ramener ses troupes en France, mais la capitulation est violée et il est envoyé en Ukraine. Il rentre en 1814, Gd Cx LH la même année. En 1815, rallié à Napoléon, il commande en Alsace. Député et Pair de France, il se réfugie en Suisse, rentré en 1817, pair de France en 1819, premier chambellan de Louis XVIII en 1820. Cr SL en 1821. Il meurt d'un cancer du pylore cette même année. Il aura été blessé vingt-deux fois.

Mouton, comte de Lobau, né à Phalsbourg. Soldat exemplaire, il est en Italie et devient aide de camp de Joubert en 1797. Héros du siège de Gênes, il y est blessé deux fois. Général en 1805, aide de camp de

Ci-dessus, de gauche à droite et de haut en bas.
Le général Clarke, le futur comte de Lobau Mouton, Rapp aide de camp de Napoléon à Austerlitz et Girardin d'Ermenonville aide de camp de Berthier.
(DR)

Napoléon le 6 mars, il est à Austerlitz, Iéna et Eylau. Cr de la Couronne de fer. Gravement blessé à Friedland, il devient général de division en 1807. Il est avec Bessières à Médina de Rio Seco puis revient auprès de l'Empereur. Cité à Eckmühl, il est très brillant à Essling où il sera blessé. Il est à Wagram et sera couvert de dotations, comte en 1810. Il est aussi en Russie d'où il revient avec Napoléon de Smorgoni. Pair de France en 1815, Waterloo le voit aide de camp, il est fait prisonnier. GdCxLH en 1830. En 1831, il réélu député et fait Maréchal de France, pair de France en 1833. Mort en 1838.

Lebrun, fils de l'archi-trésorier il est aide de camp de Bonaparte en Italie en 1800. A côté de Desaix à Marengo, il le reçoit dans ses bras. Colonel en 1804, il est avec Napoléon à Austerlitz. Colonel du 3ᵉ hussards à Iéna, il prend plusieurs drapeaux saxons. Il charge à Eylau, général en 1807. Général de division en 1812, il est avec l'Empereur à Waterloo puis sera placé en non activité, Duc de Plaisance et pair de France à la mort de son père le 16 juin 1824. Gd Cx LH en 1833. Retraité en 1848, sénateur en 1852. Gd Chancelier de la LH en 1853 et médaille militaire. Il meurt en 1859.

Bertrand. Il est élève de l'école de Mézières puis sert à l'ambassade de Constantinople en 1796, à l'armée d'Italie en 1797. Il est à Toulon en 1798 et sera blessé en Égypte, général en 1800. Aide de camp de Napoléon en 1804, il participe à la prise du pont de Vienne et est cité à Auster-

litz. Il est présent à Iéna et Spandau en 1806, à Dantzig en 1807, il devient général de division à Friedland. Comte en 1808, il est au siège de Vienne en 1809 puis à Essling, Gd CX LH et Gd CX de Bade. Il remplace Marmont en Illyrie. Il commande le 4ᵉ corps en 1813. Grand maréchal du palais en novembre 1813. Il fait la campagne de France en 1814 et suit l'Empereur à l'île d'Elbe. Après Waterloo, il accompagne l'Empereur à Sainte-Hélène et assiste à sa mort le 5 mai 1821. Il sera condamné à mort par contumace puis réintégré. Il préside au retour des cendres le 30 novembre 1840 et meurt en 1847. Il est enterré à côté de Napoléon aux Invalides.

Le général Clarke est cadet en 1781, capitaine de hussards en 1784, puis major au 2ᵉ de cavalerie à l'armée du Rhin, il est promu général en 1793. Conseiller d'état, il est aussi secrétaire du cabinet de Napoléon en 1805 et 1806. Gouverneur de Berlin et de la Prusse, il remplace Berthier en 1807 comme ministre de la Guerre. Grand aigle de la LH, Pair de France. Ministre de la guerre à la place de Soult en mars 1815, il suit le roi à Gand et est fait maréchal de France en 1816. Il a comme aide de camp:

Turenne, Henry comte de, chambellan de Napoléon et maître de sa garde robe jusqu'en 1814. Il est blessé à Austerlitz. Il refuse de servir le roi. Pair aux Cent-Jours, rayé puis renommé en 1831.

Gardane, né à Marseille, il commande le 9ᵉ Chasseurs en 1796. Général en 1799. Ecuyer *cavalcadour* de l'Empereur en 1804, gouverneur des pages, il est à Austerlitz, Iéna et Eylau. Nommé ambassadeur en Perse en 1807, il est fait comte en 1808. Il est avec Masséna au Portugal et est suspendu pour n'avoir pas accompli correctement sa mission; il sera réintégré en 1814. Il se rallie à Napoléon en 1815. Retraité la même année, il meurt en 1818. A ne pas confondre avec le général Gardanne qui est en Italie avec Masséna.

Durosnel, gendarme écossais en 1763, il commande le 16ᵉ chasseurs en 1799 et devient écuyer *cavalcadour* de Napoléon en 1804. Il est avec Milhaud à Austerlitz, fait général en 1805. Il est avec Lasalle en 1807 et devient comte en 1808, écuyer en Espagne, puis aide de camp de Napoléon en 1809 et gouverneur des pages. Il est blessé et pris à Essling. Il commande les gendarmes d'élite en Russie, aide de camp et pair de France aux Cent-Jours. Il est en non activité en 1815 et retraité en 1816. Il est élu député puis réélu. Il devient aide de camp de Louis-Philippe en 1832 et Gd CxLH, pair de France en 1837. Il meurt en 1849.

Defrance est colonel du 12ᵉ chasseurs et écuyer de Napoléon, tout en conservant le commandement de son régiment qui est avec Vialannes ne sera donc pas à Austerlitz. Il est près de Gudin, du côté de Vienne, en route pour rejoindre. Il est nommé général en 1805 et commandera les carabiniers.

Thiard. Émigré à l'armée de Condé, il rentre en 1801 en France, chambellan de Napoléon, il réussit l'alliance avec la Saxe. Exilé jusqu'en 1809, il défend Paris en 1814 et est élu en 1815 député. Maréchal de camp, il s'aliène la faveur royale, impliqué dans la conspiration Bonapartiste de Didier à Grenoble en 1816 il sera élu député à nouveau en 1820.

L'ÉTAT-MAJOR DE BERTHIER

Les aides de camp du major-général Berthier, prince de Neuchâtel, sont:

Girardin d'Ermenonville, fils du marquis, élève officier de marine en 1790. Il passe dans la cavalerie en 1793. Il est aide de camp de Berthier en 1803, puis nommé colonel du 8ᵉ dragons. Blessé à Friedland, baron en 1808, comte en 1810, il est nommé général en 1811, va en Russie, général de division en 1814. Il sert avec Grouchy en 1815, Gd OLH en 1825, il meurt en 1855. Il a été très brillant à Austerlitz, envoyé près de Thiébault, il a participé à tout le combat contre les troupes de Kamenski, puis sur les digues et les étangs.

Edouard de Colbert-Chabanais, volontaire du bataillon Guillaume Tell, on le trouve au 3ᵉ dragons; il va en Haute-Egypte et devient aide de camp de Berthier en 1805. Blessé à Austerlitz, cité au rapport il devient colonel du 7ᵉ hussards en 1806. Général en 1809, il est à Raab et est blessé à Wagram. Va en Hollande et devient colonel du 2ᵉ lanciers de la Garde. Il est de la campagne de Russie et est nommé général de division en 1813. Il sera brillant pendant toute la campagne de France et à Waterloo. Blessé aux Quatre-Bras, il charge à Waterloo. Inspecteur de cavalerie, Gd OLH en 1828, blessé par la machine infernale de Fieschi en 1835, il sert en Afrique. GdCXLH en 1837, il passera au corps de réserve et meurt en 1853.

Lejeune, né à Strasbourg, volontaire de 1792 à la compagnie des Arts à Paris adjoint du génie, il est aussi un peintre militaire célèbre. Sous-lieutenant de sapeurs en 1797, aide de camp de Berthier en 1800, il est fait chef de bataillon après Austerlitz, il est du siège de Dantzig. Blessé à Saragosse avec Lacoste, colonel en 1809, il est à Essling, Wagram. Baron. Pris en Espagne, il est blessé et son escorte tuée. Envoyé en Angleterre, libéré en 1811, il sert en Russie avec Berthier. Il a dessiné le nouvel uniforme des aides de camp du major général. Il remplace Romeuf près de Davout comme chef d'état-major. Général en 1812, il est ensuite à Dennewitz, Hanau et est retraité en 1813. Il est avec Harispe en Espagne en 1823. GdOLH en 1841. Il meurt en 1848.

Dalton, né à Brive, aide de camp de Hoche en 1795, il devient aide de camp de Berthier en 1800, il est à la suite du 5e dragons. Adjudant-commandant près de Berthier en 1805, il assiste à Austerlitz et est cité au rapport. Colonel du 59e à Iéna, il est aussi à Eylau et Friedland. Général en 1809, il est avec Morand en Russie, blessé gravement à Smolensk, il est autorisé à rentrer en France. Commandant d'Erfurt en 1813, bloqué, il capitule en mai 1814 avec les honneurs de la guerre et rentre pour devenir demi-solde. Il sert pendant les Cent-Jours, puis est placé en non activité. Lieutenant général en 1821, il sert en Afrique en 1831, GdOLH en 1833. Retraité en 1848. Mort en 1859

Le Camus baron de Monlignon dit Camus. Volontaire de 1792, il sert aux états-majors de l'armée du Rhin. Il est avec Berthier dès 1802 et commande le quartier général. Il passe avec Mortier le 7 novembre 1805. Général en 1806, il revient près de Berthier comme aide-major-général. Il est en Espagne, blessé en 1813, il est en Champagne en 1814 avec Victor, puis Gérard. Blessé au genou à Craonne, il est mis en non activité. Retraité en 1825. Il n'était donc pas à Austerlitz le 2 décembre 1805.

Bailly de Monthion, aide de camp de Turreau de 1793 à 1796. Il est à l'état-major de la Grande Armée en 1805, est à Ulm, Hollabrünn et Austerlitz et sera cité au rapport, Adjudant-commandant sous Pannetier à Heilsberg et Friedland. Gouverneur de Tilsitt. Il est avec Murat en Espagne, fait baron et adjoint au major-général en 1809. Il suit Murat à Berlin et en Russie, général de division en 1812, il remplace Berthier après son départ avec l'Empereur et redevient sous-chef de l'état-major en 1813. Il est pair de France en 1837, GdCxLH en 1843 et retraité en 1848.

Charles, Louis Le Lièvre comte de La Grange, blessé à Marengo, aide de camp de Berthier le 12 septembre 1805, il est chef d'escadrons au 89e hussards à Eylau. Il est à Madrid en 1808, à Eckmühl, à Ratisbonne. Envoyé comme parlementaire à Vienne, il est blessé. Il sert à Essling, Wagram et devient écuyer de l'Empereur et comte en 1810. Général en 1812, il est en Russie, aux cuirassiers de Valence. Il est cité à Hanau, fait la campagne de France, se bat à Laon et à La Fère-Champenoise. Lieutenant général en 1814, Pair de France en 1832, GdOLH en 1836, il est retraité en 1848, sénateur en 1859, il meurt en 1864.

Charles Eugène de Montesquiou-Fézensac, aide de camp de Berthier, il est nommé le 21 décembre aide de camp de Davout (comme son frère Anatole-Augustin futur général, fidèle de Louis Philippe). Capitaine officier d'ordonnance de Napoléon en 1806, LH en 1807, il est fait baron puis chambellan de l'Empereur en 1810. Colonel du 13e chasseurs en Espagne, il est tué à Ciudad-Rodrigo, le 12 décembre 1810.

Talleyrand-Périgord, Louis, aide de camp, chef d'escadron en 1807 mort à Berlin de fièvre maligne, en 1808, cité au rapport.

Talleyrand-Périgord, Alexandre, Edmond, duc de Dino, lieutenant de cavalerie en 1805, cité, lui aussi à Austerlitz. Il sera pris en Russie et rentrera en 1814, année où il est nommé général. Il est destitué par Napoléon aux Cent-Jours, lieutenant général en 1823 en Espagne, CrLH en 1831. Joueur, léger, il avait épousé en 1809 Dorothée de Biron, la très belle princesse de Courlande. Après dix ans passés avec son mari, elle devient l'égérie du prince de Bénévent et vivra avec lui quatre ans en Angleterre. Elle a joué un grand rôle à Vienne. Après la mort du prince, elle prendra le titre de duchesse de Talleyrand, puis, après la mort de sa sœur, celui de princesse de Sagan en 1845.

Ces deux officiers ont chargé tous les deux sur l'infanterie russe avec la cavalerie de la Garde. Louis écrit le 3 décembre: « *Me voilà enfin content; le matin j'ai été à une charge à la baïonnette, peu après j'ai été fort exposé au feu; le soir nous avons chargé, Edmond et moi, avec un escadron de la Garde, nous avons été accueillis à trente pas par des canons à mitraille et de l'infanterie. Nous l'avons fort bien reçue et ensuite nous l'avons travaillée. Edmond était aussi tranquille qu'à son ordinaire.* »

Ci-dessus, de gauche à droite.
Le premier aide-major général Andréossy et le général Reille.
(DR)

De Noailles, Alfred, fils de l'ancien constituant, général, mort à Cuba en 1804. Attaché à l'état-major de Berthier, cité.

Le premier aide-major général est **Andréossy,** né à Castelnaudary, lieutenant en premier d'artillerie en 1784. Il est directeur des équipages de pont en Italie en 1796. Il est à Arcole, général 1797. Il part en Égypte en Égypte, et est adjoint de Berthier en 1805, cité au rapport. Comte en 1809 et grand aigle de la LH. Député en 1827.

Il a comme aide de camp **Guérin,** École d'artillerie, adjoint d'Andréossy et son aide de camp en Égypte, chef de bataillon en 1804, LH, tué par un boulet devant Neiss en 1807.

Andréossy a comme adjoint **d'Hastrel de Rivedoux,** grand ami du général Guyot. Il est né au Canada, cadet gentilhomme en 1781, à l'armée du Rhin puis de l'Ouest, chef de brigade avec Masséna à Zurich, adjudant commandant sous Andréossy à l'état-major général, Il a une bien piètre idée de son chef car il écrit à son grand ami Guyot: « *Mon général est un ladre renforcé, uniquement occupé de lui, il ne songera guère à moi. Si l'on donne de l'argent, il le gardera et voilà encore une fois ma fortune manquée!* »

Le deuxième aide major général est **Mathieu Dumas,** noble, fils d'un trésorier de France. Sous-lieutenant en 1780, il est aide de camp de Lafayette en 1789. Il ramène Louis XVI de Varennes, est fait maréchal de camp 1791. Député, puis président de l'Assemblée Législative, menacé en 1792, il s'échappe en Suisse et revient après le 9 thermidor. Élu au Conseil des Anciens, proscrit le 19 fructidor, il part pour Hambourg et rentre après le 18 brumaire. Chef d'état-major de Davout en 1804, général de division en 1805, il est 2e aide major général en septembre 1805. Il est à Ulm, Elchingen, Austerlitz où il est cité. Envoyé à Naples en 1806, il devient ministre de la guerre de Joseph Bonaparte et le suit à Madrid. Sous-chef d'état-major en 1809, avec Berthier, il est à Essling, Wagram. Il est fait comte puis intendant général de la Grande Armée en 1812. Il est avec le prince Eugène jusqu'en 1813. Pris à Leipzig, il rentre en 1814, conseiller d'état, sert aux Cent-Jours, retraité en 1815. Député de Bernay, réélu en 1830, il est Pair de France en 1831. Devenu aveugle, il meurt en 1837.

Les adjoints sont **Pannetier, comte de Valdotte.** Volontaire de l'Ain en 1791. Blessé, il est nommé capitaine à Rivoli, Adjudant-commandant en 1801, adjoint de Berthier en 1805, il commande la place de Brünn. Cité pour les services rendus aux blessés. CtLH, comte 1808. Pris à Baylen, il est rendu. En 1814, il est chargé d'amener dix mille hommes à Lyon. Lieutenant général avec Suchet à l'armée des Alpes, il part en retraite en 1825 et à nouveau en 1834.

Reille, né à Antibes, il est volontaire au 2e du Var puis aide de camp de Masséna à Toulon. Cité en Suisse, il passe chef d'escadrons et arrive à pénétrer dans Gênes pour joindre Masséna. Général en 1803, adjoint au major général le 17 septembre 1805, le 7 novembre, il remplace Valhubert au commandement de la deuxième brigade de la division Suchet, ce général passant à la troisième brigade de la division. Après la bataille d'Austerlitz, il prend la place de Becker en 1806 et

Napoléon et son état-major pendant la bataille d'Austerlitz, officiers d'état-major, ordonnances, aide de camp, généraux et maréchaux, l'Empereur ne se déplace pas sans une véritable cohorte de personnages prêts à transmettre ses ordres à toutes les troupes combattantes.

LA MAISON DE L'EMPEREUR EN CAMPAGNE

Pendant une campagne, Napoléon établissait son Palais suivant les circonstances. Dans les grandes villes, c'était dans un vrai château, mais sur le champ de bataille, il pouvait monter sa tente ou occuper une masure quelconque. Ce sera le cas à Austerlitz.

La tente comportait deux pièces communicantes: la chambre à coucher et le cabinet. L'enveloppe était double et, entre les deux toiles, existait une sorte de corridor qui servait de magasin. Corridor occupé par le valet de chambre et le mameluck et où l'on entreposait, la journée, les portemanteaux, les matelas et les enveloppes de cuir servant pour l'équipage des tentes. Le petit lit de fer avait six pieds de long, trois de large et quatre de haut, sa membrure métallique faite de baguettes d'acier très légères et ajustables de façon très précise. Elles sont glissées dans deux fourreaux de cuir. Des rideaux de soie verts enveloppaient le lit. Des petits meubles pliants servaient pour le cabinet. Tout se repliait et était enveloppé dans des rouleaux de cuir qui étaient portés par des mulets.

A Austerlitz, le lieu du logement de l'Empereur est discutable. Certains parlent de la tente; pour d'autres, le logement aurait été installé dans l'auberge de Kandia. Le fait a été gravé sur une poutre basse, brûlée ensuite. Il semble, finalement, que la tente dont on parle n'était qu'une cabane réalisée par les sapeurs de la Garde sur le tertre de Zuran (cabane ronde avec le toit ouvert permettant de faire un feu en son centre), dit « tertre de l'Empereur ». Mais tout à côté, il y a la grange de Kandia où il est inscrit sur une poutre que Napoléon y a passé trois jours. Cette grange avait, sans doute, été aménagée seulement pour les repas par les sapeurs qui ont fabriqué une grande table. C'est là que se serait tenu le repas du soir du 1er décembre si bien raconté par de Ségur. Zuran (287 m au dessus du niveau de la mer) correspond bien à ce point haut d'où l'Empereur pouvait avoir une vue d'ensemble qui lui convenait.

Napoléon dit avoir dormi sur la paille pendant trois nuits, Constant s'est étonné qu'il n'ait pas de tente pour l'Empereur. Il n'a pas eu à installer le lit métallique habituel, il mettait une large peau d'ours sur la paille s'inquiétant de sa qualité. Berhier parle d'une cabane de paille sans toit. En 1809, d'après Heudelet et Slovak, c'est dans ce lieu que sont passés en pèlerinage, Napoléon avec son secrétaire Mounier et le capitaine de Galbois aide de camp de Berthier. Pour d'autres témoins, en particulier Marbot avec son ami Massy [1] venus apporter les drapeaux pris par le corps d'Augereau, l'Empereur aurait couché ses nuits avant la bataille sur la paille d'une grange, peut-être celle de l'auberge ou dans sa cabane, c'est ce que Napoléon dit lui-même: « j'ai couché sur la paille trois jours ». C'est aussi ce que rapporte Constant. Certains disent qu'il aurait couché dans sa berline dite « dormeuse ». Le 2 décembre au soir, il couche à la poste de Posoritz, ce n'est que le 3 au soir qu'il ira coucher enfin dans un bon lit dans le château des seigneurs de Konice, à Austerlitz. Il va dormir dans le lit où a dormi Alexandre la veille de la bataille. De Ségur décrit le dîner avec l'Empereur le soir du 1er décembre, avant la bataille, et parle d'une masure ou d'une grange. Son récit de ce dîner est précis avec le rôle de Junot qui vient d'arriver de Lisbonne, donnant les nouvelles littéraires de Paris ainsi que des théâtres, ce qui a conduit Napoléon à parler de Corneille terminant par « Il faut vouloir vivre et savoir mourir ». L'empereur évoque aussi son mirage de l'Orient et son échec à Saint Jean d'Acre.

---

[1]. Massy est né en Corrèze comme Marbot. Jeune capitaine blessé une fois dans les Pyrénées — il sera deux fois encore en Italie — il devient aide de camp d'Augereau comme Marbot en 1803. Major au 44e, il sera cité à Eylau et devient colonel du 4e de ligne en 1811. Il est tué à la Moskowa.

---

commande les 34e et 40e régiments. Il est nommé général de division et chef d'état-major du 5e corps en 1807. Il est à Ostrolenka, puis revient chez Masséna le 24 février 1807. Nommé aide de camp de Napoléon le 13 mai 1807, il reçoit la Couronne de fer; il est fait comte en 1808 avec de nombreuses dotations. Il est à Girone, puis revient à Essling, il commande les fusiliers et les tirailleurs de la Garde à Wagram en soutien éventuel de Macdonald. Il est ensuite envoyé en mission à Anvers pour surveiller le comportement de Bernadotte devenu suspect. Gouverneur de la Navarre, puis d'Aragon, il est à Vittoria, puis à Toulouse. GdCXLH en 1815, pair de France, il se bat à Waterloo. Décoré par Bernadotte, Gd CX de l'ordre des Séraphins de Suède (le surveillé décore son surveillant?) A nouveau Pair en 1819, il est nommé gentilhomme de la chambre du roi. Maréchal de France en 1847, médaillé militaire. Il avait épousé la fille de Masséna. Il meurt en 1860.

Montholon-Sémonville, comte de, fils du marquis, employé à l'état-major le 17 septembre, cité au rapport à Austerlitz, LH. Chef d'escadrons et aide de camp de Berthier en 1807, adjudant-commandant en 1809, chambellan de Napoléon après Wagram. Il est nommé maréchal de camp en 1814 et part avec Napoléon à Sainte-Hélène. Rayé des cadres, réformé sans traitement à son retour, il est repris comme maréchal de camp en 1830. Il participe au deuxième complot de Louis-Napoléon Bonaparte en 1840, incarcéré au fort de Ham condamné à 20 ans, dégradé et déchu de ses titres et décorations il sera gracié en 1846. Élu député en 1849 il devient général en 1853, année de sa mort.

Bœrner, né en Souabe, soldat en 1780, chef de brigade à Saint-Domingue en 1797, il rentre en 1799. Il est à l'état-major le 29 septembre 1805, chargé du problème des prisonniers, il est cité au rapport. CtLH. Général en Westphalie, il sert en Espagne. Maréchal de camp en 1814 en France, il est retraité. Chevalier d'Empire, naturalisé en 1817, il meurt en 1829.

Sarraire, capitaine à Gênes en 1800. Il vient à l'état-major le 17 septembre 1805, cité au rapport. LH en 1807, baron, il commande un régiment de la division Puthod à Wagram où il est blessé. Colonel du 8e léger en Illyrie où il meurt en 1810.

René, lieutenant au siège de Toulon, sabre d'honneur à Rivoli, il part pour l'Égypte. Il est nommé général en 1801. CtLH, adjoint au major général en octobre 1805, envoyé pour commander Augsbourg le 11 octobre, il n'est donc pas à Austerlitz. Pris par les guérillas espagnoles, il est brûlé vif dans un chaudron d'huile bouillante en 1808.

Blein est ingénieur des Ponts et Chaussées puis chef de bataillon en 1799 à l'armée du Rhin. Attaché au quartier général de Berthier, il est à Austerlitz et, cité, passe colonel après la bataille. Il est à Iéna, Somo-Sierra et Madrid, il revient en Autriche où il est blessé deux fois. Il est présent à Vienne, Essling, Wagram et Znaïm. Il est avec Oudinot en Russie, général en 1813, il sert durant la campagne de France, CtLH, retraité en août 1815. Il est gravement blessé par la machine de Fieschi en 1832, GdOLH 1837, meurt en 1845.

Dufresne, aide commissaire en 1792, adjoint de commissaire des guerres, puis commissaire de première classe en 1795, Italie. LH. Il est sous-inspecteur aux revues de 3e classe, attaché auprès du major général en Autriche. OLH après Austerlitz, 2e puis 1re classe en 1807. Il est nommé inspecteur en titre en 1809. Baron, en Espagne, il passe dans la gendarmerie en 1815. Il meurt en 1818.

Mergez, au 9e Hussards en 1793, il est aide de camp de Bernadotte en 1799, adjoint à l'état-major de Berthier en 1804, cité au rapport à Austerlitz. Il part pour l'Espagne puis est affecté au 2e corps de cavalerie en Russie. Plusieurs fois blessé à Winkowo, il est fait prisonnier et rentre en 1814, il sert en 1815 puis est mis en non activité, retraité en 1823, maréchal de camp honoraire. Il est repris 1830 et enfin retraité en 1832 avec ses droits.

Parigot, capitaine du 2e de ligne, adjoint à l'état-major de Berthier en 1805. Adjudant-commandant en 1807, retraité maréchal de camp honoraire en 1823.

Pascal-Vallongue, ingénieur des Ponts et chaussées, chef de bataillon du génie, il rejoint l'Égypte, est fait prisonnier à Aboukir. Retenu 4 mois dont deux passés au bagne grec, il est libéré grâce à Sidney Smith. Colonel du génie avec Sanson et Andréossy, il est chargé des détails de l'état-major général le 21 septembre 1805. Cité au rapport, il est nommé général après Austerlitz. Il est tué au siège de Gaète en 1806.

Dans le rapport de Berhier publié par J. Garnier on trouve de nombreux adjoints ou aides de camp cités pour leur action à Austerlitz comme: **Salley**; **Château**, **Ducondras**, **Deschales**, **Alfred de Noailles**, **Rosilly** et **Valmabelle**. Il cite aussi le lieutenant **Belle** du 21e dragons commandant la compagnie d'élite qui était de service au quartier général. Celle-ci a chargé vers Telnitz et fait des prisonniers, Belle avait sans doute suivi Gardane. Il y avait aussi deux lieutenants-colonels bavarois: **Pocci** et **Daubert** et un wurtembergeois, le capitaine **Spitzamberg**. Berthier termine ses éloges en évoquant le dévouement du service de santé où sont surtout cités **Percy**, inspecteur général du service de santé. Il est né à Montagney-les-Pesmes. Très admiré pour toutes ses qualités, il est l'inventeur du wurst qui n'aura pas le succès espéré. Il ne veut que des chirurgiens, laissant les médecins aux civils. Comme opérateur, il est beaucoup plus conservateur des membres que Larrey. Cr LH, accablé d'honneurs, auteur de nombreux travaux. Il est élu à l'Académie des Sciences. Sa vue baissant, il quitte les armées en 1809 et revient enseigner. Aux Cent-Jours, il se rallie à Napoléon et est élu député. Après Waterloo, il se retire à Meaux où il écrit. Il meurt en 1827. Il est cité pour son activité infatigable à Austerlitz.

Ci-dessus, de gauche à droite.
Marbot et Larrey, Chirurgien en chef de la Garde. *(DR)*

Larrey, formé à Toulouse, puis à Paris, baron et CtLH, il transforma l'idée du wurst en ambulances volantes allant au plus près chercher les blessés. Il a donné les techniques des amputations réglées et rapides qui ont sauvé tant de vies. L'absence de véritables anesthésie justifiait la vitesse de ses opérations. Certains amputés d'un bras repartaient aussitôt au combat. Berthier le cite comme chirurgien en chef de la Garde aussi infatigable que Percy, opérant aussi bien les ennemis que les Français. Napoléon dira de lui qu'il était l'homme le plus vertueux qu'il ait rencontré et Wellington leva son bicorne en le voyant passer et déclara: « Je salue l'honneur qui passe. »

Coste est né près de Bellegarde dans l'Ain, formé à Paris, ami de Voltaire dont il sera un familier, il est médecin à Nancy. Il va lutter contre la cupidité des intendants qui nourrissent si mal les soldats. Premier médecin du corps de Rochambeau en Amérique, maire de Versailles en 1790, il travaille avec Berthier. Il va créer les hôpitaux militaires. Écarté en 1806 par l'Empereur qui préfère les chirurgiens, il lui faudra attendre la Restauration pour retrouver la direction du Service de Santé et il rouvre l'école du Val de Grâce. Il était CrLH et chevalier de Saint-Michel. Il meurt en 1819.

Berthier cite aussi **Tabarie** et **Gérard** chefs de division au ministère de la guerre qui vont aider de leur mieux les blessés avec le général **Pannetier** qui commande fort bien la place de Brünn.

L'ADMINISTRATION

Daru, né à Montpellier. Sous-lieutenant, il démissionne pour entrer dans l'administration. Commissaire des guerres en 1789, il sera sauvé par le 9 thermidor. Il met de l'ordre au ministère de la guerre avec Petiet. Inspecteur aux revues. Secrétaire général révélant ses grands talents, il soulage Berthier de toute la partie administrative, le laissant se ronger ses ongles avec la partie militaire. Emmené par Bonaparte en Italie, lui restera très attaché. LH, conseiller d'état, intendant général de la maison militaire et de la liste civile en 1805. Il devient intendant général de l'Autriche après Austerlitz, récupérant les contributions ordonnées. Après la mort de Petiet, il devient intendant général de la Grande Armée, membre de l'Institut et Conseiller d'état, il est après Tilsitt, plénipotentiaire en Prusse prélevant les 150 millions de contributions puis il suit la campagne de 1809 jusqu'à Wagram. Remplacé par Mathieu Dumas, en 1812, en Russie, il reprend son poste car son successeur est tombé malade à Moscou. Il reforme l'Armée en 1813, administrateur supérieur de l'armée et ministre secrétaire d'état, ministre de l'Administration de l'armée à la place de Lacuée de Cessac, il suit l'impératrice à Blois en 1814. Il est attaché au ministère de la guerre pendant les Cent-Jours. En 1816, il est nommé membre de l'Académie française, puis pair de France en 1819. Contre la guerre d'Espagne de 1823, il dénonce les scandales des marchés Ouvrard. Intendant général des armées du roi, il peut donner libre cours a son amour de la littérature et de la poésie. Il écrit son histoire de Venise, celle de Bretagne, mais sa mort, le 5 septembre 1829, l'empêche d'achever celle de Vendée. Napoléon disait de lui : « *Il joint le travail du bœuf au courage du lion.* »

Petiet, commissaire des guerres en 1774, il défendit Nantes. Ministre de la guerre en 1796, il est écarté en 1797 et devient conseiller d'état en 1799. Intendant à Boulogne, Ulm et Austerlitz. CtLH. Il devient Gd OLH et sénateur en 1806, il meurt d'épuisement six jours plus tard.

En temps normal, le cabinet de l'Empereur était divisé en **cabinet intérieur**, attenant à la chambre à coucher où Napoléon pouvait travailler seul, et en **cabinet extérieur** où il recevait ses visiteurs et les membres du secrétariat.

Le général **Clarke** était à la tête du secrétariat en 1805, il était aidé par deux anciens aides de camp : **Cuvilier-Fleury** qui sera conseiller d'état de Louis Bonaparte et **Tourné** qui ira mourir à Saint-Domingue. Le secrétaire dit « *du portefeuille* » est **Meneval**.

Meneval est choisi pour remplacer **Bourienne (Fauvelet de)** que Napoléon avait écarté à la suite de l'affaire dite des frères Coulon ayant entraîné Bourienne dans leur faillite. Envoyé à Hambourg, Bourienne avec son secrétaire personnel Enoch s'attacha à faire la fortune de Bernadotte avec l'aide de Gérard. Il ne s'oublia pas au passage. Meneval était secrétaire de Joseph Bonaparte, il allait tenir ce poste jusqu'au retour de Moscou où, épuisé, il fut obligé de quitter le poste, devenant « secrétaire des commandements de Marie-Louise » qu'il suivit à Vienne.

A côté de ce premier secrétaire il y avait le **baron Fain**, « secrétaire archiviste » formé à la secrétairerie d'état du Directoire comme chef de cabinet de Lagarde et attaché à Maret. Fain, est fait baron en 1809, puis CtLH en 1811 et maître des requêtes au Conseil d'état. Il prend la suite de Meneval en 1812. Repris par Louis-Philippe en 1830, il écrivit ses manuscrits et ses mémoires fort précieux. Élu député en 1834, réélu en 1836. Son fils resta secrétaire de Louis-Philippe.

Les valets de chambre :

Constant, (Constant Wairy dit), est né en Belgique. Confié par son père, qui était aubergiste à Saint-Amand-les-Eaux, au marquis de Lure qui va émigrer, Constant, dès lors abandonné, est amené à Paris par le chef d'escadron Micheau et placé comme commis chez Gobert. Placé chez Eugène de Beauharnais, il entre au service de Napoléon en 1800, il y restera jusqu'en 1814. Après l'abdication, il va déserter en emportant de l'argent et des bijoux. Ruiné, il fit attribuer à sa femme, le bureau de poste de Breteuil-sur-Iton dans l'Eure. Il meurt en 1845.

Roustam est Géorgien, offert à Bonaparte par un bey du Caire (avec un autre, nommé Ali, qui fut rapidement éliminé), il couchait devant la porte de Napoléon et avait surtout un rôle d'apparat. A Fontainebleau, après la tentative d'empoisonnement de Napoléon, il s'enfuit terrorisé. On fit courir des bruits sur des basses besognes qu'il aurait pu accomplir. En 1824, il va s'exhiber à Londres pour gagner un peu d'argent. Louis-Philippe lui fera donner la poste de Dourdan. Il meurt en 1845.

En 1811, Napoléon prit un second mameluck nommé **Saint-Denis**, qui devint premier et seul

Ci-dessus, de gauche à droite.
Napoléon et son état-major à Austerlitz. Cette gravure naïve du XIXe siècle illustre, s'il en était encore besoin, le ballet incessant autour de l'Empereur des aides de camp et des officiers d'ordonnance. *(DR)*

mameluck après le départ de Roustam et qui alla à l'île d'Elbe et suivra l'Empereur à Saint-Hélène où, avec son ami Marchand, il va aider au mieux Napoléon lui servant aussi de secrétaire copiste. Là bas, il épouse la gouvernante des enfants Bertrand. Il a laissé des souvenirs précieux publiés en 1826. Il est décoré de la Légion d'honneur par Napoléon III et s'installée à Sens où il meurt en 1846.

Ci-dessus, de gauche à droite.
Daru intendant général de la maison militaire et Constant, valet de l'Empereur. *(DR)*

Grâce à ces travailleurs de l'ombre nous savons comment Napoléon travaillait avec une puissance exceptionnelle et un sens de l'organisation fantastique. Nous savons aussi comment ces secrétaires prenaient les dictées rapides de l'Empereur, les recopiaient et les classaient de leur mieux

Mounier est le fils de l'ancien constituant devenu préfet de Rennes et conseiller d'état sous l'Empire. Il était auditeur au conseil d'état et Napoléon le soutint après la mort de son père, il le prit comme secrétaire adjoint en 1809. Il a accompagné, à cette date, l'Empereur qui voulait revoir le champ de bataille d'Austerlitz. Ce fait est cité dans les souvenirs d'Heudelet. Ils étaient accompagné du capitaine de Galbois alors à l'état-major de Berthier

De Galbois, lieutenant au 8e Hussards en 1804. Il est avec Berthier en 1808 et accomplit plusieurs missions en Espagne et au Portugal. De 1812 à 1813, il rejoint Berthier. Colonel du 12e hussards en 1814, il est blessé aux Quatre-Bras. Maréchal de camp en 1831. Lieutenant-général commandant à Constantine en 1838. Retraité en 1848. GdOLH en 1839. Baron en 1813.

Pour le travail en campagne, un personnage important était le chef de la topographie. A Austerlitz c'était **Sanson,** volontaire du Tarn, capitaine du génie en 1793. Blessé deux fois dans les Pyrénées, chef de bataillon en Italie, il combat à Rivoli et Mantoue. Il est en Égypte avec Andréossy où il remplace Caffarelli comme commandant du génie. Général en 1800, Sabre d'honneur en 1802, CtLH, il est nommé directeur du service topographique de la Grande Armée et sert à Ulm et Austerlitz, Iéna, Eylau, Heilsberg, Friedland. Général de division en 1807, Comte en 1808., il prend sa retraite en 1815.

Il y avait aussi avec lui **Bacler d'Albe,** né à Saint-Pol, dans le Pas-de-Calais. Blessé à Lyon et Toulon, peintre et ingénieur géographe en Italie, chef du cabinet topographique de l'Empereur en 1804. Adjudant-commandant en 1807, il suit Napoléon en Espagne, baron, général en 1813, OLH. Disponible, se retire en 1820.

Brousseaud, né à Limoges, sous-lieutenant au dépôt de la guerre, ingénieur géographe, puis capitaine. Chef de bataillon et de section des ingénieurs géographes à l'état-major général, il est blessé deux fois à Austerlitz. Il continue en Prusse puis devient colonel utilisé au dépôt de la guerre à Paris. Il est en Belgique en 1815, OLH en 1825, retraité comme maréchal de camp honoraire en 1834 et Ct LH. Grand prix d'astronomie en 1839.

L'ÉTAT-MAJOR DE L'ARTILLERIE.

Songis des Courbons, élève en 1779, chef de bataillon en 1793. L'Italie, puis l'Égypte où il commande le Parc. Général en 1799, général de division en 1800, il commande l'artillerie de la Grande Armée en 1805.Gd aigle de la LH. Couronne de fer, comte. Rentré à Paris pour des raisons de santé et il est remplacé par Lariboisière en juin 1809. Il meurt en 1810.

Il a comme aide de camp **Doguereau,** né à Orléans en 1774. Après l'école de Chalons, il part pour l'Égypte et devient aide de camp de Songis en 1802, et colonel en 1806. En Espagne comme colonel, il commande à Pampelune. Pris en 1813, il rentre en 1814. Nommé maréchal de camp aux Cent-Jours, annulé en 1815, renommé en 1821. Il devient commandant de l'école de La Fère en 1822 jusqu'à sa mort en 1826. Cr LH en 1807, baron, puis vicomte en 1825 ; il a écrit le Journal de l'expédition d'Égypte publié en 1904

Pernety, chef d'état-major. Élève en 1777, il est à Metz en 1782 puis capitaine en Italie où il participe à Arcole et Rivoli, puis à Marengo en 1800. Nommé général en 1805, il est à Ulm, Austerlitz, Iéna. Général de division en 1807. Il commande l'artillerie du 1er corps de Davout en Russie. En 1813, on le voit à Leipzig, Hanau. Vicomte en 1817, Conseiller d'état, GD CX LH en 1821. Pair de France en 1835 et sénateur en 1854.

Sénarmont est à l'École de Metz en 1784. Nommé capitaine en 1792, il est à Marengo. Sous-chef d'état-major général de l'artillerie en 1805, il est à Austerlitz. Fait général en 1806, CdtLH en 1807, Couronne de fer et baron en 1808. Il est nommé général de division en 1808. Il est tué à Cadix en 1810.

ÉTAT-MAJOR DU GÉNIE

Marescot est né à Tours, élève de la Flèche, il est à Mézières en 1778. Chef de bataillon en 1793, il sert à Toulon. Il est nommé général de brigade puis de division en 1794. Il est au fort de Bard et à Marengo. Premier inspecteur général du génie, Gd aigle de la LH en 1805, il est à Austerlitz. Pris à Baylen, destitué et écroué à Paris, il est exilé à Tours en 1812. Il est fait comte et CrSL à la Restauration. Retraité en 1815, marquis en 1817, pair de France en 1819. Il meurt en 1832.

Andréossy, frère de l'aide de camp de Berthier, il débute sa carrière à Mézières, Général du génie à Zurich, il est sous les ordres de Marescot à Austerlitz, il le remplace en 1806, CtLH. Baron, il commande le génie de Masséna en 1809, retraité en 1814.

LA GARDE IMPÉRIALE

Le maréchal Bessières, duc d'Istrie, Né à Prayssac dans le Lot, capitaine de la garde nationale en 1789, il passe aux Gardes du roi en 1792. Il est aux Pyrénées puis en Italie où il est nommé commandant des guides en 1796. Promu chef d'escadron sur le champ de bataille de Roveredo, cité à Rivoli, il porte à Paris les drapeaux pris à l'ennemi. Il est chef de brigade en Égypte. Au retour, il participe au 18 brumaire. Il commande les Grenadiers à cheval de la Garde à Marengo. Commandant en chef la cavalerie de la Garde en 1801, il est fait Maréchal et Gd aigle de la LH 1805. Il est à Austerlitz, Iéna, commande la Garde en 1807, charge à Eylau, il est aussi à Friedland. Il a reçu les plus hautes décorations de Saxe, du Wurtemberg, du Portugal. Il est le vainqueur de Médina de Rio Seco, Somo-Sierra, Madrid. Il revient en Autriche, et est à Essling puis sera blessé à Wagram. Il commande la cavalerie de la Garde en Russie et la Garde en son entier en 1813. Il est tué par un boulet près de Weissenfels le 1er mai 1813. Son jeune frère était colonel du 11e chasseurs et a été blessé à Austerlitz.

Ses aides de camp sont **César de Laville de Villa-Stellone,** né à Turin. Sa main gauche est abîmée en 1799 devant Vérone, il devient aide de camp de Bessières en septembre 1805, Ecuyer du roi de Hollande, il retrouve son poste auprès de Bessières en 1809, le suit comme colonel puis général en 1812. Nommé chef d'état-major de Ney en Russie (OLH), il est avec Davout à Hambourg et sert avec lui en 1815. Mis en non activité puis retraité en 1848.

Lebrun est le troisième fils du consul. Sous-lieutenant du 5e dragons, il devient aide de camp de Bessières en 1802. Il est à Naples en 1803, aide de camp de Bernadotte au 1er corps en 1805 et est fait capitaine après Austerlitz. On le retrouve chef d'escadron, en 1807, au 3e cuirassiers, puis aide de camp de Berthier en 1808. Il commande le 3e chevau-légers en 1812, en Russie. Il est tué par un biscayen en octobre de cette année.

D'Oullembourg. Premier aide de camp, fils de baron, né à Landau, ce capitaine du 11e chasseurs est blessé en 1793. Il est avec Bessières en 1805. Colonel du 1er dragons en 1806, il est blessé à Iéna. Général en 1807, (4e et 14e dragons), il est à Friedland. Il est avec Doumerc en 1811. Il est en Russie, et devient CtLH en 1814. Il obtient le grade de lieutenant général honoraire en 1817 à sa retraite.

Séganville, Louis de, né à Lavaur (Tarn). Guide en 1796, aide de camp de Bessières en 1800, il devient colonel en 1808, Baron en 1810, OLH en 1813 et commande le 2e Hussards. Il se bat ans le Jura en 1815 puis est élu député. Mis en non activité après les Cent-Jours, il est retraité maréchal de camp honoraire en 1823.

Leinstenschneider, né à Sarrelouis, volontaire de 1791, Italie 1796, au 1er hussards. Il est nommé chef d'escadron et aide de camp de Bessières en 1805. Il participe aux campagnes d'Espagne puis de Russie et devient chef d'état-major de la cavalerie de la Garde puis Adjudant-commandant en 1813. OLH. Il meurt à Mayence en 1813.

Desmichels, né à Digne. Guide en Italie, il se bat en Égypte, à Marengo, puis est nommé lieutenant en second aux chasseurs à cheval de la Garde en 1803 et enfin lieutenant en 1er en 1805. Il est d'ordonnance auprès de Bessières à Austerlitz et décrit la grande charge de la Garde en précisant les mérites du maréchal. Capitaine et OLH en 1806, il devient colonel du 31e chasseurs en 1811. Il est au 4e chasseurs à Waterloo, Licencié de 1815 à 1821, il réintègre puis est nommé maréchal de camp en 1823, CrLH en 1826. Lieutenant général en 1835. Baron.

Lapeyrière, né à Cahors. Il est avec Bessières en 1804 et à Austerlitz. Eylau le trouve capitaine. Il est en Espagne et en Russie avec le maréchal en Russie. Nommé Chef d'escadron et chevalier en 1812, Après la mort de Bessières, il est en Saxe et en France au 11e chasseurs. Il sert en 1815 et devient demi-solde jusqu'à sa mort en 1831.

Barbanègre, frère du général. Il est aux Pyrénées en 1793, en Italie au 22e chasseurs et reçoit 7 blessures devant Crémone, puis à Arcole et Rivoli. Il part en Égypte et devient lieutenant aux guides de Bonaparte. Capitaine aux grenadiers à cheval de la Garde, il obtient sabre d'Honneur à Marengo. Aide de camp de Bessières en 1800, il est cité à Austerlitz. Il est nommé colonel du 9e hussards après la bataille, le 27 décembre 1805. OLH. Il est tué à Iéna, et embaumé sur ordre de Napoléon afin de pouvoir probablement réaliser une statue destinée au projet du pont de la Concorde. Il est finalement enterré à Pontacq.

Ci-dessus, de gauche à droite.
Le maréchal Bessières et son ordonnance, le lieutenant Desmichels. *(DR)*

L'ARTILLERIE

Couin, Joseph-Christophe, est né en 1763, il est artilleur en 1780, il est blessé à Nancy en 1787, capitaine en 1792. Blessé à Arcole, il est aux Guides en Egypte. Promu colonel en 1804 et CtLH. Général en 1806, baron, il sert à Wagram où il commande l'artillerie du 1er Corps de cavalerie. Il sert en 1814 dans la Garde puis est retraité. Il sera repris de 1830 à 1832. Il meurt n 1834.

Couin, Pierre, est né lui aussi à Saint-Côme dans la Sarthe en 1776. Canonnier en 1793, Il sert en Italie et en Égypte. Il entre dans la Garde des Consuls en 1801, LH en 1804. Capitaine en premier en 1806, il sert en Espagne, au Portugal, en Russie et en Allemagne. Nommé chef de bataillon dans l'artillerie à pied de la Garde en 1813, OHL, cité à Montmirail. Il est à Lyon en 1815, et sera retraité colonel honoraire en 1824, au Mans.

Digeon est un ancien élève de l'École de Chalons, il est au 5e à pied puis lieutenant en second sur le Rhin. Il part pour l'Égypte où il est blessé, Il entre dans la garde à son retour et est cité à Marengo. Il est nommé capitaine en 1er 1802. OLH. Cité à Austerlitz, il se bat aussi à Iéna, Eylau où il est directeur du Parc. Il participe à la campagne d'Espagne de 1809 à 1813. Nommé général 1814, il fait la campagne de France. CrLH. Il ne sert pas aux Cent-Jours et sera fait baron en 1817. Gd OLH en 1820. Il meurt en 1836 d'apoplexie brutale.

De Pommereul. Il commande le Parc à Austerlitz. Il a servi au royaume des Deux Sicile comme colonel en 1787, puis comme général en 1790. Rentré au service de la France comme général en 1796, il devient Préfet et conseiller d'état puis baron en 1810 et enfin Directeur de l'Imprimerie et de la librairie. Fait Général de division en 1811, il est nommé gouverneur de La Fère et capitule en 1814. Il est retraité en 1816.

Doguereau, Louis, est né à Dreux en 1777. Élève de l'École de Chalons, il est sur le Rhin puis en Égypte. Il sert dans l'artillerie à cheval de la garde à Marengo. LH. Nommé chef d'escadron en 1803, il devient major en 1806 puis colonel en 1807. Blessé en Espagne, il est fait baron, et démissionne en 1811. Repris en 1813, il est nommé maréchal de camp aux Cent-Jours, et commande l'artillerie du 3e corps en Belgique. Mis en disponibilité, il est ensuite nommé commandant de l'École de Metz en 1816, à l'École de Douai en 1831,

GdOLH, lieutenant général en 1832, député en 1837, réélu en 1839 et 1842. GdCxLH en 1843, pair de France en 1845. Son frère aîné est à l'état-major avec Bessières.

Doguereau, Jean-Pierre, frère du précédent, est lui né en 1774, à Orléans. Il est l'École de Chalons puis part sur le Rhin et en Égypte, OLH. Il est aide de camp de Songis à Austerlitz et colonel en 1806. Il fait la Prusse et la Pologne (CtLH en 1807) puis l'Espagne. Il est pris à Pampelune en 1813, et rentre en 1814. Nommé maréchal de camp en 1821, baron héréditaire en 1822, et finalement vicomte en 1825. Il commande l'École de la Fère jusqu'à sa mort en 1826. Auteur du « *Journal de l'expédition d'Égypte.* » Publié seulement en 1904.

Sont aussi présent les officiers d'artillerie suivants:

Chapuis, enfant de troupe au 5e régiment d'artillerie à pied, canonnier soldé en 1780, il participe à la campagne d'Italie. Il est à Mantoue et est nommé sergent en 1799. Blessé trois fois, il obtient une grenade d'honneur en 1803. Il est en Autriche en 1805, est nommé lieutenant en premier en 1809, capitaine en 1812 en Russie. Il combat à Dantzig en 1813 et est pris. Il rentre en 1814 et demeure en poste à Verdun jusqu'en 1837, date de sa retraite définitive. Il a été chargé du conseil de guerre et du conseil de révision

Joblot, a été canonnier au 7e à pied, au 4e à cheval en 1797, et reçoit un sabre d'honneur en 1804. Il est adjudant sous-lieutenant au 7e bis du train d'artillerie, il est à Ulm, Austerlitz et devient lieutenant en 1806. Wagram, la Russie la Saxe et la campagne de France au 4e escadron du train sont ses campagnes suivantes. Il reste fidèle au roi en 1815, et est nommé chef d'escadron en 1817; retraité en 1824.

Molard est enfant de troupe soldé en 1774 à Toul-Artillerie, Gil reçoit une grenade d'honneur en 1803 pour Kehl et Hohenlinden. Lieutenant en 1804, il est à Iéna, Friedland. Il est capitaine en Russie, OLH. Fait prisonnier en 1812, il rentre en 1814, employé aux Cent-Jours sur le Rhin, il est retraité puis repris en 1831, retraité définitivement en 1833.

Prinet est au train d'artillerie, il reçoit une grenade d'honneur en 1803. Il est à Ulm, Austerlitz et devient sous-lieutenant en 1806. Il se bat à Iéna, Eylau, Friedland. Il meurt en Espagne en 1810.

Devarenne, né à Joigny, volontaire au 5e du Panthéon, il fait partie des équipages de Strasbourg en 1796. Lieutenant d'artillerie dans la garde (LH), il est à Ulm, Austerlitz, retraité en 1806.

Fournier est sergent de canonniers en Italie, à la 32e, il se bat à Arcole, Rivoli et en Égypte. Il est blessé deux fois, est promu capitaine et reçoit un sabre d'honneur. OLH. Après Austerlitz, c'est en Espagne de 1808 à 1813 qu'il sert. Il est retraité pour infirmités en 1813.

Lafont vient de l'École de Chalons. Tout d'abord lieutenant au 4e à cheval, il passe à l'artillerie de la Garde en 1802. LH. Il est à Ulm, Austerlitz, où il est cité. Lafont est promu capitaine en premier en 1806 et participe à Eylau, Friedland puis l'Espagne en 1808. Il est cité à Wagram. OLH et baron d'Empire. Présent en Russie en 1812, il devient colonel en 1813. Il est fait prisonnier en 1814 et démissionne au moment des Cent-Jours. Devenue maréchal de camp en 1817, il est élu député en 1830. Cr LH en 1820.

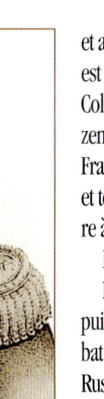

Léglise est capitaine de canonniers à la 26e légère, il est blessé à Austerlitz par un boulet. Devenu capitaine des grenadiers de la garde, il participe à Iéna, Eylau et Friedland. Promu chef de bataillon aux fusiliers-grenadiers, il est en Russie. Colonel major du régiment, il est cité à Leipzig et devient baron avant Lutzen et Bautzen. CrLH en 1814. L'année 1815 le voit maréchal de camp en Alsace. Mis en non-activité, il est repris en 1829 et retraité en 1833.

Laurent. École de Chalons, capitaine en second dans les Pyrénées, capitaine en premier en 1796. Il commande ensuite le 1er régiment d'artillerie à pied. OLH. Il sert aux Cent-Jours, devient directeur des forges en 1816, maréchal de camp en 1824.

Faure de Giere. Élève à l'école d'artillerie, puis c'est l'Italie et l'Égypte. Il devient chef de bataillon puis colonel du 4e d'artillerie à cheval. LH, OLH. Présent à Austerlitz, cité à Wagram, il devient général en 1811 et sert en Russie. Il meurt des fatigues consécutives à la retraite en février 1813 à Berlin.

Aigouy, canonnier dans la compagnie d'artillerie de la section de l'*Homme-Armé*, il est blessé à Marengo en défendant le drapeau du régiment, pour cela, il reçoit un fusil d'honneur, lieutenant après Austerlitz. Il est tué aux Arapiles en 1812.

Boisselier est à l'artillerie des guides en Italie en 1797. Il part en Égypte. LH. Il est présent à Austerlitz, Eylau, Friedland et en Espagne. Il est cité et devient OLH pour Wagram. Il est tué à Reims alors qu'il venait d'être nommé colonel-directeur.

Carry, volontaire de l'Ain, est dans l'artillerie à cheval de la Garde en 1805 à Austerlitz, puis à Iéna. Il est tué à Heilsberg, le 10 juin 1807.

Laval est capitaine au 1er d'artillerie (LH) et présent à Austerlitz. Bonapartiste actif en 1815, il purgera deux ans de prison à Nancy.

LE GÉNIE

Boissonnet est né en Ardèche, fait l'École de Mézières et se bat à Toulon en Italie, à Mantoue

Gendarmes d'élite à pied

Si la présence des gendarmes d'élite n'est pas attestée à Austerlitz, On peut toutefois imaginer que certains d'entre eux assuraient la garde au Grand Quartier Général pendant la campagne.

Tambour

Gendarme

Digeon officier d'artillerie de la Garde.
(DR)

et au fort de Bard. Il est chef de bataillon dans la garde en 1803. OLH. Il est présent à Austerlitz, Pultusk, Dantzig, Eylau, Heilsberg et Friedland. Colonel major du génie de la Garde en Russie, il participe en 1813 à Lutzen, Bautzen, Dresde, Leipzig et Hanau avant de faire la campagne de France en 1814. Il sert aux Cent-jours. En 1815, il est licencié puis repris et termine maréchal de camp honoraire à sa retraite en 1824. Il se retire à Sézanne.

Parmi les officiers étant à Austerlitz, il faut citer:

Deponthon. Après l'École de Metz et l'Égypte, il est promu capitaine puis officier d'ordonnance de Napoléon en 1806. Cité à Austerlitz, il se bat aussi à Iéna, Stralsund et effectue par la suite plusieurs missions en Russie et en Espagne. OLH 1813. Il est général à Lutzen et Bautzen et commandera le génie à Hambourg. CrLH en 1821. Il est promu Lieutenant-général en 1838 et Gd OLH en 1844.

Label, Comte de, Mézières, capitaine. Il sort de Polytechnique en 1796 et devient chef de bataillon après Hohenlinden. En 1805, il organise la défense de Brünn, combat à Austerlitz, et devient colonel à Venise, et tient garnison à Mantoue. En 1809, il attaque Raab, se bat à Wagram et est fait baron avant que de commander St-Omer. OLH. Il est retraité avec le titre honorifique de maréchal de camp en 1826. Cr LH en 1825.

Flayelle. Ce garde national de Lille a été élève à l'école du génie et devient capitaine en 1793. Il est à Toulon où il conduit trois assauts contre la redoute anglaise. Blessé, il est promu chef de bataillon. Il conduit la principale attaque contre Valenciennes en 1794, envoyé dans les Pyrénées il demande à suivre les cours de l'école de Metz. Il est avec Berthier contre le fort de Bard, et reçoit deux pistolets d'honneur. Présent à Marengo (OLH), il est cité à Austerlitz. CtLH en 1809. Il deviendra Baron, et prend sa retraite en 1822.

Mutel de Boucheville est né à Bernay, fait l'École des ponts et chaussées et se distingue en Vendée. Envoyé à Maubeuge, il y est blessé, et devient chef de bataillon en 1795. Blessé sur le Rhin, il se bat à Zurich. LH. Membre du Comité du génie, il est à Austerlitz. Promu chevalier de l'Empire en 1809, il organisera, plus tard, la défense de Hambourg et celle des places d'Allemagne. Il est au 11e corps en Russie et devient maréchal de camp honoraire à sa retraite en 1815.

L'INFANTERIE

Le chef d'état-major de la Garde est **Roussel** qui sert déjà en 1770. On le trouve fourrier du 10e dragons en 1791 et général à l'armée du Rhin en 1799. CtLH en 1804. Il est le chef d'état-

Le bivouac de la Garde à la veille d'Austerlitz. Les grognards veillent sur le sommeil de leur « petit caporal ». *(DR)*

major de Lefèbvre en 1805 à la Garde. Il est avec Bessières en 1806, redevient général en 1807. Il meurt à Heilsberg.

LES GRENADIERS, sont commandés par **Hulin**. Enrôlé en 1771, il devient garde suisse en 1779. Congédié en 1787, il participe à la prise de la Bastille et en commanda les vainqueurs. Commandant les grenadiers de la garde consulaire, il devient général en 1803 et préside à la condamnation du duc d'Enghien. Il commande Vienne en 1805, Berlin en 1806 et Paris de 1807 à 1814. Il est fait comte en 1808 et sera blessé par Malet en 1812. Gd Cx de la Réunion 1813. Rallié au Roi en 1814, il est remplacé par Andréossy. Retraité en 1815, il est proscrit et s'exile en Hollande. Rentré en 1819, il meurt en 1841.

LES CHASSEURS, quant à eux, sont commandés par **Soules**. Né à Lectoure, enrôlé en 1776, il est au 51e de ligne en Italie, il sera cité à Dego, blessé à Castiglione puis à Arcole. Il devient chef de bataillon des chasseurs à pied de la Garde en 1800, et obtient un sabre d'honneur pour Marengo. Il est général commandant le régiment et CtLH en 1804. Pair de France en 1814, il ne sert pas aux Cent-Jours. Soules vote la mort de Ney.

LA GARDE ITALIENNE (un bataillon de grenadiers et un de chasseurs) est commandée par le **colonel Lechi**, est général au service de la France en 1799. Général de division cisalpin en 1800. Il est renvoyé de l'armée de Naples en 1806 pour dilapidations. Il sert en Catalogne et est arrêté en 1810 pour concussions et abus de pouvoir. Réclamé par Murat, il va servir à Naples en 1813. Il finira par se battre contre la France. Il était CtLH et chevalier des deux Sicile. Il se bat contre les Autrichiens en 1815. Il meurt du choléra à Milan en 1836.

LA CAVALERIE DE LA GARDE

LES GRENADIERS À CHEVAL DE LA GARDE. Ce sont les « chevaux noirs », les « invincibles » Ils sont commandés par

Ordener. Cavalier en 1772, il est au 4e chasseurs. Il est chef d'escadron en Italie à la bataille de Lodi. Il reçoit 12 blessures le 14 août 1799, en Suisse. Il commande les grenadiers à cheval de la Garde dès 1803 comme général et est chargé d'aller arrêter le duc d'Enghien. CtLH en 1804. Grièvement blessé à Austerlitz, il est promu général de division après la bataille. Devenu Sénateur, à cause de ses blessures, il obtient le poste de premier écuyer de l'Impératrice. Comte, gouverneur du palais de Compiègne en 1809, il meurt en 1811.

Ordener. Son fils. Élève de l'École de Fontainebleau en 1803, il devient sous-lieutenant au 24e dragons puis aide de camp de son père avant que de devenir celui de Duroc en 1806. LH en 1805. 1812 le voit colonel du 7e cuirassiers. Il est blessé à Polotsk, cité à la Bérézina et prend le 30e en 1813, OLH la même année. Il est blessé à la tête du 1er cuirassiers à Waterloo. Maréchal de camp en 1831, lieutenant-général en 1846, GdOLH en 1848, il meurt en 1862.

Borghèse, Camille, prince et duc de Guastalla. Il est le mari de Pauline Bonaparte et devient Gd aigle de LH en 1805, chef d'escadron à la suite des grenadiers à cheval de la garde, prince et duc en 1806 puis, Gd Cx de la couronne de fer, colonel du 1er carabiniers en 1807 et général la même année. Promu général de division en 1808, il commande l'armée de réserve d'Italie en 1813. Il capitule et remet le Piémont aux Autrichiens en 1814, il démissionne du service français et rentre chez lui la même année. Il meurt en 1832.

Borghèse, prince Aldobrandini, frère de Camille. Lui aussi est chef d'escadron dans la garde et a servi à Austerlitz et sans doute dans les chasseurs à cheval car c'est qu'un Borghèse est cité dans les descriptions de la grande charge par certains. La confusion reste toutefois aisée. Colonel du 4e cuirassiers en 1808, premier écuyer de l'Impératrice en 1810, il devient général en 1812 et Gd Cx de la Réunion en 1813. Il est nommé lieutenant-général en retraite sans traitement à sa demande en 1830. Il meurt en 1839.

Oulié. Né à Cahors, il est au régiment de Champagne cavalerie de 1780 à 1783. Chef d'escadrons du 22e chasseurs, il passe aux grenadiers en 1799. Il est décoré de la LH et nommé major en 1804. Commandant de la LH en 1805. Il est à l'armée du Nord en 1806 puis devient colonel de gendarmerie en 1814. Retraité maréchal de camp, il meurt en 1827.

Duclaux est né dans le Lot. Tout d'abord cavalier au 22e chasseurs dans les Pyrénées, il devient guide en 1796 puis lieutenant en Égypte où il sera blessé à Héliopolis. Il est aux Grenadiers à cheval en 1802 et devient chef d'escadrons en 1805. OLH, baron, dans les années qui suivent, il sera de la bataille de Wagram en tant que colonel au 11e cuirassiers. Il a le nez gelé en Russie. Il se bat en Saxe puis est promu général en 1813. Blessé à Leipzig, il obtiendra le commandement dans les départements de Forêts, puis Meuse aux Cent-Jours. Retraité en 1825.

Duvivier. Né à Mons, il se bat au 5e hussards puis passe au 3e dragons en Égypte. Sous-lieutenant aux grenadiers à cheval en 1802, lieutenant en 1er en 1804, il passe capitaine adjudant-major aux chevau-légers polonais en 1807. Blessé à Wagram, major en 1811, il fait la Russie où il est blessé. 1813 le voit colonel au 16e chasseurs puis au 3e hussards en 1814. Il passe au service hollandais et sert avec Wellington à Waterloo (8e hussards). Il est lieutenant général en Belgique en 1830, retraité en 1842.

Blancard, fils du Constituant, il sert au 11e de cavalerie, reprend les étendards du régiment en 1793, sauve près de Rome deux canons en 1799 mais a deux fractures du bras et obtient un sabre d'honneur et le grade de capitaine en 1800. Il est aux grenadiers à cheval de la Garde en 1804, chef d'escadron en 1805 à Austerlitz, colonel du 2e carabiniers à Friedland avant d'être fait Baron en 1810. Il est blessé à la Moskowa et à Winkowo, il devient général en 1813 et est en Moselle en 1815. Blancard est blessé à Waterloo. Mis en non activité lors de la Seconde Restauration il est retraité en 1825 avant d'être repris en 1830. Il termine sa carrière comme lieutenant général en 1835. Retraité en 1848, CR en 1852. Il meurt en 1853.

Farllat, né à Lyon, il fait la campagne d'Italie. Il entre aux grenadiers à cheval de la Garde en 1801. LH. Il est à Austerlitz et passe vétéran en 1806. Il meurt en 1837.

Fanard est admis dans les grenadiers à cheval de la Garde en 1801.LH. Il est de la bataille d'Austerlitz et sera retraité en 1807.

Grandjean, frère du général, est né à Nancy. Cavalier au 8e dragons, sous-lieutenant dans les guides en Italie, il est admis aux grenadiers à cheval de la garde en septembre 1805. Il sera blessé à Eylau. Promu chef d'escadron en 1807, il est blessé à Médina de Rio Seco avant de devenir colonel du 8e cuirassiers. OLH et baron d'empire. Il sert en 1809, puis est blessé à la Moskowa. Invalide, il part à la retraite en 1813 mais reprend le commandement du 2e cuirassiers pendant les Cent-Jours. Blessé à Waterloo, il prend sa retraite en 1816.

Grosselin, blessé dans les campagnes de l'Ouest, il entre aux grenadier à cheval de la garde et obtient une carabine d'honneur pour Marengo. Maréchal-des-logis chef à Austerlitz, il est blessé à Eylau et devient lieutenant en second porte étendard. Promu capitaine au 1er cuirassiers 1811, il est des campagnes de Russie, Saxe, France et se bat à Waterloo. Retraité en 1815.

Guillaume est au 5e dragons à la bataille de Bassano, lieutenant en 1800, lieutenant en 1er aux grenadiers à cheval de la Garde en 1801. LH. Il est cité et nommé capitaine à Austerlitz. Présent à Essling et Wagram. OLH. Il devient major du 7e dragons en 1811. Retraité pour infirmités en 1813, il meurt en 1830.

Jacob, né en Moselle, est grenadier à cheval de la garde en 1804, porte-étendard, LH. Il se bat à Ulm et Austerlitz. Lieutenant en premier des vélites à Iéna et Friedland, il part à la retraite en 1811.

Joannes est blessé sept fois en 1792, pris, échangé, de nouveau blessé à Fleurus, il entre aux futurs grenadiers à cheval de la garde en 1799. Il est à Marengo (LH) puis à Austerlitz. Gravement blessé à Eylau, il est aussi présent à Essling, Wagram (OLH) en Russie et en Saxe. Il est blessé à Hanau et devient colonel du 2e Chevau-léger pour la campagne de France. CrLH en 1821, maréchal de camp en 1823 en Espagne, il est finalement retraité en 1834.

Jolivet, aide de camp de Hoche, capitaine du 14e dragons, il est blessé en Égypte. Chef d'escadron des grenadiers à cheval de la Garde en 1804 (OLH), il combat à Ulm et à Austerlitz. Il passe aux dragons de la garde en 1806 et se trouve à Iéna, Eylau et Friedland. Retraité pour infirmités en 1809, il meurt à Toul en 1810.

Jubert, enfant de troupe au 19e de cavalerie, il est l'armée du Rhin et passe maréchal-des-logis aux grenadiers à cheval de la garde en 1800. Il obtient la LH, et le grade de lieutenant en second en 1805 et passe lieutenant en premier pour Austerlitz. Nommé capitaine à Essling, il sera chef d'escadron au 4e cuirassiers. Capturé à la fin de la retraite de Russie il meurt à Vilnia.

Lacoste, né à Romans. En 1800, il entre aux grenadiers à cheval de la Garde, LH, se bat Austerlitz et passe aux dragons de la garde en 1806. Il quitte le service après Tilsitt.

Lajoye, né à Reims, est au 6e dragons, puis lieutenant au 6e hussards. En 1800, il passe aux grenadiers à cheval de la garde et se bat à Marengo. LH. Nommé adjudant-lieutenant en premier d'administration en 1806 puis capitaine d'administration en 1809, il passe major au 15e dragons en 1813 et au 10e en 1814. OLH. Il sert aux Cent-Jours, devient demi-solde, et prend sa retraite en 1818 à Avize dans la Marne.

Lambert est né à Carpentras et sert en 1790. Grenadier de la garde en 1800, il charge à Maren-

GARDE IMPÉRIALE, TROUPES À PIED

Grenadiers à pied de la Garde en grande tenue.

Tambour de grenadiers.

Sergent.

Grenadier.

Officier subalterne.

Chasseurs à pied en grande tenue.

Officier.

Sergent.

Chasseur à pied.

À droite. Grenadier de la Garde royale italienne commandée par le général Lecchi qui comprend également un détachement de chasseurs à pied.

Grenadiers à cheval, tenue de campagne

Grenadier en manteau à rotonde.

Grenadier en surtout.

go. LH. Il est à Austerlitz et à Wagram, il est doté après l'Autriche. Il fait la campagne de Russie et quitte le service actif à cause de ses gelures en 1813.

Lambinet est grenadier à cheval de la garde en 1800, il meurt des suites de ses blessures en 1806.

La Huberdière, cavalier au 10e chasseurs, il devient sous-lieutenant aux grenadiers à cheval en 1800. Il commande la compagnie des vélites attachés au régiment et devient major en 1809 puis passe au 9e cuirassiers en 1811. Colonel du 10e cuirassiers en Russie, il participe aux campagnes de Saxe et de France. Baron en 1813, CtLH en 1832, retraité en 1833.

Lapersonne est né dans le Calvados, il passe aux guides en Italie puis aux grenadiers à cheval en 1800, il est à Marengo. LH. Il est présent à Ulm, Austerlitz, Iéna, Eylau, Friedland, en Espagne, à Essling, Wagram. Il fait les campagnes de Russie, Saxe, et France pour finir capitaine à Waterloo. OLH.

Lapostol est né à Lons-le-Saunier, et devient grenadier à cheval de la garde en 1802. LH. Gendarme en Espagne, capitaine en 1813 à Besançon. OLH. Il reste bloqué dans cette ville pendant les Cent-Jours. Il commande le 1er bataillon d'infanterie légère d'Afrique en 1832 à Alger, il quitte le service en 1835.

Lefebvre, volontaire du 1er bataillon des Lombards, il passe au 2e carabiniers en Italie en 1797. Grenadier à cheval de la Garde en 1800, il est à Marengo. LH. Lefebvre est cité à Ulm, et finit lieutenant en second à Wagram. Il meurt le 25 août 1809 des suites de ses blessures.

Daubigny, est aux armées du Nord et du Rhin, puis aux grenadier à cheval de la garde dès 1800. Il est promu maréchal-des-logis après Austerlitz. Il passe aux dragons de la Garde en 1806 et se bat à Iéna, Friedland et Wagram. Retraité en 1810.

Delaporte, guide en Italie et en Égypte, devient grenadier à cheval de la Garde en 1800; il sera cité à Marengo. Sous-lieutenant porte étendard en 1802 (LH), lieutenant en premier en 1806. Blessé à Eylau, il est promu capitaine après Essling, se bat à Wagram. OLH et baron en 1810. Delaporte fait la campagne de Russie et obtient le grade de chef d'escadron en 1813. Pris avec 7 blessures, libéré, il sert à Craonne et voit son cheval tué et est blessé. Il reçoit trois blessures à Waterloo. Licencié en 1816, il sera, toutefois, colonel du 11e dragons de 1830 à 1836. CrLH en 1831 et maréchal de camp en 1836. Il se retire à Saran (Loiret)

Dujon, le héros de Capoue, est lieutenant en second des grenadiers à cheval de la Garde en 1801. Il obtient un sabre d'honneur en 1803. OLH. Capitaine à Ulm et Austerlitz, il est gravement blessé à Eylau. Chef d'escadron à Essling et Wagram, il est fait baron en 1810. Colonel du 4e cuirassiers en 1812, il fait les campagnes de Saxe et de France en 1814. Cr LH, maréchal de camp en 1815, Gd OLH en 1825, retraité en 1830

Dupont est né à Chaville, ce cavalier du 12e chasseurs devient grenadier à cheval de la Garde en 1801. LH. Il est au 12e chasseurs en 1807, puis passe à la gendarmerie en 1810.

Dupré, cité à Mondovi au 20e dragons, part pour l'Égypte et devient grenadier à cheval en 1802. LH. Blessé à Austerlitz, il est obligé de prendre sa retraite en 1806.

Beaugeois est né à Verdun, au 21e dragons en 1797 puis grenadier à cheval de la garde, il est à Marengo. LH. Il est promu lieutenant en premier en récompense de son courage à Austerlitz. Retraité en 1809.

Bergeret, grenadier à cheval de la garde en 1799, est cité à Marengo. LH. Il est en Espagne en 1808, participe à Essling et Wagram comme lieutenant en second porte étendard, Après la campagne de Russie, il meurt à l'hôpital de Fulda le 25 mars 1813 des suites de blessures et des fatigues de la retraite.

Blanchet du 5e dragons, est blessé deux fois et obtient un sabre d'honneur à Marengo comme grenadier à cheval de la garde. Blessé à Eylau, il passe lieutenant au 1er cuirassiers en 1811. Après la Russie, il devient adjudant-major en 1813, puis capitaine AM à Waterloo. Il est licencié et retraité en 1815.

Bourde, du 13e hussards est à l'armée du Rhin, passe en Italie, part en Égypte, et devient grenadier à cheval en 1800. Lieutenant en premier en 1805, il est remarqué à Austerlitz, LH en 1805, OLH 1806, il est tué à Eylau.

Carlier de la Garde, fait campagne dans les Alpes, en Italie, en Helvétie, et passe aux grenadiers à cheval en 1800. Il est à Marengo. LH. Sous-lieutenant au 6e cuirassiers, il est blessé à Essling. OLH. Il rejoint le 12e cuirassiers et se trouve capitaine en Russie puis chef d'escadron en 1813. Gravement blessé à Leipzig, il meurt des suites de l'amputation.

Colin, enfant de troupe au 9e dragons, grenadier ou chasseur à cheval de la garde en 1797, il est lieutenant en premier en 1800 à Marengo. LH. Fait capitaine pour sa bravoure à Austerlitz, retraité en 1809.

Bourdon, ancien chef d'escadron des grenadiers à cheval de la garde, devenu colonel du 11e dragons, a été vu par Bessières qui visitait les blessés à Brünn. Blessé gravement à Hollabrünn, Bourdon devait mourir de ses blessures. Pour d'autres sources, il serait mort des suites de blessure reçues à Austerlitz.

Bufquin, cavalier au 14e chasseurs, puis au 20e, présent à Marengo, devient grenadier à cheval en 1800. LH. Il est lieutenant en second en 1805, lieutenant en premier en 1807 et fait toutes les campagnes jusqu'en 1814, demi-solde, puis retraité en 1816.

Burgraff est né à Strasbourg. Tout d'abord au 14e de cavalerie, il passe sous-lieutenant aux grenadiers à cheval de la garde en 1800. Lieutenant en second en 1803, LH, puis lieutenant en premier à Austerlitz. Il se bat en Espagne et en Russie comme major du 23e dragons. Il est versé ensuite au 12e dragons, et est anobli en janvier 1815. OLH. Il sert en 1823, est cité, devient colonel et quitte le service en 1830 comme maréchal de camp honoraire.

Chamorin se bat dans les Pyrénées, en Italie, à Arcole, et est blessé à Montebello. Après Marengo, il devient chef d'escadron au 3e cuirassiers en 1804 et passe aux grenadiers à cheval en 1805. Présent à Austerlitz, Iéna, Eylau, il devient colonel du 26e dragons, et est blessé à Heilsberg. Il sert à Friedland, CtLH en 1808. Fait baron d'Empire, il part pour l'Espagne Espagne où il trouve la mort à Campo-Mayor, en 1811 avec le grade de général.

Chassin est blessé deux fois dans les rangs du 22e chasseurs et devient grenadier à cheval de la garde en 1800. Il est lieutenant en premier en 1803, retraité en 1809.

Clément est en Italie en 1796, à Bassano. Il est capitaine aux grenadiers à cheval de la garde en 1800. OLH. Blessé à Austerlitz, il est ensuite en Espagne et se bat à Wagram. Il quitte le service en 1810. Le 19 septembre 1805, Napoléon crée les vélites de la Garde comprenant quatre compagnies de grenadiers, commandées par Clément, et quatre compagnies de chasseurs à cheval, quant à elles, commandées par Clerc.

Cœur est à l'armée du Rhin, au 2e carabiniers avant de devenir grenadier à cheval de la garde en 1801. LH. Retraité en 1806, il meurt en 1809.

Croizier est né à Riom, sous-lieutenant guide d'état-major en Égypte, il passe aux grenadiers à cheval (LH) avant de démissionner fin 1805 comme lieutenant en premier.

Dièche, chirurgien de 3e classe en 1792 en Italie, de 2e classe en 1796, passe dans les Guides pour la campagne d'Égypte, Il devient chirurgien de 1re classe en 1799 et est rattaché aux grenadiers à cheval de la garde en 1800. Il soigne à Marengo. LH. Il est en Autriche en 1809, puis en Russie et en Saxe. OLH 1813. Après la campagne de France, il touche sa demi-solde, et finit par être retraité en 1818.

Diettman est gendarme, sous-lieutenant au 6e dragons, lieutenant en second au 2e carabiniers avant que de devenir grenadier à cheval de la garde en 1804. LH, Il est cité à Austerlitz. C'est en tant que major du 5e chasseurs qu'il est tué par accident à l'instruction des recrues en 1807.

Fortfert est au 11e dragons, devient guide, est blessé à Zurich, puis devient grenadier à cheval en 1802. LH. Cité à Austerlitz, il est blessé à Eylau et quitte le service en 1810.

Flament cavalier du 5e chasseurs, est à l'armée du Nord, et y reçoit 3 blessures. Il passe grenadier à cheval de la garde et charge à Marengo. Il participe aux campagnes de Russie, Saxe et France. Il se retire en 1814.

Foederlé est né à Colmar, sert au 10e chasseurs, se bat sur le Rhin et en Italie. Grenadier à cheval en 1799 (LH), il se bat en Espagne, à Wagram, en Russie, il disparaît pendant la retraite.

Gadois, guide de Brune, grenadier à cheval de la garde en 1801, retraité en 1809.

Gautrot, blessé à Vérone, est grenadier à cheval de la garde à Marengo. LH. Il quitte l'armée en 1809.

GARDE IMPÉRIALE, TROUPES À CHEVAL

Grenadier à cheval de la Garde
Plutôt que la grande tenue, les cavaliers portent le surtout de la tenue de campagne, tenue traditionnelle des grenadiers en campagne.

Trompette des Grenadiers à cheval de la Garde
Il porte un bonnet d'ourson noir, comme le précise Lucien Rousselot dans l'une de ses planches consacrées au régiment.

Trompette des chasseurs à cheval de la Garde.

Chasseur à cheval de la Garde
La tenue présentée ici est celle portée par le régiment des chasseurs lors de la charge contre les cuirassiers de la Garde russe. Le manteau est porté en sautoir afin de protéger le torse du cavalier des coups de sabre.

Mameluck
L'escadron des mamelucks est rattaché au régiment des chasseurs à cheval de la Garde.

Gazeau, 8e cuirassiers, LH. Grenadier à cheval de la garde 1804, il est retraité en 1809.

Guillot dit **Guyot** est blessé devant Cambrai en 1794, est au 2e Carabiniers en 1798. Il devient grenadier à cheval de la Garde en 1800. Blessé à Austerlitz, il passe aux dragons de la Garde en 1806. Retraité en 1808.

Hardy est né dans l'Aisne, du 3e dragons, il passe aux grenadiers à cheval en 1797. Il est à Marengo. LH. Il est lieutenant en second porte étendard à Austerlitz. Cité à Iéna, il est tué à Eylau.

Hardy, né à Valenciennes, 17e dragons, grenadier à cheval de la garde en 1803. Il est nommé chef d'escadron après Eylau. OLH. Retraité major en 1816, il meurt en 1831.

Hardy quitte le 14e dragons pour les grenadiers à cheval en 1802. LH. Blessé à Eylau, il se bat à Wagram et disparaît pendant la retraite de Russie.

Hueber, né en Suisse, est garde suisse et devient Grenadier de la garde des Consuls en 1799. LH. Il est à Austerlitz et quitte le service en 1808.

Klein, dit Conrad, est au 1er carabiniers, au 14e chasseurs avant de passer aux grenadier à cheval en 1804. LH. Il reçoit 10 coups de sabre et essuie un coup de feu à Austerlitz. Rentré au 14e chasseurs, il est sous-lieutenant en 1812, et sera blessé deux fois à Leipzig. Il est pris mais rentrera en 1814, devient demi-solde et est retraité en 1816.

Leroy, grenadier à cheval de la garde, il prend un étendard à Marengo et obtient une carabine d'honneur. Il part à la retraite en 1808.

Meistrelet est grenadier à cheval de la garde et est cité à Marengo, il reçoit une carabine d'honneur. Il part à la retraite en 1806.

Ochard obtient une carabine d'honneur à Marengo. OLH étant grenadier à cheval de la garde. Il est tué en 1808.

Picard du 15e dragons, se bat en Italie et en Égypte. Grenadier à cheval de la garde en 1800, il reçoit un sabre d'honneur à Marengo. Sous-lieutenant porte étendard en 1805, il est retraité en 1807.

Prévost est cavalier au 5e dragons. En 1796, il sauve la vie du colonel Milhaud et reçoit un sabre d'honneur. OLH. Grenadier à cheval de la garde en 1800, il passe au service de Louis Bonaparte en Hollande en 1806.

Raulet, du 3e chasseurs, devient guide en Égypte et grenadier à cheval en 1801. Cité à Marengo. Il est promu sous-lieutenant et obtient une carabine d'honneur à Austerlitz où il a une jambe brisée. Il va en Espagne avec Napoléon, sert en 1809, part en Russie et prend sa retraite en 1813 pour invalidité. Il reprend du service en 1814, retraité, il meurt en 1834.

Riss. Trompette du 14e dragons en Égypte, il passe aux grenadiers à cheval en 1805. Il reçoit une trompette d'honneur et meurt en 1808.

Rossignol est au 12e chasseurs à cheval en 1793 puis capitaine en 1800 aux chasseurs de la garde. Il devient chef d'escadron en 1805 et sera chef d'état-major de Nansouty en Russie. Blessé et pris à Viasma, il rentre en 1814, retraité en 1824.

Norbet, dit Schmidt. Ce trompette des grenadiers à cheval de la garde a chargé en sonnant puis a combattu de façon brillante. Il a obtenu une trompette d'honneur à Marengo.

Thiebaud, au 28e dragons en Égypte, il obtient une carabine d'honneur en 1803. Grenadier à cheval de la garde il est retraité maréchal des logis en 1808.

Nous avons vu qu'au moment de la grande charge d'Austerlitz, les grenadiers à cheval ne sont pas au complet: ils ne sont que 706 pour 4 escadrons, 248 sont laissés en chemin. J'ai recherché le plus soigneusement possible les traces des présents à Austerlitz dans les « *Fastes de la Légion d'honneur* ». Légion d'Honneur qu'ont, bien entendu, reçue tous ceux que je cite. Seuls, six officiers ont été blessés, 3 cavaliers ont été tués et 18 blessés, 99 chevaux ont été perdus.

Pour un tel combat, les chiffres de pertes sont faibles comparées aux pertes alliées. Ils montrent bien la supériorité de ces vétérans sur les jeunes seigneurs russes. La plupart des blessés ont été atteints par des baïonnettes, c'est donc la garde à pied russe qui en est cause. Il y a des vedettes des grenadiers à cheval de la garde qui ne rejoindront le régiment que juste après la bataille, nommés en décembre 1805, c'est le cas de Lepic et de Chastel.

LES CHASSEURS A CHEVAL DE LA GARDE ET LES MAMELUCKS

Le colonel général est toujours le **prince Eugène** à qui il est rendu compte.

Sinon, ils sont commandés par **Morland.** Cavalier au 11e chasseurs en 1791, il est aux armées du Nord et du Rhin. Morland devient chef d'escadron en 1801. Il est aux chasseurs de la Garde en 1802 et est nommé major en 1804. CtLH. Mort des suites de ses blessures à Austerlitz, il est embaumé par Larrey et ramené dans un tonneau de rhum. A l'ouverture du tonneau, on vit que

Morland, qui trouvera la mort à Austerlitz et Daumesnil qui sauva la vie de Rapp lors de la bataille. (DR)

ses moustaches avaient considérablement poussé. Le corps est rendu à la famille.

Mourier est né à Limoges et passe capitaine aux chasseurs à cheval de la garde en 1802. Promu colonel du 15e chasseurs il est fait baron puis général en 1811. CtLH. Blessé à la Moskowa, puis à la Bérézina. Il quitte le service en 1826, puis en 1832.

Dahlmann, né à Thionville, s'engage en 1777. Blessé dans les Pyrénées, il participe aux campagnes d'Italie et d'Égypte. Capitaine aux grenadiers à cheval en 1800, il est nommé chef d'escadron aux chasseurs de la Garde en 1802. OLH. A Austerlitz, il remplace Morland comme colonel major. Présent à Iéna, il devient général en 1806 avant d'être blessé à Eylau. Il décède des suites de sa blessure.

Daumesnil. Né à Périgueux, il est blessé dans les Pyrénées puis part en Italie. Guide de Bonaparte en Égypte, il sauve deux fois la vie de son général et capture l'étendard du pacha à Aboukir. Il est capitaine aux chasseurs à cheval de la garde à Austerlitz, il sauve Rapp. Il est nommé chef d'escadron et OLH en 1806. Le 2 mai 1808, il est à Madrid et est blessé à Eckmühl, puis à Wagram où il doit subir l'amputation de la jambe gauche. Il est fait baron, puis général en 1812. Commandant de Vincennes, il y rassemble le matériel le 31 mars 1814, et refuse de se rendre. Il ne se rendra pas non plus à Blücher. Il part à la retraite en 1815. Retrouvant sa fonction en 1830, il refuse de livrer les ministres de Charles X enfermés à Vincennes. Lieutenant général en 1831, il meurt du choléra en 1832.

Guyot est né dans le Jura et part pour l'armée du Rhin. Il se bat en Vendée et en Italie. Capitaine aux chasseurs à cheval de la garde, il est chef d'escadron à Austerlitz, major à la fin décembre, Couronne de fer et colonel en second du régiment après Essling. Il est successivement promu général en 1809 et chambellan de l'Empereur en 1811. Il part pour l'Espagne et obtient la CtLH et le grade de général de division en 1811. Il commande les chasseurs à cheval de la garde en Russie, en Saxe — il est blessé à Lutzen — et remplace Walther à la tête des grenadiers avant de combattre en France en 1814. Blessé deux fois à Waterloo, il est retraité en 1816. Repris en 1830 il quitte pour de bon le service en 1833. Il meurt en 1837.

Thervay est capitaine, ; il trouve la mort à Austerlitz.

Thiry est à l'armée du Nord, puis en Italie. Il reçoit un sabre d'honneur en 1802. Chef d'escadron aux chasseurs à cheval de la garde en 1805, il sera blessé deux fois à Austerlitz, et une nouvelle fois à Eylau. Il est promu major, puis général en 1809. CtLH. Il est à nouveau blessé trois fois à la Moskowa. Il fait les campagnes de Saxe, de Champagne et sert à Paris en 1815, retraité la même année, et définitivement en 1818.

Beurmann, né à Nancy en 1777, est enfant de troupe puis demi-solde au régiment de Salm-infanterie, il est sous-lieutenant (valable à 18 ans) au 62e de ligne. Aide de camp de Kléber à Mayence (à la suite du 1er chasseurs) il est promu capitaine et aide de camp de Mortier en 1799. Il passe alors aux chasseurs à cheval de la garde en 1800. Il est envoyé en mission à St-Pétersbourg avec Duroc. Chef d'escadrons en 1802, il recevra deux coups de baïonnettes à Austerlitz. Colonel du 17e dragons en 1806, puis baron, il est blessé deux fois en Espagne. Général en 1811, CtLH en 1812, en Saxe en 1813, blessé, il commande l'arrière-garde jusqu'à Metz qu'il défend. Il s'y suicide de deux coups de pistolet le 13 avril 1815.

Clerc est né à Lyon, volontaire de 1792, blessé trois fois en 1793, deux fois en 1795, il est nommé sous-lieutenant aux grenadiers à cheval de la Garde et cité à Marengo. Capitaine adjudant-major dans les chasseurs à cheval, il devient chef d'escadron en 1803. Il commande les vélites chasseurs à cheval. Il est à Ulm, à Austerlitz où il charge avec 100 chasseurs une colonne russe et lui prend 8 canons. OLH en 1806. Fait baron, il devient colonel du 1er cuirassiers en 1809. Il participe aux campagnes de Russie et de Saxe où il est blessé à Hanau. Maréchal de camp en 1814, il ne servira pas aux Cent-Jours. Vicomte en 1818, CrLH en 1829, il est mis en disponibilité en 1830. Il sera Inspecteur aux remontes jusqu'en 1839 et passera dans le cadre de réserve ensuite.

Clerc est, lui aussi, né à Lyon. Cavalier au 13e chasseurs, il a trois chevaux tués sous-lui en Italie et reçoit 2 blessures. Lieutenant aux chasseurs à cheval de la garde, puis capitaine quartier-maître, LH, il devient par la suite sous-inspecteur à la division Reille

Barbanègre. Le frère du général devient chasseur à cheval de la garde en 1800, blessé à Austerlitz, il est nommé lieutenant en premier le 27 décembre 1805. OLH en 1809. Il est capitaine en Russie et se bat à Waterloo. Demi-solde, il prendra sa retraite en 1829 à Pontacq.

Borde. Ce cavalier du 3e chasseurs, devient guide en Égypte, obtient une carabine d'honneur et est blessé deux fois à Austerlitz. Lieutenant en premier, il est blessé plusieurs fois à Eylau. Il est à Wagram. OLH 1811. Retraité en 1813 après sa campagne de Russie.

Bureaux-Pusy est lieutenant aux chasseurs à cheval de la garde en 1801, il reçoit deux coups de baïonnette au bras droit à Austerlitz et passe capitaine aux dragons de la Garde en 1806. Cité à Iéna, Friedland, doté, il part pour l'Espagne et est rappelé à Wagram. Colonel du 13e hussards en 1813 à Leipzig, puis au 12e dragons devenu 17e pour Waterloo, il sera licencié puis repris en 1816 au 3e dragons. Il décède en 1822.

Bohn. Cavalier au 13e dragons en 1793 — il y est blessé — il devient lieutenant au 1er hussards en 1793 en Italie. A Roveredo, il capture 500 Autrichiens, 16 canons et 7 drapeaux. Chef d'escadron aux chasseurs à cheval de la garde en 1805, il obtient sa croix d'OLH après Austerlitz. Il est en Espagne en 1808 et vient mourir à Raab de suites de ses blessures. Il était chevalier de l'Empire.

Bourbier, cavalier au 5e dragons, devient chef d'escadron et passe aux chasseurs à cheval en 1804. Cité à Austerlitz, il passe colonel du 11e dragons en décembre 1805. Il est tué à Eylau

Francq, né à Auxonne, enrôlé en 1782, il est cavalier au 5e chasseurs, puis au 11e, avant de devenir lieutenant aux chasseurs à cheval de la garde. OLH. Il est nommé chef d'escadron pour sa conduite à Austerlitz, Colonel du 10e cuirassiers en 1809, il prend sa retraite en 1812. Baron en 1810, ce titre sera confirmé héréditaire en 1818.

Cavrois, né dans la Somme, sous-lieutenant au 22e chasseurs, est lieutenant en premier aux chasseurs à cheval de la garde. Promu chef d'escadron et OLH pour Austerlitz, il devient colonel du 20e chasseurs en 1809 et baron en 1810. Convaincu de négligences pour avoir reçu de mauvais chevaux, il fait un mois d'arrêts dans un fort. Chef d'état-major en 1813, général en 1814, il sera blessé à Brienne. Il sert en 1815, est mis en non activité et meurt en 1820.

Callory, né à Cambrai, blessé en 1796 puis en 1797, il est au 11e chasseurs. Sous-lieutenant en Italie, il devient guide puis chasseur à cheval de la garde. Il est lieutenant en premier en 1803. Présent à Marengo, Ulm, Austerlitz, il est fait capitaine. OLH 1810. Devenu major du 22e chasseurs, il est blessé en 1813 à Bautzen, et sert en 1815. Licencié, il est rappelé comme colonel du 6e chasseurs pour l'Espagne. CrLH en 1829. Retraité en 1830.

Chapellier est né dans les Ardennes. Trompette major au 14e chasseurs, en 1801, il passe dans les chasseurs à cheval de la garde en 1801. LH. Retraité en 1806.

Colomier, né à Cambrai. Au 8e hussards, à l'armée Rhin, il est blessé trois fois et a un cheval tué. Chasseur à cheval de la garde à Marengo, sous-lieutenant en 1801, il passe aux dragons de la Garde en 1806. Il meurt en Espagne en 1810.

Basse. En 1793, il a sa jambe droite cassée par un éclat de bombe et sera blessé deux autres fois avant de devenir chasseur à cheval de la Garde en 1802. LH. Lieutenant en second pour Austerlitz, il est nommé lieutenant en premier pour Eylau. Il disparaît en Russie.

Bonnet, né à Étampes, ce brigadier-trompette est en 1795 au 5e d'artillerie à cheval. Passé au 3e hussards, il combat en Italie. Blessé à Savone, il passe aux guides de Bonaparte et est cité à Castiglione. Après Bassano et Arcole, il devient chasseur à cheval de la garde à Marengo où il gagne une trompette d'honneur pour ses exploits. Cité à Austerlitz, blessé près d'Iéna, il deviendra lieutenant en second en Russie et lieutenant en premier en 1813. Il participe à la campagne de France et quitte le service en 1815.

Doumenge est au 10e hussards en Italie en 1796 et devient chasseur à cheval de la Garde en 1800. LH. Il fait la Russie, la Saxe et passe major en 1813 au 1er cuirassiers. Il sert aux Cent-Jours, et est retraité 1816 à Allemans (Dordogne).

Delor est au 12e hussards avant de devenir chasseur à cheval de la Garde en 1802. LH. Maréchal-des-logis-chef après Austerlitz, il est en Espagne en 1808. Adjudant aux fourrages puis lieutenant en second en 1807, il est en Russie et devient lieutenant en premier en 1813. Retraité cette même année il est rappelé pour aller à Saint-Domingue avec Fontanges. Promu OLH et chef d'escadron en 1817, il passe dans la Gendarmerie en 1831. Retraité en 1833.

Bureaux de Pusy. Né à Vesoul, il sert au 18e de cavalerie avant de passer lieutenant aux chasseurs de la garde en 1801. Il reçoit deux coups de baïonnettes à Austerlitz et est fait capitaine en 1806. Major du 28e dragons en 1809, il est colonel du 14e hussards en 1814. Colonel du 12e dragons à Waterloo il est licencié après la bataille. Il était chevalier d'Empire et finira colonel des dragons de la Garonne en 1816.

Krettly est né à Versailles, il est aux Gardes Françaises en 1789 et devient musicien de la garde nationale de Paris. Trompette des guides en 1798, il est en Égypte, sauve Dahlmann au Mont-Thabor et est cité à Marengo. Il reçoit un sabre d'honneur. En sauvant un officier à Austerlitz, il est criblé de blessures. Lieutenant en second porte étendard en 1806, il participe à la prise de 18 canons à Eylau. Il reçoit plusieurs coups de sabre à Friedland et part en retraite en 1808 à cause de ses nombreuses blessures invalidantes. Garde-général des eaux-et-forêts à Montélimar, il se réfugie à Bruxelles où il donne des leçons de musique. Première flûte au théâtre du Parc, il revient se battre en 1830 et finit sa vie comme musicien au théâtre de la Gaîté. Il meurt en 1840.

Delaître est à l'armée de l'Ouest, il part en Égypte comme lieutenant aide de camp de Kléber en 1798. Il est blessé deux fois à St Jean d'Acre. Capitaine-quartier-maître des mamelucks à sa rentrée en France, il passe chef d'escadron et commande les mamelucks après Austerlitz. Il est à Iéna, à Eylau et passe major en premier aux chevau-légers polonais de la garde en 1807. Il participe à la campagne de Russie où il est blessé et pris avec Partouneaux à la Bérézina. Rentré en 1814, il organise les gardes nationales de la Marne pendant les Cent-Jours. Placé en non activité en août 1815, il deviendra inspecteur de gendarmerie en 1818. Cr LH en 1820. Il commande l'École de Saumur en 1831 et meurt en 1838.

Deville est né à Soissons. Il est l'Armée du Rhin, à Mayence, en Vendée. Du 7e Hussards, il passe aux chasseurs à cheval en 1801. LH. Maréchal-des-logis-chef après Austerlitz, il suit Napoléon en Espagne et devient lieutenant en second en 1809 puis lieutenant en premier en 1811? Capitaine pendant la campagne de Russie, il est nommé chef d'escadron en 1813 au 5e cuirassiers. Blessé aux Quatre-Bras, il sera demi-solde avant d'intégrer le 15e dragons en 1823, puis le 4e en tant que lieutenant-colonel. CtLH 1830. Retraité à Metz en 1837.

Chatrousse sera au 14e hussards, guide de Brune et chasseur de la garde en 1804. LH. Il est tué en duel en 1806.

Sève, Louis, dit « le jeune » (son frère était avec lui aux guides en Italie, mais il a quitté le régiment en 1811 pour la gendarmerie) a eu la LH en l'An XII, a été blessé à Austerlitz et a été pris à Benavente. Rentré en 1811, il devient OLH en 1813 et meurt à l'hôpital à Paris en 1815.

Fonnade, né en Haute-Garonne, héros d'Italie et en Égypte — il reçoit un sabre d'honneur à Aboukir — il sera porte-étendard des mamelucks en Russie. Il est aux lanciers de la garde à Waterloo où il est blessé. Il quitte le service en 1816 et meurt en 1827.

Abdalla d'Asbonne, né à Bethléem, est guide interprète à l'EM d'Égypte, il est blessé et a son cheval tué à Héliopolis. Sous-lieutenant à la compagnie des mamelucks, il se distingue à Austerlitz, son cheval est tué et il reçoit 7 coups de sabre à Golymin. A Eylau, il a son cheval tué et se casse le bras dans la chute. Chef d'escadron en 1811, c'est avec ce grade qu'il part en Russie et en Saxe où il est blessé à Dresde. Il perd un autre cheval et reçoit une nouvelle blessure à Hanau. Il perd un autre cheval pendant les Cent-Jours. Licencié et retraité en 1828 il reprend du service en Afrique, comme aide de camp de Boyer à Oran. OLH en 1832. Retraité à Melun en 1836.

Adet est né à Montreuil devient guide en Italie, où il est blessé trois fois et passe sous-lieutenant-porte-étendard aux chasseurs à cheval de la garde en 1803. LH. Il est nommé lieutenant en premier après avoir été blessé d'un coup de feu qui a traversé ses deux cuisses et le bas ventre à Austerlitz. Retraité en 1808, il meurt en 1810.

Chaïm est géorgien, il a son cheval tué et reçoit six coups de sabre, trois coups de lance et deux coups de feu à Héliopolis. Laissé pour mort il est soigné par Larrey. A Austerlitz, il prend un canon et sauve Rapp mais reçoit trois coups de baïonnette. LH. Il perd un cheval et est blessé à Eylau. Promu OLH et lieutenant en premier en 1806, il sera doté. Blessé à Madrid le 2 mai, il délivre Daumesnil, a un cheval tué à Benavente et devient capitaine instructeur en 1813. En 1815, il est chef d'escadron aide de camp de Lefebvre-Desnoettes. Retraité en 1815 à Melun.

Assant est lieutenant puis capitaine (administration) aux chasseurs à cheval. Il a un cheval tué à Austerlitz. LH. Il est chef d'escadron au deuxième régiment de chasseurs à cheval en 1815.

La planche 158 de Martinet illustre un mameluk. L'uniforme exotique de cette unité d'élite ne varia pas tout au long de l'Empire. *(DR)*

Bocheux est né à St-Quentin, il sert en Italie, devient guide en 1797. En Égypte, il prend une batterie à Aboukir et devient chasseur à cheval de la garde en 1800. Il est cité à Marengo et reçoit sabre d'honneur. Bocheux est promu lieutenant en second porte-étendard en récompense de sa valeur, blessé à Austerlitz il devient lieutenant en premier, toujours porte-étendard, pour Eylau. Il est tué à Benavente.

Bœuf ou **Beuf**, reçoit une carabine d'honneur pour avoir pris un drapeau à Marengo, il passe ensuite dans les chasseurs à cheval de la garde.

Charpentier est chef d'escadron du 8e chasseurs quand il entre aux chasseurs de la garde en 1805. Il reçoit un coup de feu à Austerlitz. OLH. Colonel du 3e chasseurs depuis 1806, il est gravement blessé à Wagram, retraité pour infirmité en 1811.

Derat, 11e chasseurs, chasseur à cheval de la garde en 1803, LH, retraité en 1806.

Duvernoy est trompette en 1782 aux dragons de Conti, maréchal des logis en 1794, lieutenant en second en 1801 aux chasseurs à cheval de la garde. LH. Lieutenant en premier après Austerlitz, il devient adjudant major en 1806 aux dragons de la garde. Il est à Iéna, Eylau, Friedland. En Espagne avec Napoléon puis à Essling et Wagram où il a plusieurs chevaux tués. Major au 6e cuirassiers en 1812 (OLH en 1814) il prend sa retraite en 1816.

Ebendinger ou **Ebnedinger.** Au 10e chasseurs, il reçoit un mousqueton d'honneur et devient chasseurs à cheval en 1804. Maréchal des logis en 1807, il passe aux chasseurs royaux italiens, puis au 32e chasseurs italiens comme capitaine en 1810. Blessé en Russie, il reçoit la Couronne de fer avant d'être blessé et pris à Dresde. Il est à Schelestadt en 1815, retraité en 1816.

Chasseraye ou **Chasseroy** né en Eure-et-Loir, obtient une carabine d'honneur à Aboukir. Il quitte le service en 1806.

Gauthier est né à Autun, devient chasseur à cheval de la garde en 1804 en sortant de l'école de Versailles. LH. Maréchal-des-logis après Austerlitz, il passe aux dragons de la Garde en 1806. Il part à la retraite après Tilsitt.

Guiod est au 19e dragons à l'armée de l'Ouest, lieutenant en second des chasseurs de la garde en 1801 et capitaine après Austerlitz. Il meurt de ses blessures reçues à Eylau.

Habaiby Yacoub. Né en Syrie est lieutenant en premier aux mamelucks. LH. Il charge à Austerlitz et reçoit un coup de baïonnette dans l'aine gauche, blessé à Eylau, à Madrid, blessé trois fois à Benavente, il est doté. Promu OLH après Wagram. Il se retire à Melun en 1814 et meurt en 1824.

Habaiby Daoud est né en Syrie. Il est le frère de Yacoub qui a levé le premier contingent en Égypte. Il vient remplacer son frère gravement blessé en Espagne et reçoit la LH en 1814.

Rabusson, né à Gannat, il est guide à Zurich, chasseur de la garde en 1800 et est cité à Marengo où il reçoit plusieurs coups de sabre sur la tête. Il est à Austerlitz et sera criblé de blessures à Eylau. Capitaine aux vétérans en 1807, baron en 1812, chef d'escadron en 1814, Couronne de fer, il devient enfin colonel en mai 1815. Son grade est annulé. CrLH en 1822. Maréchal de camp en 1826, retraité en 1848 année de sa mort. Il a eu en tout 22 blessures.

Roul, cavalier au 13e hussards est guide en Italie et en Égypte. LH. Chasseur à cheval de la garde en 1800, lieutenant en second après Austerlitz, il est blessé à Eylau. Retraité pour blessures, il est nommé aux Eaux-et-Forêts puis passe dans la gendarmerie avant de devenir officier d'ordonnance de l'Empereur à l'île d'Elbe. Chef d'escadron aux chevau-légers de la garde, il est promu colonel en 1815. Pris à Waterloo, il est rayé des cadres, réformé sans traitement et exilé.

Vazilier, chasseur à cheval de la garde, blessé à Austerlitz. LH. Il a un cheval tué à Benavente, devient capitaine en 1812, blessé, retraité en 1815.

Ibrahim est né en Syrie et devient capitaine des mamelucks. LH. Il charge à Austerlitz, passe au dépôt de Marseille après avoir tué deux forts des Halles. Rappelé en 1814 pour la campagne de France, il meurt à Marseille en 1821.

Legros est né à Autun, cavalier au 10e chasseurs, guide de Bonaparte en Italie et en Égypte, il entre aux chasseurs à cheval de la garde, comme sous-lieutenant porte-étendard en 1801. Lieutenant en premier en 1805, il est à Austerlitz et meurt à Eylau.

Lepaumier, né dans la Manche, est au 9e chasseurs quand délivre Lefebvre en 1796. Blessé à Novi, il est chasseur à cheval avant de passer aux dragons de la garde en 1806. Nommé lieutenant en second en 1807, il est blessé en Russie à Malo-Jaroslawetz, retraité pour infirmités en 1813 à Avranches.

Castel est né à Cambrai, s'engage au 9e hussards et est blessé à Zurich, à Mœskirch puis à Augsbourg (5 blessures) où il a son cheval tué, il aura un autre cheval tué à Salzbourg. Chasseur

Mameluck, vu de dos, son cheval au harnachement à la turque si caractéristique croqué par Swebach en 1806. (DR)

à cheval de la garde en 1803, LH, il est blessé et perd un cheval à Austerlitz. Blessé deux fois à Eylau, il est aussi à Wagram et passe au 7e chasseurs. Capitaine en Russie, il meurt des suites de ses blessures à Dresde.

Chenet, avec le 5e dragons, il est à Bassano, Arcole où il est blessé. A Marengo, il est chasseur à cheval de la garde. LH. Il quitte le service en 1806.

Jolly, 11e dragons, blessé à Salzbourg, chasseur à cheval de la garde en 1803, il est avec les vélites à Austerlitz et sera nommé lieutenant en premier après la bataille. Promu capitaine adjudant-major aux dragons de la garde en 1806, il est blessé à Friedland. Major au 29e dragons (6e chevau-légers), il est blessé à Dresde, fait la campagne de France. OLH en 1814. Jolly est licencié après Waterloo. CrLH en 1821. Colonel du 9e cuirassiers en 1823 en Espagne, à la bataille de St-Ferdinand. Il meurt en service en 1832.

Muzy, né à Villefranche, sert en Italie, devient guide et part en Égypte. Maréchal-des-logis-chef des chasseurs à cheval de la garde à Marengo (LH), il est cité à Austerlitz et à Eylau, Promu capitaine en 1807, il est tué à Wagram.

Beau. En 1802, il devient chasseur à cheval. LH. Présent à Austerlitz, retraité en 1806.

Bayeux, 11e hussards à l'armée de l'Ouest et Italie. Blessé trois fois, Il est fait sous-lieutenant en 1803 aux chasseurs à cheval (LH) puis lieutenant en premier (OLH) en 1806. Il sert à Wagram, et reçoit l'ordre de Bavière en 1810. Chevalier de l'Empire en 1811, major, chef d'escadron pour les campagnes de Russie, de Saxe — où il est fait baron — et de France. Présent à Waterloo, il sera licencié sur la Loire, retraité en 1824.

Bagdoune Mustapha est né à Bagdad. Il prend un étendard russe à Austerlitz, c'est probablement celui de l'escadron de réserve des gardes, il sera tué à Dresde.

Renno, né à St Jean d'Acre, il sauve Rapp à Austerlitz (LH après la bataille). Il sauve Daumesnil coincé sous son cheval à Madrid et devient aide de camp de Lefebvre-Desnoettes.

Schneit. Ce cavalier du 12e chasseurs est blessé deux fois, devient maréchal des logis aux chasseurs à cheval, lieutenant en premier en 1802, capitaine après Austerlitz et chef d'escadron en 1809. OLH. Il fait la campagne de Russie, et sera colonel du 24e chasseurs en 1813. Blessé à Leipzig, il fait la campagne de France, sert à Waterloo et est mis en non activité puis retraité en 1818. Il sert en Belgique avec le 4e cuirassiers en 1830. CrLH 1831. Maréchal de camp en 1832, il prend sa retraite.

Salamé Soliman est né à Bethléem. LH. Il est blessé à Madrid le 2 mai, lieutenant en premier en 1813, retraité en 1815 à Melun. Il finira comme interprète en Afrique en 1830.

Lafite Monguinet, né dans les Basses-Pyrénées, devient chasseur à cheval de la garde, reçoit une carabine d'honneur pour Marengo et quitte le service en 1808.

Les mamelucks ne comptent que 63 cavaliers lors de la charge d'Austerlitz. Le chirurgien parisien **Mauban** est leur chirurgien-chef. Celui des chasseurs est **Bockenheimer**. Le 22 décembre il n'y a plus que 48 présents pour les mamelucks, donc 15 ont été mis hors de combat (?). Les pertes des chasseurs sont plus importantes que celles des grenadiers à cheval. Deux officiers sont tués dont le colonel ainsi que 9 chasseurs. Dix-sept officiers et une cinquantaine de chasseurs sont blessés, 153 chevaux sont perdus. Ici aussi des blessures par baïonnettes sont notées. Il n'y avait que 375 chasseurs présents.

Tout est fini et l'Empereur reçoit l'adversaire entouré de son état-major. On remarque le jeune page tenant le cheval du souverain français, à droite. *(DR)*

LE PREMIER CORPS DE BERNADOTTE

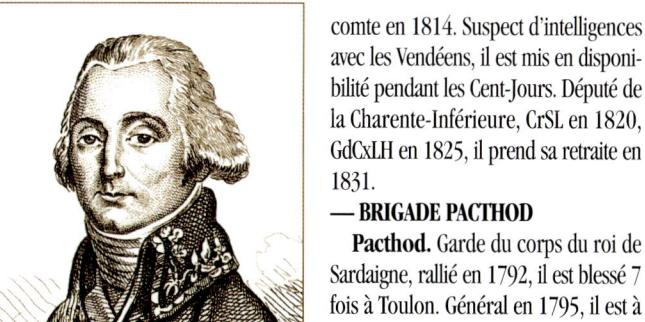

Les aides de camp du maréchal Bernadotte sont: **Gérard.** Ce dernier est avec Bernadotte dès 1794, il le suit en Italie, comme aide de camp, sert dans l'Ouest. Il est adjudant-commandant avec lui en Hanovre où ils font *des affaires*. Blessé à Austerlitz et Lubeck, il est nommé général en 1806 puis chef d'état-major du corps Saxon en 1809 (9ᵉ corps). Après Wagram, il est placé en disponibilité. Il est en Espagne, avec Gudin en Russie puis se bat en Saxe en 1813 où il est blessé trois fois. Gd Cx de la Réunion. En France en 1814, il remplace Victor, adhère à la déchéance de Napoléon, GdCxLH puis se rallie à l'Empereur. Il est avec Grouchy, est blessé à Wavre et se retire en Belgique. Il rentre en 1817, il est élu député de Paris en 1822, et est réélu en 1827 à Bergerac. Ministre de la guerre et maréchal de France en 1830, député de Senlis, il prend Anvers en 1832. Élevé pair de France en 1833, puis grand chancelier de la LH en 1836. Sénateur en 1852, il a épousé en 1816 la fille du général Valence. Il meurt en 1852.

Maison, adjoint de Mireur en 1794, il est blessé 5 fois cette année là. Il passe le Rhin en tête et est avec Bernadotte en 1795. Il devient son aide de camp en 1804, puis est nommé général en 1806. Il remplace Léopold Berthier comme chef d'état-major du 1ᵉʳ corps. Il est à Friedland, devient baron, est avec Oudinot en Russie. Il est fait Comte en 1813, Gd CX de la Réunion et Pair de France en 1814. GdCxLH. Il suit le roi à Gand, se rallie à Louis-Philippe et devient maréchal de France en 1829, ministre de la guerre en 1835-1836, Gd Cx de Léopold de Belgique.

Chalopin est tué à Austerlitz.

● **Commandant l'artillerie**

Eblé. Enfant du corps au régiment d'artillerie d'Auxonne, il est canonnier en 1791, général en 1793. Il commande l'artillerie du 1ᵉʳ corps en 1805, est nommé gouverneur de Magdebourg, ministre de la guerre de Westphalie puis baron. GdOLH. Chambellan de Jérôme, il commande les équipages de pont en Russie. Il exécute les ponts de la Bérésina. Commandant en chef de l'artillerie de la Grande Armée en 1813, le titre de comte est donné à sa veuve car il meurt de maladie à Kœnigsberg en décembre 1812.

Juvigny. Engagé en 1774, il reçoit 3 blessures en 1796. Il est chef d'escadron, à Zurich, Hohenlinden. LH en 1805, OLH en 1807. Il est retraité en 1807, rappelé, puis rentre dans ses foyers en 1809.

Pour la bataille d'Austerlitz, Napoléon va prélever sur le 1ᵉʳ corps toute l'avant-garde de Kellermann et la cavalerie du corps pour les confier à Lannes et Murat au niveau de l'aile gauche française. Nous les avons replacé avec le 5ᵉ corps. Il ne reste donc à Bernadotte, vexé, que ses deux divisions de base.

LA PREMIÈRE DIVISION

Rivaud de la Raffinière. Volontaire de 1792, blessé en 1793, il est à Arcole, Rivoli et est fait général en 1798. Blessé à Marengo, il devient général de division en 1802. Il est à Ulm, Austerlitz, Lubeck. Il devient gouverneur de Brunswick et est fait baron en 1808 puis

Ci-dessus, de gauche à droite et de haut en bas.
Le Maréchal Bernadotte, chef du Premier Corps, Rivaud de la Raffinière, commandant de la première division, Maison chef d'état-major du Premier corps, Eblé commandant l'artillerie, Drouet d'Erlon, chef de la deuxième division, et Pacthod, général commandant la première brigade de la première division. (DR)

comte en 1814. Suspect d'intelligences avec les Vendéens, il est mis en disponibilité pendant les Cent-Jours. Député de la Charente-Inférieure, CrSL en 1820, GdCxLH en 1825, il prend sa retraite en 1831.

— **BRIGADE PACTHOD**

Pacthod. Garde du corps du roi de Sardaigne, rallié en 1792, il est blessé 7 fois à Toulon. Général en 1795, il est à Austerlitz en 1805, puis à Friedland. Titré baron, il devient général de division en 1808. Il est en Italie, à Raab et Wagram, Couronne de Fer. Il se bat à Raguse en 1812 puis en Saxe en 1813. GdOLH et comte. Héros de la campagne de France, naturalisé en 1816, retraité en 1826, il meurt en 1830.

● **Le 8ᵉ de ligne**

Le colonel Autié est né dans l'Hérault, cité dans les Pyrénées, il se bat en Italie, à Bassano, Zurich. Fait colonel en 1803, il est cité à Austerlitz. Il est tué en Espagne à Chiclana en 1811. Aucun officier blessé dans ce régiment.

Douard, est blessé 7 fois en 1807. LH. Pris à Dresde, il sert en 1815. Retraité.

Aymard, né à Lézignan, est blessé dans les Pyrénées. Il se bat en Italie, à Lodi, Rivoli, blessé à Novi. Chef de bataillon à Austerlitz et à Lubeck, il passe colonel au 32ᵉ pour Friedland. Baron. OLH est en Espagne, devient général en 1813, blessé à Leipzig, il est à Hanau et avec la jeune garde à Anvers. Retraité en 1816, il devient lieutenant-général en 1832 et réprime la révolte de Lyon. Pair de France en 1834, GdCxLH en 1841, il devient aide de camp du roi et est retraité en 1842.

Aucune perte pour ce régiment.

● **Le 45ᵉ de ligne**

Colonel Barrié est volontaire en 1792. Capitaine en Italie au 20ᵉ léger, il devient chef de bataillon puis colonel en 1800. Il est en Espagne (CtLH), est élevé baron, blessé à Talavera et fait général en 1810. Assiégé à Ciudad-Rodrigo, il est pris, et est en non activité en 1815, retraité en 1825.

Un seul officier du régiment est blessé à Austerlitz

● **Le 54ᵉ de ligne**

Le colonel Philippon est né à Rouen. Il est au 54ᵉ en 1803. Nommé OLH puis baron. C'est en Espagne qu'il est nommé général en 1810, puis général de division en 1811. Il est au 1ᵉʳ corps en Russie et remplace Morand blessé. Il part à le retraite en 1813.

Un officier blessé au 54ᵉ de Ligne.

La division n'a pas été vraiment engagée par Bernadotte, très passif, qui n'a pas poursuivi très activement vers Austerlitz.

LA DEUXIÈME DIVISION

Drouet d'Erlon est né à Reims, engagé en 1782, il est fait général en 1799. Présent à Zurich, blessé à Hohenlinden, il passe général de division en 1803. Il commande la division à partir de septembre 1805 en Hanovre. Présent à Austerlitz, Lubeck, il est chef d'état-major de Lefebvre à Dantzig pendant le siège. Titré comte en 1809, il part pour le Portugal avec Masséna, en Espagne, à Vittoria et Toulouse. GdCxLH en 1814, il acquitte Exelmans, complote avec Lefebvre-Desnoettes. Il est à Waterloo, pair de France en 1815, il se réfugie à Munich, condamné à mort par contumace, amnistié par Charles X au moment du sacre, il devient gouverneur général en Algérie en 1834 et 1835. Maréchal de France en 1843, il meurt en 1844.

Son chef d'état-major est **Fornier d'Albe** qui est en Égypte comme aide de camp de Menou. Blessé à Ulm (CtLH), il devient général après Wagram. Il est à Paris en 1815, retraité en 1825.

— BRIGADE FRÈRE

Frère est pharmacien à Carcassonne, volontaire au 1er de l'Aude puis colonel au 4e de Ligne en Italie où il sera blessé deux fois. Général de la Garde consulaire, il commande les grenadiers en 1802. CdtLH. Il est nommé général de division en 1808, comte en 1809, il est blessé à Wagram et part pour l'Espagne. Pendant les Cent-Jours, il commande la place forte de Lille et sera mis en non activité en 1815. Il est définitivement retraité en 1825.

● **Le 27e léger**

Le régiment combat au centre avec la division Drouet. Il était rattaché au début de l'affaire à l'avant-garde de Kellermann dont la cavalerie a été confiée à Murat, à l'aile gauche, qui allait opérer vers la grande plaine dite « de la cavalerie », au delà de Blasowitz. Le régiment prend Krenowitz en chassant la garde russe en retraite et entre dans Austerlitz où Napoléon viendra s'installer dans le palais de la cité.

Colonel Charnotet est né à Annecy, devient colonel du régiment en 1803, OLH après Austerlitz. Retraité comme général en 1807, il est nommé baron. Il commande le département du Nord à Arras pendant les Cent-Jours, et sera retraité définitivement en 1819.

Soulès reçoit un sabre d'honneur en 1803 pour avoir fait 30 prisonniers à Salo en Italie. Il est sous-lieutenant à Austerlitz, puis participe à Iéna et prend sa retraite en 1807.

Herbez-Latour (LH) est à Austerlitz. Blessé à Lubeck, il est nommé colonel du 101e en Espagne. Pris blessé à Salamanque, il rentre en 1814, OLH. Bloqué dans Neufbrisach aux Cent-Jours, il est retraité en 1823 puis est nommé maréchal de camp honoraire en 1824. Repris en 1830 à Besançon.

Savoye. Volontaires aux Allobroges, il est un des premiers au pont de Lodi. LH. Il est en Espagne où il est blessé, OLH en 1811. Aide de camp de Dessaix, il est fait chef de bataillon au 8e léger. Il est à Lyon en 1814, à Waterloo puis est retraité en 1816.

Martinet ne cite que trois officiers blessés pour ce régiment qui n'a pas été beaucoup engagé.

— BRIGADE WêRLÉ

Werlé s'engage en 1781, devient général en 1803 au Hanovre. Il est à Lubeck, en Espagne où il est tué à Albuhera en 1811.

● **Le 94e de ligne**

Le colonel Razout est né à Toulon. Il est en Italie avec Masséna puis devient aide de camp de Joubert et assiste au 18 Brumaire. Nommé colonel en 1803, général en 1807, il est blessé en Espagne, Il est avec Oudinot à Wagram, général de division en 1811 et sera blessé en Russie. GdOLH. Comte en 1813, il est pris à Dresde et sert en 1815. Juge de Morand, il meurt en 1820.

De Grométy, né à Toulon, cet enfant de troupe devient capitaine AM au 94e en 1800. Cité à Hochstaedt, il est envoyé avec les drapeaux à Bonaparte par Moreau. Commandant du 2e bataillon du 94e, il est blessé à Austerlitz. Major du 95e en 1807, il est pris à Baylen, et s'échappe du ponton *la Vieille Castille*. Nommé colonel du 40e en 1812, il repart en Espagne et est avec la jeune garde en 1813. Présent à Waterloo, réformé en 1822, retraité en 1828, il devient maréchal de camp en 1831. CrLH en 1821.

Delamarne, est Suisse. Adjudant-commandant en 1807, il est retraité en 1810. Naturalisé en 1814, il sert en 1815 et sera retraité la même année.

Quatre officiers de ce régiment sont blessés à Austerlitz

● **Le 95e de ligne**

Colonel Pécheux. Colonel en 1803, il est à Austerlitz, Lubeck, Friedland. Il est nommé général en 1810, général de division en 1813. Il est à Hambourg avec Davout et se bat Espagne en 1823. GdOLH en 1825.

Meylier est à Austerlitz. Colonel du 12e léger à Essling, il y est blessé. Blessé aussi à Wagram, Il prend sa retraite en 1812 en Gironde.

Un seul officier blessé. Cette division a pourtant aidé la cavalerie de la Garde au moment de la grande charge.

LE TROISIÈME CORPS DE DAVOUT

Le corps héroïque par excellence. Les aides de camp du maréchal sont

Bourke, né près de Lorient, est d'origine irlandaise, il est en Cochinchine de 1788 à 1790. Blessé à St-Domingue, il rentre en 1793 et s'embarqué pour l'Irlande où il est pris. Rentré en 1799 il est premier aide de camp de Leclerc à St-Domingue en 1802. Blessé, il revient en 1803, pour devenir premier aide de camp de Davout à Austerlitz. Blessé à Auerstaedt, il est à Eylau. Fait baron, il est à Wagram. Général en 1809, il est avec Reille en Espagne, blessé deux fois. Gouverneur de Wesel qu'il conserve. Il défend ensuite Givet pendant les Cent-Jours. Inspecteur de l'infanterie, commandant de division militaire, il sert en 1823, CrSL et pair de France cette même année. GdCxLH en 1826, Gd Cx de l'ordre de St -Ferdinand, au cadre de réserve en 1839.

Davout. Louis est frère du maréchal, il devient son aide de camp en 1795. Il est en Égypte, et sera colonel en 1805. Il est à Austerlitz, Auerstaedt, Eylau, CtLH en 1807, baron. Il participe à Wagram, est fait général en 1811. Sans emploi pendant les Cent-Jours, il est en disponibilité en 1818. Napoléon III donna le droit à sa famille de relever le titre de duc d'Auerstaedt.

Falcon, né à Castelnaudary, est capitaine aide de camp de Davout en 1802. Il est à Austerlitz (LH). Titré baron, il devient colonel du 46e en 1813. Il est tué en Silésie le 29 août 1813.

Trobriant. Lieutenant, il est envoyé vers Bernadotte pendant la bataille d'Auerstaedt. Il a fait un rapport mettant en cause Bernadotte ses assertions ont été âprement discutées.

De Montesquiou-Fezensac, Anatole. Cité à ce poste dans certains livres, il n'a en fait tenu cette fonction qu'en 1808. C'est son frère Charles-Eugène qui l'occupe, nommé le 21 décembre 1805, attaché à l'état-major de Berthier pour Austerlitz. Il meurt à Ciudad-Rodrigo en 1810.

Le chef d'état-major est **Daultane** (marquis d'Aultane dit). Cadet-gentilhomme en 1776, capitaine en 1792, il est général en 1799 à Hohenlinden. A Austerlitz, jugé brillant pendant la bataille par Davout, il devient général de division en 1806. Il est à Auerstaedt et remplace Gudin à Pultusk. Général de division en 1806, baron, gouverneur de Varsovie, il sert en Espagne et à Toulouse en 1814. Chef d'état-major du duc d'Angoulême, GdOLH en avril 1815. Rayé et destitué par Napoléon (CrSL) il obtient sa retraite en octobre 1815.

Marès, né à Marseillan dans l'Hérault, est chef de bataillon directeur du parc du génie en Italie en 1794, chef de brigade en 1799. Il commande le génie à Gênes en 1800. Adjudant-commandant en 1803 au camp de Bruges, il passe chef d'état-major de la division Friant et meurt des suites de blessures reçues à Austerlitz en janvier 1806.

L'ordonnateur en chef est **Chambon** (OLH en 1807), ordonnateur en chef en 1809, CtLH. Il continue en 1813 et 1814, il est au ministère de la guerre aux Cent-Jours. Retraité en 1816.

Les aides de camp de Daultane sont le chef d'escadron **Lefebvre** venu du 8e hussards, il est major du 11e dragons et sera tué à Austerlitz.

De nombreux adjudants commandants et adjoints sont cités à cet état-major, dont

Larcilly est chef de bataillon du 108e en 1800. Il est à l'état-major en 1804 (LH). Il est blessé juste avant Austerlitz le 20 novembre puis à Wagram. Major du 9e de ligne (OLH 1810), il est tué à Lutzen.

Le commandant de l'artillerie est **Sorbier**, ancien élève de l'école d'artillerie en 1782, fait général sur le champ de bataille par Hoche en 1797. Nommé général de division en 1800, il occupe ce poste en 1805. Il est à Austerlitz, en Italie, à Raab. Fait Gd cordon de la couronne de fer en 1809, il commande l'artillerie de la garde en 1811, puis celle de la Grande Armée en 1813 et 1814. (CrSL et GdCxLH en 1814). Député aux Cent-Jours, exilé à Cognac il est retraité en 1815.

Le Maréchal Davout, l'exceptionnel commandant de l'héroïque troisième corps. (DR)

L'INFANTERIE DE LIGNE

Grenadier du régiment. Les grenadiers forment l'une des deux compagnies d'élite du régiment depuis la création des voltigeurs, le 20 septembre 1804. Ils se distinguent par le port des épaulettes à franges rouges et le bonnet à poils, parfois remplacé par le chapeau surmonté d'un pompon rouge.

Fusilier en tenue de route.

Ils sont en principe armés d'un fusil de dragon, plus court, ou encore d'un fusil d'infanterie raccourci.

Voltigeur.

Grenadier en capote.

Caporal de grenadiers en tenue de route.

Tambour de grenadiers.

Fusilier.

85

Ses aides de camp sont **Sautereau du Part** de l'École de Chalons qui devient aide de camp de Sorbier en 1802. Il est à la Garde en 1812 et devient chef d'état-major de l'artillerie de la garde en 1813 (OLH). Il défend Besançon pendant Cent-Jours. Colonel, il est en 1823 en Espagne, CrLH. Retraité en 1829, il finit maréchal de camp à titre honorifique en 1830.

Gérin, École de Chalons, aide de camp de Sorbier en 1802. Il est sur l'île d'Oléron en 1811, à Toulon puis à Lyon en 1814. Colonel, OLH, il est en Espagne en 1823, CrLH.

Le chef d'état-major de l'artillerie est **Charbonnel**. Né à Dijon, élève de l'École de Chalons, il sert à Lyon et Toulon, en Italie, en Égypte. Rapatrié pour ophtalmie, il est pris, guérit et devient colonel 1804. Il est à ce poste dès 1805. Il sert à Austerlitz, Auerstaedt, Eylau, Eckmuhl, Essling, Wagram. Nommé général en 1809, il est en Espagne et au Portugal à Busaco, Fuentes de Onoro. Il est avec Ney 1813 pour Lutzen, Bautzen et est blessé à Leipzig. Il fait la campagne de France, et est nommé comte en 1814. Il est avec Suchet dans les Alpes et préside le conseil de guerre de Grouchy en 1817. GdCxLH en 1824, pair de France en 1841, il meurt en 1846.

● Le **Génie** est commandé par le **colonel Tousard** de l'École de Mézières est à Malte en Égypte où il est blessé. Colonel et OLH, il est à ce poste en 1805. Il sert à Austerlitz, Auerstaedt, Eylau. Nommé général en 1807, puis baron, il remplace Bertrand trois mois en 1810. Il est à Hambourg en 1813 où il meurt le 15 septembre.

Bouvier de l'École de Mézières est blessé deux fois en 1793. Il est cité au fort de Bard en 1800, puis est nommé chef d'état-major du génie du 3e corps. LH et major en 1809, il devient colonel en 1810. Il est tué à Krasnoï.

Sont cités à l'état-major:

Lacoste, chirurgien. « *S'est exposé comme le soldat pour donner des secours aux militaires blessés. Sa conduite est au dessus de tout éloge* ».

Girardin est maréchal-des-logis au 1er bataillon du train. A Austerlitz, il a eu le poignet coupé d'un coup de sabre lors de la charge de la cavalerie russe sur les pièces de la 1re division.

Curély est adjudant sous-officier au 7e hussards et deviendra un général célèbre. « *A la tête de dix hommes a fait rendre les armes à deux compagnies d'infanterie ennemie* ».

Frech, gendarme, s'est fait remarquer par sa bravoure. Il a eu l'épaule fracassée par un biscaïen.

Arnould, maréchal des logis de gendarmerie. « *A servi près du maréchal Davout avec beaucoup de zèle et d'intelligence* ».

Guilbeau, chasseur au premier régiment. « *Étant d'ordonnance auprès du général Daultane, s'est précipité plusieurs fois au milieu des bataillons ennemis qu'il a sabrés et a fait plusieurs prisonniers* ».

Saradin, brigadier au 2e régiment de chasseurs à cheval. « *En présence du général Friant chargea plusieurs fois les Russes, leur tua plusieurs hommes et fit un officier prisonnier* ».

La première division du troisième corps du général Caffarelli va se trouver détachée pour renforcer l'infanterie de l'aile gauche confiée à Lannes. Il ne reste donc que les divisions Friant et Gudin. Comme elles sont descendues à Vienne livrant de brillants combats, l'ordre de Napoléon d'avoir à rejoindre Raygern, au plus vite, ne pourra être appliqué qu'à la division Friant qui a 36 lieues. Gudin, plus éloigné, ne fera qu'amorcer cette remontée vers le champ de bataille. Cette marche de la division Friant est un exemple de courage. Bien formés à l'école de Davout, ces soldats étaient les plus solides de la Grande Armée et ils le prouveront à chaque bataille. Ils seront récompensés en 1806 en ayant le privilège d'entrer les premiers dans Berlin, eux les vainqueurs d'Auerstaedt.

LA DIVISION FRIANT

Rappelée des environs de Vienne en urgence elle va réaliser une marche forcée remarquable d'un seul tenant. Ils cantonneront à Raygern. Cette marche admirable de 36 lieues parcourues en 40 heures amène à temps des régiments d'élite. Cantonnés, pour cette nuit du 1er décembre, avec les dragons de Bourcier et le 1er dragons joint à la brigade Heudelet, ils vont essayer de reprendre des forces après leur marche épuisante. Des retardataires vont continuer à rejoindre de leur mieux mais la division n'est pas au complet et Gudin a tout juste amorcé sa remontée vers Brünn, il ne faut pas compter sur lui.

Friant est entré aux gardes françaises en 1781. Lieutenant-colonel en premier du 9e bataillon de Paris dit *de l'Arsenal*, il est blessé en 1793. Nommé général en 1794, il est en Italie, part en Égypte avec Desaix et remonte le Nil aux côtés de Davout. Général de division en 1800, il aura 4 chevaux tués à Austerlitz où sa division se couvre de gloire à Telnitz et à Sokolnitz. Friant est fait grand aigle de la LH le 27 décembre 1805, il sera aussi billant à Auerstaedt. Blessé à Eylau, chargé de la manœuvre essentielle de débordement à Wagram, il décide de la victoire. En Russie, il va être blessé deux fois à la Moskowa, il est nommé colonel commandant les grenadiers

Bourke, aide de camp de Davout. (DR)

à pied de la garde en remplacement de Dorsenne. Chambellan de Napoléon, il commande la division de Vieille Garde en 1813 et 1814. Pair de France en 1815, colonel en premier des grenadiers de Vieille Garde à Waterloo, il y est blessé. Il avait épousé Louise Leclerc, sœur du général et de madame Davout, il est donc beau-frère du maréchal.

Son chef d'état-major est **Marès** déjà cité, tué à Austerlitz. Les Aides de camp de Friant sont:

Petit est en Italie comme aide de camp de Mireur, puis seconde Friant en Égypte. Major du 15e léger en 1806, il est au Portugal. Colonel du 67e avec Molitor, il est à Aspern et sera blessé à Wagram. Baron, il devient général en 1811 en Espagne. Major en premier des grenadiers de la garde en 1813, il est major-colonel du 1er régiment de grenadiers à Waterloo où il couvre la retraite. Retraité lieutenant-général honoraire en 1825, il est titulaire en 1831. Pair de France en 1837, GdCxLH en 1847, il est élu sénateur en 1852. Il meurt en 1856 et est enterré aux Invalides.

Holtz, enseigne de vaisseau, il transporte l'armée d'Égypte, lieutenant à la légion nautique, il est blessé 3 fois. Aide de camp de Friant en 1801, capitaine et aide de camp à Austerlitz, LH, OLH en 1807. Chef de bataillon des flanqueurs de la garde en 1811, il est nommé colonel du 111e de ligne en 1813. Il meurt à Hambourg des suites de blessures en janvier 1814.

Friant cite particulièrement (d'après des extraits du rapport de Davout) **Bonnaire** qui est né à Prouvais dans l'Aisne. Il est blessé à Austerlitz. Colonel en 1809 à Wagram, il est toujours avec le 3e corps. OLH, baron et colonel du 103e en Espagne en 1810, il y est blessé. Général en 1813. Il commande Condé en 1815 et fait tirer sur un parlementaire. Arrêté, dégradé et déporté alors que son aide de camp, Mietton, était fusillé, il en mourut de chagrin, le 16 novembre 1816.

— PREMIÈRE BRIGADE

Heudelet de Brière est né à Dijon et est à l'armée du Rhin en 1793. Il passe le Rhin en tête en 1797, nommé général en 1799, il bat le général Meerfeldt à Maria-Zell où il s'empare de 3 drapeaux, 16 canons et fait 4000 prisonniers. A Austerlitz, il a quatre chevaux tués et est nommé général de division. Il est à Iéna-Auerstaedt et sera blessé à Eylau. Fait comte en 1808, il est avec Soult en Espagne, puis au Portugal à Busaco. Il est à Dantzig en 1812 (Gd OLH en 1813). Il est à l'armée du Rhin en 1815. Retraité en 1824, lieutenant-général en 1831, pair de France, 1832, il prend sa retraite en 1835.

Son aide de camp **Liégeard**, né à Dijon, est en Vendée où il capture Stofflet. Capitaine au 14e chasseurs, aide de camp d'Heudelet à Austerlitz, il est blessé à Eylau. Chef d'escadron au 7e hussards en 1807, il devient colonel du 11e hussards en 1812 pour la Russie. Baron en 1813, blessé, il fait la campagne de France. Il est à Waterloo et prend sa retraite en 1816.

● Le **108e de ligne**

Colonel Higonet, Ancien d'Égypte, chef de bataillon en Italie, il est cité à Marianzell. Il est à Austerlitz (CtLH) et sera tué à Auerstaedt.

Schmitz. Présent à Zurich, blessé, capitaine du 108e en 1805, OLH. Il défend Sokolnitz. Présent à Auerstaedt, il devient chef de bataillon en 1806. Il est à Eylau et est blessé en 1809. Major au 32e, colonel du 2e de marche en Espagne, il sert en Russie avec Ney et est blessé à Krasnoï. Général en 1813, il sert en Italie puis à Waterloo. Retraité en 1815.

Baudoz, lieutenant, sabre d'honneur, OLH. Tué à Eylau.

Sont cités: **Gonichon**, lieutenant. « *S'est comporté avec le plus grand courage, fut un des premiers à se précipiter sur les ennemis, en tua plusieurs et fit des prisonniers* ».

Pidolle, adjudant sous-officier. « *N'a cessé de parcourir les rangs pour exciter par son exemple les soldats à faire leur devoir* ».

Humbert, sergent de grenadiers. « *A été un des premiers à charger, a tué plusieurs ennemis et a fait un très grand nombre de prisonniers* ».

Dupont, sergent. « *Se précipita sur une pièce de canon dont il s'empara après avoir tué de sa main les trois canonniers qui la défendaient* ».

Burais, sergent. « *A tenu tête à quatre cavaliers en a tué et a été lui-même blessé et fait prisonnier* ».

Loisy, caporal. « *S'est distingué, s'est emparé d'un drapeau à Marienzell* ».

Mauzy, grenadier. « *Après avoir tué plusieurs Russes, se précipita sur un gros d'ennemis au milieu duquel était un drapeau dont il s'empara* ».

Bardoux, fusilier. « *S'empara d'un canon, tua le canonnier prêt à mettre le feu et fit trois prisonniers* ».

Pront, grenadier. « *A enlevé un drapeau à l'ennemi* ».

— LA BRIGADE KISTER

Kister est né à Sarreguemines et sert avec son père en 1764. Général en 1799, il reçoit plu-

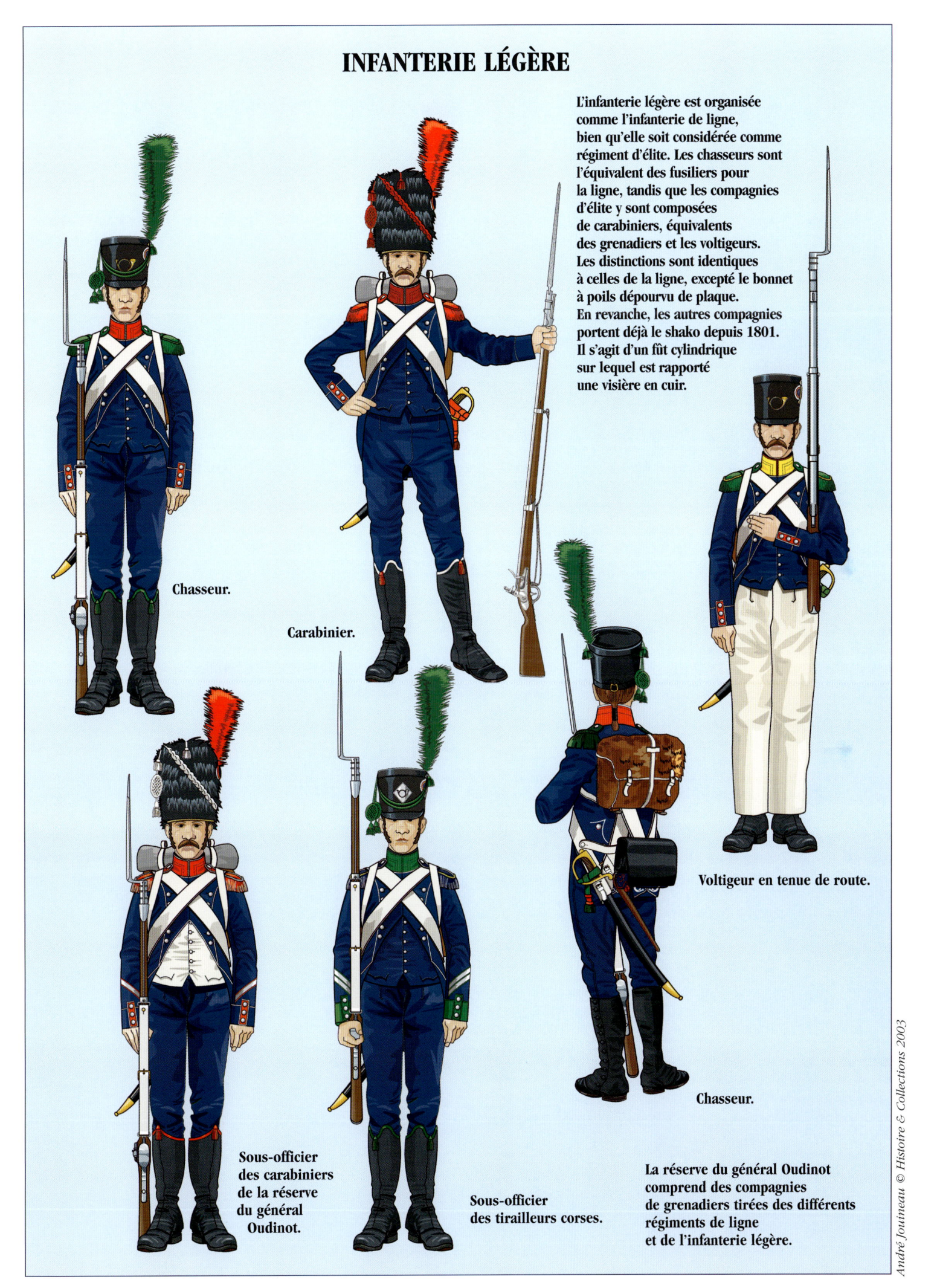

INFANTERIE LÉGÈRE

L'infanterie légère est organisée comme l'infanterie de ligne, bien qu'elle soit considérée comme régiment d'élite. Les chasseurs sont l'équivalent des fusiliers pour la ligne, tandis que les compagnies d'élite y sont composées de carabiniers, équivalents des grenadiers et les voltigeurs. Les distinctions sont identiques à celles de la ligne, excepté le bonnet à poils dépourvu de plaque. En revanche, les autres compagnies portent déjà le shako depuis 1801. Il s'agit d'un fût cylindrique sur lequel est rapporté une visière en cuir.

Chasseur.

Carabinier.

Voltigeur en tenue de route.

Sous-officier des carabiniers de la réserve du général Oudinot.

Sous-officier des tirailleurs corses.

Chasseur.

La réserve du général Oudinot comprend des compagnies de grenadiers tirées des différents régiments de ligne et de l'infanterie légère.

Tambour-major et tambours d'un régiment d'infanterie de Ligne attendent avant de recevoir l'ordre de mener la charge… tambours battant. *(DR)*

sieurs blessures et a plusieurs chevaux tués surtout en Italie. Il commande le 15ᵉ léger en 1795 et est à l'armée des Alpes. Il facilite le passage du Saint-Bernard et contribue au succès de Marengo par ses diversions. CtLH. Il passe avec Davout et sert à Austerlitz. Il est à Dantzig en 1811 et devient commandant de la Seine Inférieure. Retraité en 1812.

● **Le 15ᵉ léger,**

Son colonel est **Desailly** déjà chef de brigade en 1800. Il est à Wertingen, Hollabrunn, Austerlitz. CtLH le 25 décembre 1805. Général en 1809, il est blessé à Wagram puis à Valoutina. Retraité en 1813.

Dans son rapport sur la bataille Davout félicite, en fait, le major qui aurait mené le régiment au feu. Il s'agit du **major Geither**, né en Allemagne et engagé en 1784. Capitaine en Italie, en Égypte où il est blessé. Chef du 5ᵉ bataillon des grenadiers d'Oudinot il passe major en 1804. Blessé deux fois à Austerlitz en conduisant le régiment, il est remplacé par Dulong de Rosnay. OLH et général en 1811, il est avec Oudinot en Russie. Il perd le bras droit à la Bérésina et est avec Rapp en 1815 à Landau. Mis en non activité après les Cent-Jours, il est nommé maréchal de camp en 1817. Naturalisé en 1818, il est retraité en 1820 puis en 1837.

Dulong de Rosnay, Blessé en 1799, il reçoit trois autres blessures à Montegaleazzo. Chef de bataillon en 1803 à la 15ᵉ légère, il est au passage du Grand-Saint-Bernard. Il a l'épaule droite brisée à Austerlitz, sert à Eylau et devient colonel du 63ᵉ au Portugal. Blessé, il passe au 12ᵉ léger. Couronne de fer et général en 1813. Il rejoint la jeune garde et est fait baron. Blessé à Dresde, GdOLH en 1814, il est lieutenant aux gardes du corps d'Havré puis lieutenant général en 1815. Gd Cx SL en 1825, comte en 1827, il meurt en 1828. Probablement remplacé par **Licasse** après sa blessure.

Hulot est déjà au régiment en 1794. Il est blessé deux fois à Gradisca, puis deux fois à La Trebia et reçoit un sabre d'honneur en 1803. Nommé lieutenant en 1809, il est retraité en 1811.

Cinq compagnies du régiment formeraient le 2ᵉ bataillon de grenadiers au 5ᵉ régiment de la réserve.

Sont aussi cités à Austerlitz : **Licasse,** capitaine adjudant-major, a probablement remplacé Dulong, blessé, dans le village de Sokolnitz et repoussa avec un faible peloton des forces supérieures russes.

Vignier, lieutenant. Sa conduite extrêmement brave lui a valu les éloges du colonel Bourke, premier aide de camp du maréchal Davout, sous les ordres duquel il servait.

Garay, adjudant sous-officier. « *S'est précipité un des premiers dans le village de Sokolnitz et rallia plusieurs fois les chasseurs* ».

Dorbeau, sergent. « *Grièvement blessé d'un coup de feu et terrassé par plusieurs Russes, il en blessa plusieurs* ».

Surdun, sergent-major. « *S'est précipité seul sur un peloton russe, fut aux prises avec trois d'entre eux, en tua un, en blessa un autre et fut à son tour blessé par le troisième, de plusieurs coups de baïonnette* ».

Brondès, sergent-major. « *Portait le drapeau du 2ᵉ bataillon ; il l'a défendu avec le plus grand courage contre deux Russes qui tâchaient de s'en emparer* ».

Aubouer, caporal fourrier. « *Entré un des premiers dans Sokolnitz, s'est précipité avec fureur sur les grenadiers russes. Il reçut deux coups de baïonnette et continua à se défendre avec courage jusqu'à ce qu'épuisé et tombant en faiblesse, on fut obligé de l'emporter* ».

Dumont, caporal. « *A contribué à défendre le drapeau, tua un Russe et sauva la vie à son capitaine* ».

Les compagnies de voltigeurs du 15ᵉ léger marchent avec Heudelet, complétant sa brigade avec l'appui du 1ᵉʳ dragons.

● **Le 33ᵉ de ligne**

Saint-Raymond est colonel depuis 1794. OLH. Il meurt le 1ᵉʳ décembre 1805.

Thoulouze remplace Saint-Raymond après sa mort, blessé à Eylau, puis à Wagram, il sera tué à Valoutina en 1812.

Peigne. En Italie il reçoit un sabre d'honneur à La Trebia. Sous-lieutenant en 1806, il est capitaine et est cité à la Bérésina en 1812. Chef de bataillon en 1814, il est licencié en 1815.

Lieutaud prend deux drapeaux près de Vérone et reçoit un sabre d'honneur. OLH. Capitaine pour Austerlitz, il est retraité en 1810.

Thierry, capitaine en 1795 en Italie, il est blessé en prenant un canon en 1797. Il reçoit un sabre d'honneur en 1802. Chef de bataillon en 1809, il est tué devant Ratisbonne en voulant débusquer l'ennemi des maisons où il s'était réfugié.

Sont aussi cités. **Belin,** capitaine. « *S'est porté avec intrépidité à la tête des voltigeurs dans le village de Sokolnitz, y a tué 7 Russes et a été mis hors de combat par deux coups de feu* ».

Tondut, lieutenant. « *A remplacé sur le champ de bataille l'aide de camp de M. le général Kister tué à la bataille d'Austerlitz et a montré beaucoup de sang-froid, de bravoure et d'intelligence. A eu un cheval blessé sous lui de deux coups de feu* ». Il recevra la LH et sera chef de bataillon en 1809. Blessé la Moskowa, OLH en 1813, il devient demi-solde en 1814.

Cailliez, sous-lieutenant. « *S'est distingué et bien qu'atteint de trois balles n'a pas quitté le champ de bataille* ».

Marc, fusilier. « *S'est distingué. Se trouvant entouré par plusieurs Russes, il en a tué trois et a été sauvé* ».

Villain « *prend un drapeau de Butyrsk* ».

— **LA BRIGADE LOCHET,**

Lochet, Engagé en 1784, il sert en Vendée, en Irlande. Commandant la première brigade de Friant, a deux chevaux tués à Austerlitz, CtLH. Présent à Auerstaedt, il sera tué d'une balle en plein front à Eylau. Friant a dit de lui que « *Personne n'est plus beau que lui dans le combat* ».

Ses aides de camp sont **Jaeger** qui sera tué à la Moskowa et **Galichet,** capitaine au 94ᵉ en 1803. LH en 1806, chef de bataillon au 108ᵉ en 1808, il devient adjudant-commandant et baron en 1809. Il est avec Friant comme chef d'état-major en Russie, OLH. Capturé, il rentre en 1814. Il démissionne et rentre en Pologne, pays de son épouse.

● **Le 48ᵉ de ligne,** le régiment le plus méritant.

Son chef est le colonel **Barbanègre.** Arrivé à ce poste le 29 août 1805, il est à Austerlitz, CtLH pour cette bataille. Présent à Auersatedt, Eylau, il est fait baron et général en 1809. Il sert à Eckmuhl, à Wagram avec Morand. En Russie, il devient commandant de Smolensk et capitule à Stettin en 1813. Il est avec Lecourbe en 1815. Héros de la défense d'Huningue, il meurt en 1830.

Barbanègre colonel du 48ᵉ de Ligne. *(DR)*

Sont cités pour le régiment : **Lacombe,** chef de bataillon. « *Chargé d'attaquer avec son bataillon le village de Sokolnitz par la gauche, s'y est porté avec la plus grande résolution, a passé au milieu des ennemis bien supérieurs en nombre et ensuite a été blessé au milieu de l'action* ».

Pleindoux, lieutenant de voltigeurs. « *Sa compagnie étant chargée dans le commencement de l'action de repousser les tirailleurs ennemis, s'est porté en courant sur eux entraînant sa compagnie par son exemple et par sa voix. Est entré un des premiers dans le village et s'est conduit pendant toute la journée avec beaucoup de distinction* ».

Lamaguet, sous-lieutenant de grenadiers. « *A notamment contribué à la prise de Sokolnitz en s'ouvrant un passage par le renversement d'une portion de mur qui empêchait les grenadiers d'aborder l'ennemi* ».

Mathieu, sous-lieutenant. « *Dans une charge est arrivé le premier à deux pièces de canon, s'en est emparé et a fait prisonniers les canonniers* ».

Paul, sergent-major de grenadiers. « *Est arrivé le premier sur deux pièces et s'en est emparé* ».

Guilloteau, sergent-major. « *A dans la première charge forcé l'entrée d'une maison défendue par trois Russes qu'il a désarmés* ».

Sallé, sergent-major. « *Son capitaine seul officier présent ayant été blessé, a montré le plus grand zèle et la plus grande intelligence dans le commandement dont il s'est vu chargé. Notamment il a fait poser les armes à un peloton de Russes* ».

Ramouin, sergent de grenadiers. « *A fait dans une charge dix prisonniers et a tué quatre Russes* ».

Dauvergne, sergent de grenadiers. « *Aidé par son sous-lieutenant a renversé une partie du mur qui mettait obstacle à la marche en avant des grenadiers en leur disant: "Lorsqu'il s'agit de combattre, un grenadier doit surmonter tous les obstacles". Passé de l'autre côté du mur, il a seul essuyé le feu de quatorze à quinze Russes, et sans s'effrayer il les a chargés avec sa baïonnette, en a tué six et ramené les autre prisonniers* ».

Bruxeau, grenadier. « *A pénétré dans la colonne ennemie, en a tué un grand nombre. Forcé de se retirer tout couvert de blessures, il entre dans une grange où il trouve plusieurs ennemis qu'il a tués ou fait prisonniers* ».

Hubert, voltigeur. « *A marché un des premiers avec trois chasseurs à cheval du deuxième régiment, a pris une pièce de canon avec eux, et ensuite à lui seul a emporté un drapeau russe* ».

Parent, voltigeur. « *A fait prisonnier un porte-drapeau qui avait jeté le bâton, mais qui conservait dans son sein les cravates qu'il y avait cachées et que Parent lui a prises* ».

Osmont, voltigeur. « *S'est porté sur la droite du village où une pièce de canon tirait à mitraille sur la colonne française, a tué un canonnier d'un coup de baïonnette, a pris une pièce de canon que le général lui a ordonné de laisser là pour se porter en avant* ».

Alluin ou **Halluin,** voltigeur. « *S'est emparé d'une pièce de canon et d'un drapeau* », qui serait autrichien pour Andolenko.

● **Le 111e régiment** (régiment formé surtout de Piémontais)

Le colonel **Gay** est né à Lyon et sert en Italie, Égypte. OLH. Baron, a pris deux canons à Sokolnitz, retraité en 1825, puis en 1832.

Guigues de Revel dit **Guigue,** né à Chambéry. Capitaine d'état-major sarde, naturalisé français comme chef de bataillon du régiment en 1795, il est nommé adjudant-commandant en 1806. Il est tué en Pologne en 1807. Cité et blessé à Austerlitz.

Sont cités: **Ojeda,** capitaine. « *En chargeant les Russes le porte-drapeau du 2e bataillon étant tué, on peut dire que c'est lui qui sauva le drapeau, puisqu'il se précipita hors des rangs pour le prendre* ».

Busca, lieutenant. « *Lorsque les grenadiers du 1er bataillon s'emparèrent d'un retranchement du village de Sokolnitz, se précipita le premier sur le pont qui était encore gardé par deux canons russes qui tiraient à mitraille dessus* ».

Nardin, sous-lieutenant. S'est jeté le premier, le sabre à la main dans le retranchement de Sokolnitz, y fit trois prisonniers russes après que le poste fut enlevé par nos grenadiers; a reçu un coup de feu.

Combet, sergent-major. « *Le 1er bataillon chargeant l'ennemi au delà de Sokolnitz et étant repoussé par des forces supérieures, resta un moment en doute. Ce sergent-major s'en aperçut, avança bien avant, son drapeau à la main et cria: "A moi, soldats! Cette action les détermina, ils fondirent sur l'ennemi et l'obligèrent à se sauver en laissant une grande quantité de morts et deux pièces d'artillerie* ».

Barison, sergent. « *Blessé d'un coup de biscaïen, n'a voulu se retirer qu'après l'action pour se rendre à l'ambulance* ».

Sallio, sergent. « *Blessé dès le matin, il se battit toute la journée, malgré sa blessure, à la tête de sa compagnie* ».

Stuardi, Roggio, caporaux. « *Ces deux caporaux blessés à l'attaque de Sokolnitz, continuent à se battre avec intrépidité et ne veulent se faire panser qu'après la bataille* ».

L'infanterie légère du 3e Corps monte à l'assaut. (Dessins de J. Girbal, DR)

Chiapella, grenadier. « *Lorsque la 1re compagnie de grenadiers attaqua et emporta Sokolnitz, il fut l'un des premiers à se jeter dans les retranchements occupés par les Russes* ».

Baghi, voltigeur. « *Étant en tirailleur, se jette tous seul entre quatre Russes pour tuer un officier qui faisait le cinquième et eut le bonheur d'y réussir* ».

Grandeau. Né à Metz, général en 1803, général de division en 1812, il est en Russie. Capturé lors de la capitulation de Stettin en 1813, il obtient la GdOLH en 1814. Il commande Besançon en 1815, retraité en 1825.

En fait, ce général tombé malade à la suite des fatigues de la campagne n'assista pas à la bataille. Donc le 108e est passé sous le commandement du général Heudelet.

La répartition des régiments en brigades est variable suivant les sources. La maladie du général Grandeau a modifié la structure de départ et au cours de la bataille les régiments vont se trouver souvent mélangés au cours des actions complexes, surtout dans Sokolnitz.

C'est Friant qui dirige les opérations en fonction des besoins. Davout est partout au cœur de la bataille.

Le mélange se fait aussi avec les bataillons de Legrand qui attaquent, se replient et se rallient en dehors du village pour réattaquer à nouveau. C'est vraiment une mêlée terrible contre des forces supérieures.

Lochet et le 48e seront les héros du jour et à Tilsitt, au cours du banquet réunissant les deux gardes, le grand duc Constantin félicitera un officier du 48e, ce régiment qui « *leur a causé bien des ennuis à Sokolnitz* ».

Les citations que j'ai énumérées sont des propositions précises, motivées, pour obtenir des Légions d'Honneur pour chaque régiment. La liste du 48e étant la plus longue. Ces citations sont énumérées dans le livre du « *Centenaire d'Austerlitz* » du commandant Martin édité en 1905.

● **CAVALERIE DE VIALANNES DU 3e CORPS** (quelques éléments)

Vialannes, né à Riom, cité à Marengo, général en 1803, CtLH, sera mal jugé par Davout à Auerstaedt car il n'est pas resté à l'état-major pour attendre l'arrivée des ordres la nuit précédant la bataille, ce qui a entraîné son retard le lendemain. Il passe ensuite dans les dragons à la division Beker. Il est à Pultusk, est fait baron. Mis en congé pour infirmités en 1809, il sera utilisé dans le commandement des départements. Retraité en 1815.

Seulement une petite partie de sa brigade est de service d'escorte avec Davout à Austerlitz. Le maréchal a fait accompagner Friant par des détachements de sa cavalerie pris aux **1er, 2e chasseurs** et au **7e hussards.**

C'est précis pour **le 2e chasseurs,** dont 3 officiers et 58 cavaliers sont détachés et vont combattre à Austerlitz. Le chef d'escadron **Vigée** et le brigadier **Gérard** seront tués. Le maréchal-des-logis chef **Galliot** et le chasseur **Boitelle** sont blessés. Le brigadier **Saladin** est dans la liste des cités. Le colonel **Bousson** est nommé CtLH. Il est marqué comme blessé à Auerstaedt avec 5 officiers. Avec Gudin, le capitaine **Demaille** commande 59 hommes du 2e chasseurs avec le lieutenant **Goubet.**

Pour **le 7e hussards,** on note seulement que **Curély,** alors adjudant, est cité à Austerlitz par Davout, commençant bien sa très belle carrière. Pour le 1er chasseurs de Montbrun, seul **Guilbeau** est cité à Austerlitz. Aucun cavalier du 12e chasseurs n'apparaît sur les listes.

Le chef d'état-major est **Hervo,** né à Quimperlé, adjudant commandant en 1800, au camp de Bruges. Il est cité par Davout qui le présente plutôt comme son sous-chef d'état-major personnel, ce qui sera vrai par la suite. Blessé à Auerstaedt, général en 1807, CtLH, baron, il est tué près d'Eckmühl en avril 1809.

Ont déjà été cités: **Curély,** adjudant sous-officier au 7e hussards. « *A la tête de dix hommes a fait rendre les armes à deux compagnies d'infanterie ennemie* ».

Guilbeau, chasseur au 1er régiment. « *Étant d'ordonnance auprès du général Daultanne, s'est précipité plusieurs fois au milieu des bataillons ennemis qu'il a sabrés et a fait plusieurs prisonniers* ».

Saladin, brigadier au 2e chasseurs. « *En présence du général Friant, chargea plusieurs fois les Russes, leur tua plusieurs hommes et fit un officier prisonnier* ».

89

LE QUATRIEME CORPS DE SOULT

Soult est né à Saint-Amand dans le Tarn en 1769. Soldat en 1785, général en 1794, général de division en 1799 après Stockash, il est avec Masséna à Zurich, puis à Gênes. Brillant général, colonel général de la garde Consulaire puis du camp de Boulogne, il est aussi maréchal et grand cordon de la Légion d'honneur. Avec son corps, il prend le plateau de Pratzen et commande à Iéna, Lubeck, Kœnigsberg. Fait Duc de Dalmatie en 1808, il sert aussi en Espagne, à Gamonal, La Corogne, le Férol, Oporto, Arzobispo, Badajoz. En Andalousie, il prend Séville. Rappelé à la Grande Armée en 1813, il remplace Bessières tué. Il repart en Espagne pour ramener les débris de l'armée battue à Vittoria. Le 10 avril 1814, il livre la bataille de Toulouse où l'aide de Suchet va lui manquer. Aux Cent-Jours, il est nommé major-général mais remplacera assez mal Berthier à ce poste. Banni le 12 janvier 1816, il se retire à Dusseldorf. Réintégré en 1820, pair de France en 1827, il est ministre de la guerre en 1830 jusqu'en 1834. Président du conseil des ministres et Gd Cx de Léopold en 1834, il est nommé ambassadeur à Londres pour le couronnement de Victoria. Président du conseil à nouveau en 1839 jusqu'en 1847, il meurt en 1851.

Les aides de camp du maréchal sont **Ricard**, né à Castres. Cet aide de camp de Suchet en 1799, deviendra aide de camp de Soult en 1805. Cité à Iéna, général en 1806, baron en Espagne, réformé à cause de ses intrigues en 1810, il sera rappelé en 1811. En Russie, il remplace Friant blessé. Il sert à Lutzen, Hanau et est avec Marmont pour la campagne de France. Il suit le roi à Gand, est nommé pair de France en 1815, puis comte. GdCxLH et GdCx de St-Ferdinand en 1823. Retraité en 1831.

Hulot est déjà aide de camp de Soult en 1803, il commande les Tirailleurs du Pô à la division Legrand et sera blessé à Austerlitz. Présent à Lubeck, blessé à Eylau. Il est colonel avec Soult en Espagne, puis général en 1812. Fait baron, il est blessé deux fois en 1813, il se bat à Leipzig, est blessé à Hanau, sert à Ligny et Wavre. Mis en non activité en 1815, il est retraité lieutenant général honoraire en 1825.

Lameth, aide de camp de Soult en 1803, capitaine après Austerlitz, il est blessé à Heilsberg. Promu chef d'escadron en 1807, il devient aide de camp de Murat en 1808. Il sera tué dans une embuscade en Espagne.

Saint-Chamans, comte de, est aide de camp de Soult en 1804 et sera nommé capitaine après Austerlitz. LH et promu colonel en 1806. Il est colonel du 7e chasseurs en 1812 en Russie où il est blessé. Blessé aussi à Leipzig. Fait baron, il est mis en non activité aux Cent-Jours. Maréchal de camp à la fin 1815, il servira en Espagne 1823. Gd OLH. Réformé et retraité en 1830 et 1831. Auteur de mémoires.

Petiet, né à Rennes, est au 10e hussards en Italie et avec Soult en 1803. Promu lieutenant et aide de camp en 1804. En chargeant avec les dragons, il contribue à la prise de 4 canons à Austerlitz. Nommé chef d'escadron en 1811, il est au 2e chevau-légers de la Garde en 1813. Chef d'état-major de Piré pendant la campagne de France, il est cité à Brienne et à Nangis où il prend 14 pièces en étant blessé deux fois. Baron. Il est à Waterloo. Nommé général par l'Empereur, il est rétrogradé colonel. Repris en 1823, il sera chef d'état-major pour l'expédition d'Alger et maréchal de camp en 1830. GdOLH en 1846. Député en 1852, réélu en 1857, retraité en 1848.

Delachau, né dans la Drôme, soldat en 1779, sous-lieutenant en Guadeloupe au 84e, il devient aide de camp de Soult en 1802. Chef d'escadron, OLH, il est cité à Lubeck. Fait chevalier en 1809, il est avec Berthier en 1810. Retraité en 1811.

Le chef d'état-major est **De Saligny**, duc de San Germano. Général en 1799, il sert à Hohenlinden, CtLH, général de division en février 1805, il passe à Naples. Nommé duc par le roi Joseph, il le suit en Espagne et commande la garde royale. Il meurt à Madrid en 1809. Il était le neveu de Julie Clary, femme de Joseph

Ses Aides de camp sont **Compère**, qui commence sa carrière comme aide de camp de Saligny en 1799. Il part à Naples en 1806, et devient garde du roi puis major des grenadiers. Cr des Deux Sicile. Promu général en 1808, il revient général en France au 3e corps pour la Russie. OLH. Il est tué à la Moskowa. Cité par Soult à Austerlitz.

Schmitt, né à Thionville, sert en 1790. Lieutenant, il est blessé dans l'Ouest en 1794. Il devient aide de camp de Pelletierr, puis de Saligny. LH. Cité par Soult dans son rapport, il sera colonel en 1815 et retraité pensionné en 1833. Il meurt en 1848.

Le sous-chef d'état-major est **Mériage**, né dans la Manche. Adjudant-commandant en 1801, il est avec Soult en 1805. Il sera nommé général à Moscou, pris à Krasnoï blessé, et il rentre en 1814. Il sert aux Cent-Jours. Toujours en activité en 1823. Baron. GdOLH en 1826. Cité par Soult à Austerlitz.

Cambacérès est né à Montpellier, et sert au 23e chasseurs. Nommé chef d'escadron en 1801, il reçoit deux blessures et a eu deux chevaux tués sous lui. Blessé et cité à Hohenlinden, il est nommé adjudant-commandant en 1803 et rattaché au quatrième corps au camp de Saint-Omer. Il sera cité par Soult à Austerlitz. Général en 1806 puis baron, il commande à Mayence. Il est au grand quartier général en 1813 et commandera l'Indre et Loire, puis l'Aveyron en 1814.

Cosson, né à Lansac en Gironde, est sous-lieutenant en 1784, chef de brigade en 1794, chef d'état-major du camp de Saint-Omer et adjudant commandant en 1804. CtLH en 1807. Fait baron et général en 1808, il est blessé à Wagram. Il sert en Russie, retraité en 1813. Nommé commandant de Belfort en 1815 pendant les Cent-Jours, il se retire ensuite à Paris et meurt en 1839. Cité par Soult.

Lemarois, frère du général, est chef de bataillon adjoint, et sera nommé colonel du 43e après Austerlitz. Il est tué à Eylau. Cité au rapport.

Dufay, cité par Soult comme chef d'escadron à la suite. Je n'ai trouvé qu'un capitaine venant des carabiniers, LH, qui aura un cheval tué à Wagram et qui partira à la retraite 1811.

Arcambal, né au Puy, ancien garde de la porte du roi de 1778 à 1787, devient commissaire des guerres en 1791. Adjoint de Petiet, puis Scherer au ministère de la guerre, il passe inspecteur aux revues en 1800. Cet ordonnateur en chef du 4e corps à Saint-Omer (OLH) est cité par Soult. En 1806, il passe à Naples où il devient commissaire-général des armées, grand préfet du palais, conseiller d'état et intendant général de la maison du roi en 1809. En 1813 et 1814, il est directeur général de la guerre. A la défection de Murat, il rejoint la France où il sera retraité comme inspecteur en chef aux revues honoraire. Il meurt en 1843.

— L'ARTILLERIE DU QUATRIEME CORPS

Lariboisière (Baston, comte de) est général en 1803, et commande l'artillerie du corps en 1805. Général de division en 1807, il commande l'artillerie de la garde (GdOLH) en 1807. Il devient commandant en chef de l'artillerie de la Grande Armée en 1809 et GdCx de la couronne de fer. Il meurt des fatigues de la retraite à Kœnigsberg, le 21 décembre 1812.

Ci-dessus, de gauche à droite.
Le Maréchal Soult et Lariboisière qui commande l'artillerie du quatrième corps. *(DR)*

Son chef d'état-major est **Demarçay**. Élève de l'École de Chalons, il est x armées du Rhin, d'Égypte et à Marengo. Ct LH. Il passe au service de Hollande (Cr Union) et revient colonel en France en 1808. Baron. Retraité maréchal de camp en janvier 1815, il sert aux Cent-Jours à Poitiers. Emprisonné, élu député d'extrême gauche en 1819 dans la Vienne, c'est un révolutionnaire de 1830. Député réélu en 1831, 1834 1837 et 1839 année de sa mort. Cité par Soult.

Le directeur du Parc de réserve est **Cabeau**. LH. Nommé colonel en 1806, OLH et baron, il sert en 1809 et est retraité en 1810. Cité par Soult, proposé comme colonel.

Cuny, né à Baulay, est canonnier en 1769, fait campagne en Amérique de 1780 à 1783. Il part à Saint-Domingue. Il en revient en 1803, est nommé major, commandant l'artillerie de Legrand. Promu colonel en 1806, il est retraité en 1809. Il meurt en 1827. Cité par Soult pour le grade de colonel après 36 ans de service.

Degennes, né à Vitré, est de l'École de Chalons. Il revient de Saint-Domingue en 1803, cité par Soult, il sera nommé chef de bataillon en 1806. OLH en 1807. Promu chevalier et colonel en 1809, il sera tué au siège de Cadix en même temps que le général Hureau de Sénarmont.

— LE GÉNIE DU QUATRIEME CORPS

Poitevin, né à Montpellier, vient de l'École de Mézières et participe à de nombreux sièges et à la traversée du Rhin. Il est en Égypte avec Caffarelli, puis part aux Antilles. Nommé général en 1805, il sert en Dalmatie. Il est fait baron de Maureillan en 1808 et remplace Marmont en Illyrie en 1809. Il est au 4e corps d'Italie en Russie. Il sert avec Ney à la Moskowa, capitule à Thorn en 1813 et devient lieutenant général en 1814. Il est avec Rapp à Strasbourg. Vicomte en 1822. GdOLH et Cr du Mérite en 1825, il est mort à Metz en 1829. Proposé pour le grade de général par Soult dans son rapport

INFANTERIE DE LIGNE

Sapeur.

Tambour-major du 18ᵉ de Ligne.

Tambour d'une compagnie de fusiliers.

Officier subalterne d'une compagnie de fusiliers.

Sergent-major porte drapeau du 4ᵉ de Ligne. Au début de l'Empire, les drapeaux sont encore portés par des sous-officiers, excepté dans la Garde. Cette disposition disparaîtra pendant l'Empire.

Drapeau et Aigle du modèle de 1804. Le revers, identique, porte la devise :
VALEUR ET DISCIPLINE
Xᵉ BATAILLON
Pour connaître l'histoire du drapeau du 4ᵉ de ligne à Austerlitz, on peut se reporter à la planche *Le Plumet* n° 78.

L'EMPEREUR DES FRANCAIS, AU 4.ᵉᴹᴱ RÉGIMENT D'INFANTERIE DE LIGNE.

Le chef d'état-major du génie est **Garbé**. Il sert à l'Armée d'Italie, participe au passage du Pô, est à Mantoue, en Égypte. Il devient chef de bataillon en septembre 1805. Il sert à Hollabrunn, Austerlitz et est fait colonel après la bataille. Il se bat à Iéna, Lubeck, Hoff, Eylau et sera général en Espagne en 1809, il est à Cadix. Baron. Il se battra encore à Bayonne et Waterloo. Vicomte en 1822, GdOLH en 1823, St-Ferdinand d'Espagne. Député en 1830, réélu. Il meurt en 1831. Cité par Soult dans son rapport qui demande, pour lui, le grade de colonel.

Tholosé. Son père est mort de la fièvre jaune en 1802 à Saint-Domingue. Il y commandait le génie. Polytechnicien puis élève de l'école de Metz, il est nommé capitaine au 1er sapeurs. Cité par Soult, il devient son aide de camp en 1807 et le suit en Espagne. Il est promu colonel mais reste aide de camp en 1814. Il suit Soult à Waterloo. Mis en non activité en 1815, il est repris pour l'expédition d'Espagne en 1823. Maréchal de camp disponible en 1825, Saint-Ferdinand d'Espagne, Cr LH, Gd OLH en 1833. Mort en 1853.

Marie, chef du génie à Perpignan en 1794, il est à Metz. Il devient chef de bataillon après Austerlitz où il avait été cité par Soult. Aide de camp de Joseph à Naples, il le suit en Espagne où il est nommé maréchal de camp. Il revient général en France en 1813. OLH. Il est avec Joseph aux Cent-Jours, retraité en 1825, vicomte de Fréhaut en 1827. Il meurt en 1835.

Constantin, né à Châteauroux, est polytechnicien et élève de l'école d'application. Officier d'ordonnance de Napoléon en 1808, colonel en 1813, il sert dans Mayence. 1815 le voit chef d'état-major du génie. Retraité maréchal de camp en 1831, il est Chevalier d'Empire en 1810, OLH, chevalier des Deux Sicile.

LA PREMIERE DIVISION DE SAINT-HILAIRE

Saint-Hilaire. Cadet en 1777, il sert aux Indes, à Toulon en 1793, en Italie. Promu général en 1795, il perd deux doigts à Loano, est blessé aux deux jambes à Saint-Georges. Il devient général de division en 1799. Blessé à Austerlitz sur le plateau de Pratzen, grand aigle de la LH, il sert à Iéna, Eylau, Heilsberg. Cr de la Couronne de fer, comte en 1808. Blessé à Essling il meurt des suites de sa blessure à Vienne. Il avait son avenir de maréchal assuré et fut regretté par tous.

Ses aides de camp cités par Soult sont **Roederer** et **Lafontaine**.

Le chef d'état-major est **Binot**, ancien volontaire de la section de l'Arsenal, aide de camp de Friant en Italie et en Égypte. Il sert aux Indes, rentre en 1804. Il rejoint Saint-Hilaire le 24 septembre 1805. Cité par Soult, CtLH après la bataille. Il est tué à Eylau.

ARTILLERIE

Cadet de Fontenay. Capitaine d'artillerie en 1793. A Austerlitz, il est cité par Soult et devient major en 1806. OLH et chevalier en 181. Il sert en Espagne, et sera blessé à Toulouse. Retraité pour raisons de santé en octobre 1815.

— PREMIÈRE BRIGADE DE MORAND

Morand. Né à Pontarlier, il est en Italie, en Égypte. Général en 1800. Blessé à Austerlitz, il est promu général de division après la bataille. Blessé à Auerstaedt, blessé à Eylau, il est élevé comte en 1808. Il sert à Eckmühl, est blessé à Wagram. Blessé à la Moskowa. GdCx de la Réunion. Il défend Mayence et deviendra aide de camp de Napoléon en 1815. Colonel des chasseurs à pied de la Garde, pair de France, il reprend Plancenoit. Condamné à mort par contumace, il s'exile en Pologne et sera acquitté en 1819. Retraité en 1825. GdCxLH 1830. Pair de France, il meurt en 1835. Il avait les qualités d'un futur maréchal.

Ses aide de camp sont **Morand**, son frère, qui devient lieutenant en 1801. LH. Blessé à Auerstaedt, il est colonel en second chez Oudinot en 1809. Fait baron, il sera blessé et retraité pour infirmité en 1813. Cité par Soult pour avancement.

Lagarde est né à Lodève. Il sert en Italie et en Égypte. Aide de camp de Morand, chef d'escadron, il est blessé à Austerlitz et sera cité par Soult sur son rapport pour une promotion. Colonel du 21e léger en 1807, il est en Espagne avec Gazan. Promu général en 1813, il est Cr LH en janvier 1815. Blessé à Namur le 20 juin 1815, il est mis en non activité puis en disponibilité en 1818. Il meurt en 1822.

● **Le 10e léger**,

Le colonel **Pouzet de Saint-Charles**, né à Poitiers, commande le régiment en 1803, OLH. Il est blessé à Austerlitz, à Iéna et Eylau. Promu général en 1807, il sera fait baron en Espagne et finira tué à Essling. Cité par Soult sous le nom de **Pouret**.

Le chef de bataillon **Simonin**, tué au combat, encourageait ses hommes avant de mourir.

Le capitaine **Vivien**, cité par Soult, car il commandait un bataillon pendant la bataille.

Sont cités **Géant**, commissaire des guerres. « *Par ses soins tous les blessés ont été secourus et pansés.* » Figure sur le rapport de Soult avec Chappe chirurgien en chef du corps ».

Adam, capitaine. « *A la journée d'Austerlitz a soutenu avec éclat sa réputation de bravoure* ».

Jacot, capitaine. « *A commandé avec distinction le bataillon après la mort de M. Seignoli* ».

Thivolle, capitaine. « *A montré de l'intrépidité à Austerlitz* ».

Piet et **Dubois**, sous-lieutenants. « *Se sont précipités sur une pièce de canon qu'ils ont enlevée après avoir taillé en pièces et mis en fuite tous les canonniers russes* ».

Colet, sergent. « *S'est emparé d'une pièce de canon, a tué un canonnier et a mis les autres en fuite* ».

Jacot, caporal. « *S'est emparé d'un drapeau à Austerlitz* ».

Charpentier, carabinier. « *S'est emparé d'un drapeau à Austerlitz* ».

Boisson, sergent-major. « *S'est distingué, a été blessé et n'est allé à l'ambulance qu'après l'affaire* ».

Varennes, chasseur. « *S'est emparé d'une pièce de canon et a tué deux canonniers* ».

Philippon, chasseur. « *Au troisième coup de feu qu'il reçut demanda à son capitaine s'il pouvait quitter son rang pour aller se faire panser* ».

Besançon, chasseur. « *S'est emparé d'une pièce de canon attelée de quatre chevaux et est ensuite rentré à son rang* ».

Pintard, voltigeur. « *A pris seul à la seconde charge une pièce de canon, après avoir tué deux canonniers, il a aidé son camarade Couturier à en prendre une seconde que ces deux voltigeurs braquèrent sur un gros ennemi après avoir fait cinq prisonniers* ».

Pague, chasseur. « *Lors de la seconde charge s'est emparé d'une pièce canon et blessé à l'instant oublia la douleur pour courir sur l'ennemi* ».

Ci-dessus, de gauche à droite.
Le capitaine Vivien du 10e léger et le célèbre général Thiébault commandant la 2e brigade. (DR)

Lecoq, chasseur. « *A coupé avec son sabre la prolonge d'une pièce afin de mettre la pièce hors service après avoir contribué à prendre la pièce* ».

Guéroux, chasseur. « *A servi une pièce de canon dont il venait de s'emparer après avoir été chercher pour la charger un levier qui se trouvait entre l'ennemi et la pièce* ».

Lebas, chasseur. « *Ayant le bras emporté près de l'épaule, dit avec sang-froid à un de ses camarades: "Ôte-moi mon sac" et se rendit seul à l'ambulance* ».

— DEUXIEME BRIGADE DE THIÉBAULT

Thiébault. Né à Berlin, ce volontaire au bataillon de la Butte des Moulins est emprisonné comme complice de Dumouriez et deviendra adjoint de Solignac en Italie. Cité à Naples, général à Gênes avec Masséna en 1800, il sera blessé à l'épaule à Austerlitz. Chef d'état-major de Junot au Portugal, il devient général de division et baron en 1808. Il commande Burgos en 1809. Brouillé avec son chef Caffarelli, il part à Hambourg. Retraité en 1825, puis en 1834, il est Gd OLH en 1843. Auteur de Mémoires célèbres, il est considéré comme un boucher et sait être très malveillant dans ses écrits.

Il a toujours son fidèle valet **Jacques Dewint** qui lui sera précieux pendant toute la durée de ses soins à l'hôpital. Il sera très bien aidé par le gouverneur qui n'est autre que le stratège vaincu **Weirother**, qui sera victime de son dévouement pour les blessés et en sauvera beaucoup en veillant à l'amélioration des hôpitaux. Il contactera la fièvre des hôpitaux et en mourra.

L'aide de camp de Thiébault était **Richebourg**, tué à Austerlitz par une balle qui lui traversa le cou, sectionnant les voies aériennes et les gros vaisseaux. Ce n'est qu'après la bataille que Thiébault va trouver deux nouveaux aides de camp qui seront l'un adressé par Morand Parguez et le capitaine de cavalerie **Thomassin de la Portelle**.

Parguez est sous-lieutenant au 7e hussards en 1803, lieutenant aide de camp de Thiébault à la fin 1805 et passe chez Morand en 1806. Colonel à Moscou, adjudant-commandant blessé à Leipzig, il est fait OLH et baron. Il sert en 1815, retraité en 1826 comme maréchal de camp honoraire.

● **Le 14e de ligne**,

Colonel Mazas. Né à Marseille, il devient colonel en 1795. En Italie, il prend 4 canons en 1800. Au 14ᵉ de Ligne en 1804 (OLH), il est tué à Austerlitz. Il fait partie des projets de statues envisagées sur le pont de la Concorde avec Morland et Valhubert. Il n'avait pas décelé l'embuscade tendue par un bataillon russe couché devant Pratzen et fut victime de leur première décharge.

Quinze officiers sont blessés à Austerlitz dont les deux chefs de bataillon **Blanc** et **Rouvelle** ainsi que six capitaines.

Peugnet. Capitaine au 14ᵉ dès 1793, il est blessé 7 fois, et reçoit un sabre d'honneur en 1803. Chef de bataillon au 61ᵉ après Austerlitz, il est blessé à Auerstaedt. Il commande une demi-brigade provisoire de la division Pacthod à Wagram où il est blessé au bras droit. Cette infirmité le fait nommer commandant d'armes dans les places. Baron. Il est à La Rochelle en 1814 et sert en 1815. Retraité et CtLH en 1832.

Reverdeau, tambour. LH. Retraité en 1811.

Sont cités **Courtois**, chirurgien-major. « *S'est distingué en pansant les blessés jusques sous le feu de l'ennemi et en obligeant les militaires trop légèrement blessés à rejoindre leurs rangs* ».

Chauroux, capitaine. « *Quoique blessé grièvement ne quitta le champ de bataille qu'après avoir participé courageusement au gain de la journée* ».

Stahl, capitaine. « *S'est distingué et quoique blessé continua de conduire sa compagnie à l'ennemi* ». Blessé ensuite à Heilsberg comme chef de bataillon, il sera tué au siège de Saragosse.

Montauban, caporal. « *Ce militaire ayant été blessé au bras d'un coup de feu, s'arma de son sabre et ne voulut quitter le champ de bataille qu'après avoir été réduit à la plus grande faiblesse* ».

Cadet, voltigeur. « *S'est distingué* ».

Vaillet et **Longuet**, tambours. « *Se sont distingués et ont été toujours des premiers pour battre la charge* ».

● **Le 36ᵉ de ligne**,

Colonel **Houdar de Lamotte**. Aide de camp de Baraguey-dHilliers en Égypte, il est à Marengo. LH. Colonel du régiment en 1805, il sert à Ulm et Austerlitz où il a une légère blessure et un cheval tué. CtLH. Tué à Iéna. Cité par Soult.

Périer est né dans l'Orne. Capitaine au régiment en 1796, il est chef de bataillon en 1800. LH. Blessé à Austerlitz, il est cité par Soult. Major au 18ᵉ en 1806, colonel du 55ᵉ en 1807, il sera tué à Heilsberg.

Sont cités **La mère « La Joie »** vivandière célèbre du régiment qui va donner un verre d'eau de vie à Thiébault avant qu'il ne soit transporté.

Labadie, adjudant-major, cité par Soult « *pour avoir remis avec le drapeau les hommes à l'alignement malgré le feu violent des ennemis* ».

Servaud-Guetre, fusilier. « *S'est précipité sur une pièce de canon et a forcé l'ennemi à l'abandonner* ».

Chanot, sergent-major et **Lecachet**, sergent. « *Ont chargé sur une pièce de canon servie par 5 hommes au moment où elle allait faire feu, ils en tuèrent un, mirent les autres en fuite et prirent la pièce* ».

Le capitaine **Guidon** a pris un drapeau.

— **LA 2ᵉ BRIGADE VARÉ**

Varé. Né à Versailles, dragon en 1782, il commande le 43ᵉ de Ligne en 1794. Il est à Hohenlinden. CtLH. Blessé à Eylau le 8 février 1807, il meurt de complications le 14 mars.

● **Le 43ᵉ de ligne**,

Deux officiers sont tués et 24 blessés à Austerlitz.

Colonel **Raymond-Viviès**. Né dans l'Aude, il sert dans les Armées des Pyrénées et d'Italie. Il commande le régiment en 1800. OLH. Cité à Austerlitz, il est fait général le 24 décembre 1805. Il est à Iéna et s'emparera du cimetière d'Eylau. Baron de la Prade en 1808, il est avec Molitor à Essling et en Russie avec Loison. Il meurt de fièvres à Vilna en janvier 1813. Mérite d'être général pour Soult.

Gruyer, chef de bataillon, grièvement blessé à Austerlitz, il est cité par Soult et devient général en 1813. CtLH. Rallié aux Cent-Jours il est avec Ney. Baron puis député, il finit proscrit et condamné à mort. Il voit sa peine commuée en 20 ans de prison. Gracié en 1818, il est en disponibilité. Il meurt en 1822. Cité par Soult.

Sont cités **Freyne**, tambour du 43ᵉ. « *A reçu trois blessures et, n'a pas cessé de battre la charge.* » Il est cité par Davout qui supervise aussi les éléments de la division Legrand opérant avec lui.

Robet, aide-chirurgien-major. « *Cet officier de santé est allé le lendemain de la bataille sur le terrain pour y panser et faire recueillir nos blessés. Pendant la bataille il suivit les mouvements du régiment et a fait plusieurs pansements sous le feu de l'ennemi* ».

Vaguener, voltigeur. « *A pris un drapeau russe* ».

Mathelin, caporal de grenadiers. « *Après avoir reçu une balle qui lui a percé le bras, il a employé toutes ses cartouches et n'est allé à l'ambulance que sur l'ordre de son sous-lieutenant* ».

Le régiment a trois officiers sont tués et 11 blessés à Austerlitz.

● **Le 55ᵉ de ligne**,

Le colonel **Ledru des Essarts** est né à Chantenay dans la Sarthe. Ce fils de notaire est en Italie avec Bernadotte au passage du Tagliamento, puis à Hollabrunn et à Austerlitz sur le plateau de Pratzen. Promu général le 24 décembre 1805, il est à Lubeck. Blessé grièvement, il passe pour mort à Eylau. Baron des Essarts. Il est à Aspern en 1809. Blessé au cou en juillet, il est remplacé par Stabenrath à Wagram. Général de division en 1811, il est en Russie avec Ney. Il est l'un des derniers à passer la Bérézina. Blessé à Leipzig, il se bat à Hanau, proteste contre la défection de Marmont étant sous ses ordres devant Paris et sert avec Suchet dans les Alpes en 1815. Il devient Inspecteur général d'infanterie en 1816, 1820 et 1827. GdCxLH en 1827, Pair de France en 1835, il meurt en 1844. Mérite, dès 1805, d'être général pour Soult.

Sont cités par Soult **Rabié**, ou **Rabies** chef de bataillon. Né à Pauillac, il est blessé trois fois à Austerlitz, puis deux fois à Saragosse. LH. Commandant d'armes par la suite jusqu'à sa retraite en 1815. OLH en 1836, maire de Pauillac.

Oury, adjudant-major. « *A donné l'exemple du courage à la bataille d'Austerlitz. Y a reçu une contusion et a dirigé les mouvements du 2ᵉ bataillon avec autant de sang-froid qu'à un exercice en temps de paix* ».

Ci-dessus, de gauche à droite et de haut en bas.
Le général Vandamme, Bigarré colonel du 4ᵉ de Ligne à Austerlitz. *(DR)*

Rabion, capitaine. « *Quoique blessé d'un coup de feu très dangereusement à la tête, en marchant sur une batterie ennemie à Austerlitz, il n'a pas voulu qu'aucun soldat quittât son rang pour le conduire à l'ambulance* ».

Vivien, capitaine. « *S'est fait particulièrement remarquer à la tête de sa compagnie, a été blessé et par sa belle contenance a imprimé le courage à ses soldats* ». Ses souvenirs ont été publiés dans *La Sabretache*.

Allais, sergent-major. « *Partout il a donné l'exemple d'une rare valeur. Il a tué un Rus-*

Peut-être la mère La Victoire, célèbre cantinière du 4ᵉ Corps. *(DR)*

se au moment où il voulait plonger sa baïonnette dans le corps d'un de nos voltigeurs ».

Guilbert, grenadier. « *Blessé d'un coup de feu à la jambe à la bataille d'Austerlitz, et perdant beaucoup de sang, il banda sa plaie avec sa cravate, rentra dans son rang en disant que la journée était trop belle pour aller à l'ambulance* ».

Romary, grenadier. « *Quoique le plus âgé de sa compagnie, ce brave grenadier arrivé le premier sur les pièces de canon russes at a tué un canonnier au moment où il allait mettre le feu à sa pièce* ».

Le régiment a eu un officier tué et 12 blessés à Austerlitz

LA DEUXIÈME DIVISION DE VANDAMME

Vandamme Comte D'Unseburg est né à Cassel et s'engage en 1788 au régiment de la Martinique. Revenu déserteur et rayé des cadres en 1790, il devient toutefois général en 1793. Réformé pour exactions en 1795, il est repris et est promu général de division en 1799. Accusé de déprédations et de concussions. Il prend le commandement de la division en 1805, et se bat sur le Pratzen à Austerlitz. Gd aigle de la LH. Il se brouille avec Soult. Comte en 1808. Il sert à Eckmühl et à Wagram où il est blessé. Il commande sous Jérôme, les Westphaliens en Russie. Pris à Kulm, il répond à Alexandre qui le reçoit mal « *On ne m'a jamais accusé d'avoir assassiné mon père.* » Il se bat à Ligny et Wavre avec Grouchy. Exilé, à Gand, il est retraité en 1825.

Ses aides de camp sont **Gobrecht** est né lui aussi à Cassel. Aide de camp de Vandamme dès 1794, il devient chef d'escadron en 1803 au 4e dragons puis major au 24e dragons en 1806, après Austerlitz, il sert à Wagram. Il est colonel du 9e chevau-légers lanciers — ex 20e chasseurs — en 1811. Il se bat en Russie, et retrouve Vandamme en 1813. Pris à Dresde, il se battra à Waterloo et sera retraité en 1825 comme lieutenant général honoraire. CrLH.

Féron, aide de camp de Vandamme en 1796, chef d'escadron en 1799, il reçoit un sabre d'honneur. Il est avec Vandamme à nouveau en 1803. Colonel du 7e dragons en 1806, il est fait baron et général en 1811. Il meurt pendant la retraite de Russie. Son jeune frère est adjoint à la division à Austerlitz. Les deux aides de camp sont cités par Soult.

Le chef d'état-major est **Dubois**, né à Arras, adjudant commandant en 1803. Il meurt en 1808 à Paris.

— LA 1re BRIGADE DE SCHIRNER

Schiner est né en Suisse. Il s'engage en 1788 et devient général en 1794. Sert dans les Pyrénées, dans l'armée de l'Ouest et dans celle d'Italie en 1801. Il est à Marengo. CtLH. Cité par Soult à Austerlitz, il deviendra baron. Il est aux côtés de Carra St Cyr en 1809. Retraité lieutenant général honoraire en 1818, puis en 1832.

● **Le 24e léger,**

Le colonel **Pourailly** est à l'Armée des Pyrénées, son frère est tué à Castiglione, et lui est blessé deux fois. Il démissionne en 1796 et revient en 1799 comme capitaine au 4e de ligne, puis chef de bataillon dans la Garde. Il est nommé colonel du régiment en août 1805, il sert à Austerlitz, est blessé à Eylau, fait baron, et de nouveau blessé à Wagram où il perd le bras gauche. Général en 1811, il est CtLH en 1813 et est autorisé à rentrer pour infirmité. Il défend Saint-Denis en 1814, sert en 1815 et sera retraité définitivement en 1825. Cité par Soult.

Kuhn. Né à Strasbourg, il sert à Mayence, puis Vendée, avec Kléber, où il est blessé deux fois. Il est de l'expédition d'Irlande puis se bat à Marengo. LH. Major du régiment d'Isembourg à Naples, il meurt de maladie en 1808.

Pépin, né en Suisse, est guide de Kellermann puis guide d'Italie. Il se bat en Égypte et obtient un fusil d'honneur pour St-Jean-d'Acre. Il est aux chasseurs de la Garde à Marengo et lieutenant au 24e léger à Austerlitz. Il rentre en 1811. Il a eu 6 blessures et a vécu 14 campagnes.

Sont cités **Belbeze**, lieutenant. « *Est arrivé le premier sur une pièce de canon que l'ennemi défendait encore et s'en est emparé* ».

Pierson, sous-lieutenant. « *Commandant les tirailleurs, s'est emparé des deux premières pièces de canon qui furent pointées sur les colonnes de la division* ».

Legendre, sergent. « *Étant en tirailleur, fut chargé par trois cavaliers, malgré trois blessures graves sur la tête, en tua un, blessa les deux autres et les mit en fuite* ».

Barjeot, sergent-major. « *Était porte-drapeau le jour de la bataille et reçut cinq blessures graves sans l'abandonner* ».

Pariaux, sergent. « *Étant en tirailleur et l'officier ayant été blessé, il prit le commandement et marcha avec intrépidité sur les positions occupées par l'ennemi* ».

Labrousque, chasseur. « *Étant en tirailleur, a pénétré jusque dans les rangs de l'ennemi, blessa et fit prisonnier un officier supérieur* ».

Dieuzède, chasseur. « *Étant chargé par plusieurs cavaliers; en tua un et malgré plusieurs blessures graves, se défendit avec sa baïonnette et renversa un autre ennemi* ».

Flamin et **Quitté**, chasseurs. « *Ces deux militaires étant en tirailleurs, ont couru vers l'ennemi avec une intrépidité sans égale et ont ramené vingt prisonniers dont un officier* ».

Maladry, sapeur. « *Fait prisonnier la veille et délivré par la cavalerie de la garde. L'ennemi se retirant alors en désordre, il courut sur une pièce de canon, aidé par un chasseur à cheval; à eux deux ils la prirent et l'emmenèrent au quartier général de S. M* ».

— LA 2e BRIGADE DE FEREY

Ferey, fils de général, engagé en 1788, il est à Mayence puis en Vendée. Il commande la 24e légère en 1796 et se bat à Marengo. Général en 1803, CtLH, il est à Austerlitz et sera blessé à Heilsberg.

● **Le 4e de ligne**

Le colonel en titre, théoriquement, est **Joseph Bonaparte.** Mais sur le plan pratique, c'est Bigarré qui en assure la fonction à Austerlitz.

Bigarré est né à Belle-Isle-en-Mer. Canonnier de la marine en 1791, il est blessé deux fois à Hohenlinden. Major du 4e en 1805, il est à Austerlitz. Passé à Naples comme aide de camp du roi Joseph il est décoré de la Cr des Deux-Sicile. Promu général en 1808, il suit Joseph en Espagne. Général en France en 1813, il est à la Jeune Garde. Blessé à Craonne en 1814, il est fait Comte en 1815 et lieutenant général pendant les Cent-Jours. Il est tour à tour, élu député, mis en disponibilité puis retraité en 1825. GdOLH en 1833. Inspecteur général d'infanterie jusqu'en 1838, année de sa mort.

Guye est né à Lons-le-Saunier. Il est blessé à Austerlitz, sert avec Joseph à Naples et devient colonel de la Légion corse. Aide de camp du roi Joseph, il le suit en Espagne. Maréchal de camp en 1810, il revient au service de la France en 1814. OLH. Blessé devant Paris, blessé à Waterloo, il est mis en non activité et retraité en 1825. Repris en 1830, il commande La Flèche.

Calès. Né à Caraman, il est capitaine à Toulon, et passe au 4e en 1796. Cité à Castiglione, il devient chef de bataillon le 20 mars 1805 et colonel du 96e en 1807. OLH. En Espagne, il est blessé à Somo-Sierra puis à Talavera. Devenu invalide et retraité en 1810, il est fait baron. Élu député aux Cent-Jours, il meurt en 1853. Cité par Soult.

Duval. Présent à l'Armée de Vendée et à celle d'Italie, il reçoit un sabre d'honneur pour Arcole. A Marengo, il commandant les tirailleurs. Il passera dans les fusiliers grenadiers de la Garde et meurt à Essling

Vivenot, avocat, chef de bataillon en 1799, cité contre Dumouriez, cité au Grand Saint Bernard, il obtient un sabre d'honneur pour Marengo. OLH. Retraité en 1807 à cause des infirmités dues à ses blessures.

Lanusse, né à Pau, est à l'armée des Pyrénées puis à celle d'Italie. Devenu sous-lieutenant, il est à Austerlitz, puis lieutenant à Eylau où il est blessé. Il sert à Essling et à Wagram. Retraité en 1812, sans nouvelles ensuite.

Gourrat, héros de Saint-Laurent de la Monga en 1792 où il sera blessé gravement, blessé en 1800 à Engen, il reçoit un sabre d'honneur. Cité en 1809, il devient capitaine. Infirme après la Russie il est retraité en 1813.

Héricey. Sert à Arcole où il reçoit un sabre d'honneur. Promu sous-lieutenant en 1808, il sera tué à Essling.

Douze officiers du régiment sont blessés à Austerlitz.

● **Le 28e de ligne**

Le colonel **Edighoffen** est né à Colmar. Soldat en 1777, il assiste au siège de Gibraltar. OLH. CtLH pour Austerlitz, il est promu général en 1806. Sert en Espagne où il est fait baron en 1809. Il se bat à Ciudad-Rodrigo, Bussaco, devient général de division en 1810, sert à Fuentès de Onoro et est tué aux Arapiles le 22 juillet 1812.

Bourotte, né dans la Meuse, blessé en 1800, devient chef de bataillon à la suite de l'état-major à Austerlitz. Il est cité par Soult. OLH en 1807 et retraité.

Boy, né à Lunéville, blessé et cité à Montebello, cité à Marengo, cité au Mincio, devient chef de bataillon. LH. Cité par Soult à Austerlitz, il le conserve à la suite. Passé à Naples, il est colonel dans le Tyrol en 1809 et maréchal de camp commandant Capri en 1811. Il sera repris en France comme colonel d'état-major en 1816, retraité en 1823 avec le grade de maréchal de camp à titre honorifique. Il meurt en 1842.

Cité. **Clunet**, capitaine. « *A avec sa compagnie fait évacuer le village d'Aujezd dominé par la chapelle, a fait des prisonniers et s'est emparé de trente pièces de canon et autant de caissons* ».

Un officier tué et un blessé à Austerlitz pour le régiment.

— LA 3e BRIGADE DE CANDRAS

Candras est Bourguignon, il sert en Italie et commande le 4e de ligne en 1800. Général en 1804, CtLH, il passe à la division Saint-Hilaire en 1806. Il se bat à Iéna, Eylau et Heilsberg. Fait baron, il commande en Poméranie suédoise. Il est en Russie avec Oudinot, se bat Polotsk et est tué à la Bérésina le 28 novembre 1812.

● **Le 46e de ligne**,

Le colonel **Latrille** (baron, puis comte de Lorencez) est né à Pau. Il est volontaire des Basses-Pyrénées et passe colonel du régiment en 1805. Il est à Ulm, Austerlitz, où il est cité par Soult. Il devient général en 1807 et épouse la fille d'Oudinot en 1811. Blessé en Catalogne, il suit le maréchal en Russie où il sera quatre fois blessé. Général de division en 1813, il a deux blessures à Bautzen. GdOLH en 1814. Inspecteur général d'infanterie en 1818, CrSL en 1822. Mis en non activité en 1837, il passe dans le cadre de réserve en 1839

Legros, né dans l'Aisne à Anizy-le-Château, est pris à Rivoli puis rendu. Il part pour l'Égypte avec la 85e. Au retour, il intègre la garde des Consuls puis est nommé chef de bataillon au

ARTILLERIE À PIED ET GÉNIE

Officier supérieur d'un régiment d'artillerie.

Officier subalterne.

Canonnier.

Canonnier en pantalon.

Tambour.

Soldat du génie.

Ouvrier d'artillerie.

46ᵉ. LH. Il est à Ulm, Austerlitz où il est cité par Soult. OLH. Devenu major en 1807, il sert à Friedland et Wagram. Commandant de Montargis en 1814, il est nommé colonel en janvier 1815 mais ne servira pas aux Cent-Jours. CrLH en 1825, retraité comme maréchal de camp honoraire en 1827, il commande Dunkerque en 1830 et meurt en 1832.

Menu de Menil est né à Douai. Il devient chef de bataillon en 1796 au régiment. Cité par Soult, à Austerlitz, il sera blessé à Eylau. Nommé major, au 93ᵉ en 1811 puis colonel en Russie au 2ᵉ de la Méditerranée devenu 133ᵉ, il sera blessé et pris en 1813. OLH. Rentré au 37ᵉ en 1814, redevenu 39ᵉ aux Cent-Jours, il est à l'armée du Rhin. Il prend sa retraite en 1816.

Mieu, reçoit un sabre d'honneur et est cité à Austerlitz. Il devient lieutenant en 1806.

Sont cités **Legagneur**, sergent-major. *« A chargé avec beaucoup d'intrépidité à la tête des voltigeurs et a ramené un obusier ».*

Falaise, sergent. *« A chargé à la tête des grenadiers et a pris un drapeau ».*

Lepoivre, grenadier. *« Ce jeune militaire s'est battu avec un très grand courage et quoique blessé d'une balle au bras gauche, n'a pas voulu quitter son rang ».*

Vitz, fusilier. *« Blessé d'une balle à la tête, il refusa de quitter son rang, disant qu'il voulait prendre sa revanche ».*

Forgues, capitaine. *« Est resté à son poste quoique atteint de plusieurs balles ».*

Pidoux, capitaine. *« Bien qu'atteint de plusieurs balles est resté à son poste et n'a cessé d'exciter ses soldats à charger ».*

Londault, lieutenant. *« S'est mis entre le feu du bataillon et celui de l'ennemi pour faire rentrer les tirailleurs qui étaient exposés ».*

Richard, sergent-major. *« Après que les trois officiers furent hors de combat, il reprit le commandement de la compagnie qui était en tirailleurs et se comporta avec beaucoup de valeur ».*

Le régiment a quatre officiers tués et 9 blessés à Austerlitz.

● **Le 57ᵉ de ligne**

Le colonel **Rey** est soldat en 1786 En Italie, il sert à Mantoue, Bassano, Arcole, puis à Hohenlinden. Colonel du régiment en 1803, il est à Austerlitz cité par Soult. CtLH, Couronne de fer. Il se bat à Heilsberg, en Espagne où il est fait baron en 1809. Gouverneur de San Sebastian en 1812 où il est assiégé et capitula avant d'être envoyé captif en Angleterre. Pendant sa captivité, il est nommé général de division et GOLH. rentré en 1814, il est retraité en 1815 et repris de 1830 à 1833.

Lebondidier est au régiment en 1796 et devient chef de bataillon en 1801. Il est à Austerlitz, Iéna, Golymin, Eylau (OLH), puis en Espagne et au Portugal où il reçoit 3 blessures en 1810. Blessé à la Bidassoa, il est promu général en 1814. En congé pour blessures, il quitte le service en 1815.

Sont cités **Arnaud**, lieutenant. *« S'est distingué par des actes de bravoure, notamment d'être arrivé un des premiers sur les pièces de canon qui furent prises ».*

Defrançais, sous-lieutenant. *« S'est distingué à la tête des tirailleurs qu'il commandait, il a toujours été au milieu des ennemis. Il fit rendre l'épée à deux officiers russes qu'il emmena prisonniers avec douze soldats ».*

Guimé, adjudant sous-officier. *« S'est distingué par une rare intrépidité et arriva un des premiers sur les pièces de canon qui tombèrent au pouvoir de la division ».*

Richard, sergent. *« Est arrivé un des premiers sur l'artillerie qui fut prise. A été blessé d'un coup de baïonnette ».*

Chancel, caporal. *« S'est distingué. Dans la charge que fit le premier bataillon il tua cinq des canonniers qui servaient les pièces d'artillerie qui tombèrent en notre pouvoir ».*

Coulon, caporal. *« S'est distingué, a fait prisonniers deux officiers et huit soldats russes ».*

Le régiment a six officiers blessés à Austerlitz.

LA 3ᵉ DIVISION DE LEGRAND,

Legrand est cavalier en 1777, général en 1793 et général de division en 1799. Il sert à Hohenlinden, Wertingen, Hollabrunn, Austerlitz et devient Gd aigle de la LH en janvier 1806. Il

Ci-dessus, de gauche à droite. **Le général Legrand commandant la 3ᵉ division et le général Merle son premier brigadier.** *(DR)*

Le colonel Rey du 57ᵉ de Ligne. (DR)

se bat à Iéna, Lubeck, Eylau, Heilsberg. Fait comte en 1808, il est largement doté avant d'être blessé à Aspern et brillant à Wagram. Il est avec Oudinot en Russie, à Polotsk et sera grièvement blessé à la Bérésina. Sénateur en 1813, pair de France en 1814, il meurt des suites de sa blessure de la Bérésina en 1815.

Ses aides de camp son son frère **Legrand** et **Lemarois**, lui aussi frère de général. Volontaire de la Manche, adjudant général attaché à l'état-major, il est à Austerlitz et devient colonel du 43ᵉ en décembre 1805. OLH. Il est tué à Eylau.

Le chef d'état-major est **Cosson** né en Gironde. Cet Adjudant-commandant en 1803, se bat à Austerlitz et Lubeck. CtLH, baron et général en 1808, est avec Carra-Saint-Cyr en 1809, est blessé à Wagram, et passe chez Augereau au 11ᵉ corps en 1812. Retraité en 1813.

Cité **Rey**, capitaine adjoint à l'état-major. *« Après avoir eu son cheval tué sous lui, chargea à la tête d'une compagnie du 26ᵉ léger, et fut blessé d'un coup de feu à la poitrine, en se battant corps à corps avec un officier supérieur russe qu'il désarma ».*

— LA 1ʳᵉ BRIGADE DE MERLE

Merle sert en 1781 et devient général en 1794 et général de division après Austerlitz. Chef d'état-major du 4ᵉ corps en 1806, il est fait baron, Il est en Espagne avec Soult et à Médina del Rio Seco avec Bessières. GdOLH en 1808. Au Portugal, il sera blessé à Oporto en 1809 puis blessé à Busaco et Fuentes de Onoro. Il est avec Oudinot en Russie et se bat à Polotsk. Il sert dans le Var en 1815 et est retraité en 1816. Il meurt en 1830.

● **Le 26ᵉ léger**

Le colonel **Pouget** est le fils d'un chirurgien du roi Stanislas à Nancy. Il devient colonel du régiment en 1805. Cité à Austerlitz, il sert à Lubeck, Hoff et Eylau. Il a la moitié du pied gauche emportée par un boulet à Aspern. Il est promu général en mai 1809. Il sert en Russie avec Oudinot, et sera blessé à Polotsk, deux fois. Pris par les Russes, il rentre en 1814. Il est à Marseille pour les Cent-Jours. Retraité en 1816, GdOLH en 1831, retraité en 1832.

Brillat-Savarin, né à Belley (Ain), il se bat dans les Alpes, en Italie et en Égypte. Chef de bataillon au régiment en 1803, LH, il est cité à Austerlitz et blessé à Hoff. Chevalier et OLH en 1807. Il est blessé en 1813. Pendant les Cent-Jours, il commande un régiment de gardes nationaux. Il est retraité en 1816.

François est né dans la Meuse et passe au régiment dès 1796. Blessé en Italie, LH, il sert à Austerlitz et Iéna. Il reçoit 2 blessures à Eylau. Il est cité à Ebersberg en 1809. OLH. Il sert en Russie, Saxe et en France. Il défend Strasbourg en 1815. Retraité en 1816.

Sont cités **Arnaud**, sous-lieutenant. *« S'est distingué par sa bravoure. Il fut victime de son courage, il reçut une balle à la cuisse et cinq coups de baïonnette et fut laissé pour mort sur le champ de bataille ».*

Lemaire, sergent-major. *« S'est distingué en portant avec la plus grande intrépidité dans les endroits les plus dangereux avec le drapeau, tant pour rallier que pour encourager le soldat ».*

Lepreux, sergent-major. *S'est distingué et contribua à la prise de plusieurs pièces de canon.*

Baglin, sergent. *« A enlevé un drapeau à la bataille d'Austerlitz ».*

Leboue, caporal. *« A enlevé un drapeau à la bataille d'Austerlitz ».*

Sainte, voltigeur. *« S'est distingué en fonçant sur une batterie russe qui tirait ».*

● **Le 3ᵉ de ligne**

Colonel Schobert, Nommé en 1805, né à Sarrelouis, enfant de troupe au 96e, capitaine dans la garde du Directoire, puis Consulaire, Marengo, défend Telnitz à Austerlitz, blessé et pris à Heilsberg, blessé à Wagram, général en 1811. En Allemagne en 1812 avec Augereau (11ᵉ corps), commande à Stettin en 1813 et capitule en décembre. Sert en avril 1815 à l'armée du Rhin, mis en non activité en août 1815.

Heidet, capitaine cité en 1796 et 1800, LH, blessé par un coup de feu à Austerlitz, retraité en 1806.

Sont cités **Rist**, chirurgien-major. *« S'est exposé au feu de l'ennemi pour aller donner ses soins aux blessés ».*

Baurain, sous-lieutenant. *« S'est distingué et a été blessé ».*

Chagniot, sergent-major. *« S'est distingué et a reçu un coup de feu dangereux au bras en repoussant les Russes ».*

Leroux, sergent-major. *« S'est distingué. Blessé d'un coup de biscaïen à l'épaule ».*

Fournioux, sergent. *« A reçu 7 coups de baïonnette, dont le dernier lui traversa la main droite, fut désarmé, mais se défendit encore vaillamment avec son sabre. Il tomba et resta pour mort sur le champ de bataille ».*

CAVALERIE LÉGÈRE DU 4ᵉ CORPS

Cavalier de la compagnie ordinaire et de la compagnie d'élite du 8ᵉ hussards. Nous ne sommes pas certains qu'en 1805, le 8ᵉ hussards ait porté des tresses rouges mêlées de vert. Sous le Consulat, celles-ci étaient blanches, mais nous ignorons quand furent adoptées les tresses mélangées. La sabretache représentée correspond davantage à un Empire établi en Europe et qui affirme ses symboles, mais nous ne connaissons pas d'autres modèles, bien qu'il y eût beaucoup de variantes.

Cavaliers de la compagnie ordinaire du 11ᵉ chasseurs à cheval et de la compagnie d'élite du 26ᵉ chasseurs à cheval. La compagnie d'élite se distingue par le port du colback et des épaulettes à franges.

Cavalier du 26ᵉ chasseurs à cheval.

Brigadier du 11ᵉ chasseurs à cheval. Au début de l'Empire, bon nombre de régiments ont abandonné le dolman pour l'habit « à la chasseur », moins fragile et surtout moins coûteux.

Decalongne, sergent. « *Ce militaire, voyant qu'un soldat russe se préparait à faire feu, sauta avec intrépidité sur ce même soldat, le tua et fit subir le même sort à plusieurs autres. Voyant la colonne ennemie qui s'avançait, il engagea ses camarades à la suivre, ce qu'ils firent avec succès puisqu'ils parvinrent à pénétrer et à disperser cette colonne. Un grand nombre de Russes furent victimes de sa valeureuse bravoure* ».

● **Les tirailleurs du Pô**

Il sont commandés par le chef de bataillon **HULOT**. Ancien chasseur de Reims, cet officier d'ordonnance de Soult en 1799 sera blessé à Austerlitz. Il devient aide de camp du maréchal en 1806 et passe colonel en 1808, puis général en 1812 en Espagne. Baro. Il est blessé trois fois en 1813, à Leipzig et Hanau. Il se bat à Ligny et à Wavre en 1815. Il commande la division après la désertion de Bourmont. Retraité en 1825. Lieutenant général honoraire, il est repris en 1831 comme titulaire de ce grade. GdOLH en 1831. Inspecteur général, retraité en 1848.

Sont cités **Falguières** adjudant-major et **Pezza** capitaine de carabiniers. « *Ces deux officiers dans la première charge que fit le bataillon sur l'infanterie russe qui débouchait du château de Sokolnitz, de leur propre mouvement, devançèrent le bataillon à la course, se précipitèrent avec beaucoup d'audace et d'intrépidité dont ils sabrèrent plusieurs et firent des prisonniers. Cet exemple donné à leurs soldats ne contribua pas peu à ouvrir leur courage. Ils continuèrent à se distinguer et furent tous deux blessés* ».

Ritta, sergent. « *S'est distingué. Bien que blessé, resta au combat jusqu'à la fin* ».

Caloris, sergent. « *S'est porté en avant le premier et s'est fait remarquer par sa bravoure* ».

Fabaro, caporal. « *Se tenait toujours au plus près de l'ennemi, afin de mieux les ajuster ; prenant plaisir à indiquer ceux qu'il renversait et conservait un sang-froid admirable. Fut blessé à la fin du combat* ».

Viberti, carabinier. « *Était toujours le premier quand on chargeait, excitait ses camarades à le suivre, fut blessé au milieu du combat* ».

Les tirailleurs ont deux officiers tués et 8 blessés à Austerlitz.

● **Les tirailleurs corses,**

Commandés par d'**Ornano**, cousin de Bonaparte. Il se bat en Italie, à Saint-Domingue et devient aide de camp de Berthier en 1804 puis chef de bataillon commandant ce bataillon en mars 1805. Cité à Austerlitz, il devient colonel du 25e dragons en 1807 et sert à Iéna, et Lubeck. Comte 1808. Servant en Espagne, il est promu général en 1811. En Russie, il charge à la tête du 4e corps de cavalerie à la Moskowa. Blessé gravement à Krasnoï, il devient ensuite major-colonel des dragons de la garde en 1813 et remplace Bessières. Il est à Dresde, Kulm, Leipzig, Hanau et à la défense de Paris. Arrêté et exilé en avril 1815 à Liège où il épouse la veuve du comte Walewski, il rentre en 1818, sans emploi. CrSL en 1829. Il est en Vendée en 1832 et devient pair de France. Retraité en 1848, député en 1849, il est GdCxLH en 1850. Élu sénateur en 1852 et Gd chancelier de la LH la même année. Gouverneur des Invalides en 1853 il est fait Maréchal de France en 1861.

Le bataillon a trois officiers blessés à Austerlitz.

— **LA DEUXIÈME BRIGADE DE LEVASSEUR**

Féry, le remplaçant de Levasseur est né à Chalons-sur-Marne. Dragon en 1774, il est en Vendée en 1792 et devient général en 1800 en Italie. CtLH. Il remplace à ce poste, le 8 octobre, le général Levasseur qui est malade. Féry, mis en congé, est envoyé à Spandau le 29 octobre, il ne sera donc pas à Austerlitz. Il est mort à Mayence en 1809. C'est donc bien Levasseur qui va commander à Austerlitz cette brigade.

Levasseur, né à Caen, sert à Mayence et en Vendée avec Kléber. Promu général en 1800 dans la division Legrand (CtLH), il est donc à Austerlitz et sera blessé à Eylau. Baron, il meurt en 1811.

● **Le 18e de ligne**

Colonel Ravier. Capitaine en 1792. En Égypte, il commande le régiment. Juge du duc d'Enghien (CtLH), il obtient la Courone de fer et devient général en 1807. Pris à Stettin en 1813, il est mis en non activité en 1814, il sert toutefois à Waterloo. Retraité en 1815.

Combelle, capitaine. Il sert à Toulon, en Italie, en Égypte et y reçoit un sabre d'honneur pour St-Jean d'Acre. Devenu colonel du 94e en 1807 (OLH), il est fait baron et général en 1813. Grièvement blessé à Dresde, il meurt des suites de ses blessures.

Le régiment a un officier tué et 5 autres blessés à Austerlitz.

● **Le 75e de ligne**

Le colonel **Lhuillier de Hoff** est blessé à Austerlitz et proposé par Soult pour le grade de général. Il obtient couronne de fer, et sera blessé à Hoff avant de devenir général en 1807 puis baron. Il est à Eckmühl et Wagram. Il est promu général de division en 1811, retraité en 1814, GdOLH, et de nouveau retraité en 1815.

Margaron est à la tête de la cavalerie du 4e Corps. (DR)

Émery est né à Grignon. Volontaire du 2e de la Côte-d'Or, il est à Toulon où il est blessé deux fois. Il sert en Italie, est cité à Dego et Arcole. Il est blessé deux fois en Égypte et reçoit un sabre d'honneur. Promu chef de bataillon, OLH, il est cité par Soult à Austerlitz et sera blessé à Eylau puis à Talavera où il perd un œil. Retraité en 1811.

Hermann. Il est à Arcole, Rivoli et en Égypte. LH. Nommé lieutenant en 1806, il sert à Lubeck, Eylau et sera blessé en Espagne puis à Dresde. Retraité en 1814, OLH en 1831.

Le régiment déplore un officier tué et trois blessés à Austerlitz.

LA BRIGADE DE CAVALERIE LÉGÈRE DU 4e CORPS

Margaron. Né à Lyon, il est blessé deux fois en Italie te devient général en 1803. CtLH. Il reçoit deux blessures à Austerlitz. En Espagne, il est fait baron en 1809. Il est à l'État-major général en juillet 1812 puis est promu général de division en 1813 et inspecteur des dépôts en 1815. Mis en non activité, il est de nouveau disponible en 1821. Il meurt en 1824. Milhaud a remplacé Margaron en janvier 1806 à la tête de cette cavalerie.

Son chef d'état-major est **Cambacérès**, frère de l'archi-chancelier. Il est cavalier au 14e chasseurs en 1793, il sert à Lyon et Toulon, Zurich où il est blessé. Blessé aussi à Hohenlinden et à Moesskirch. Il est adjudant-commandant avec Margaron à Austerlitz, est promu général en 1806. Il sert en Espagne en 1808 et y est fait baron. Il est au 1er corps de cavalerie en 1813 et se bat à Lutzen, Bautzen, Dresde. Il passe ensuite au grand quartier-général puis est mis en non activité en 1814. Retraité en 1824.

● **Le 8e hussards**

Le Colonel **Franceschi-Delonne** est né à Lyon. Tout d'abord sculpteur, il devient sous-lieutenant à la compagnie des Arts en 1792 et sert dans l'artillerie à cheval. Il est aide de camp de Soult en 1799, puis chef d'escadron. Il exécute une mission dangereuse à Gênes et passe colonel avec Soult en 1802 au 8e hussards. CTLH. Il passe à Naples, et après Austerlitz, rejoint Soult en Espagne. Pris et gardé dans l'Alhambra de Grenade il y contracte une maladie infectieuse dont il va mourir en 1810. Il avait épousé la fille de Mathieu-Dumas.

Rebillot. Sert en 1785, puis devient aide de camp de Klein en 1803 et chef d'escadron au régiment le 31 mars 1805. Blessé à Austerlitz, il est cité par Soult. Il sera blessé à Eylau. Devenu major du 16e chasseurs en 1807, il est nommé OLH et chevalier en 1810. Son titre est héréditaire en 1814. Il finira maire de Faverney (Haute-Saône) en 1824 et meurt en 1834.

Sont cités par Soult. **Vatar**, capitaine. « *S'est distingué et a eu son cheval tué et continua de commander* ». Il est l'un des 60 braves qui firent mettre bas les armes à 3000 Russes.

Materre. Né à Limoges, volontaire de la Corrèze, il servira en Italie et en Égypte. Capitaine en 1805, blessé à Austerlitz, il sera chef de bataillon à Wagram et OLH en 1811. Major du 4e de ligne en Russie, il est blessé en 1812. Il a la jambe gauche gelée pendant la retraite. Il est nommé colonel au retour de la campagne. En 1814, il est général. Laissé pour mort à La Rethière, il est sauvé par ses hommes. Il sert en 1815 et est mis en non activité, retraité en 1825, repris en 1831, il meurt en 1843.

Franceschi, sous-lieutenant. « *Se battit à outrance et lorsque le régiment fit mettre bas les armes à 3000 Russes, accompagné de l'adjudant-major et de 10 hussards, il chargea sur cinq pièces de canon qui tiraient à mitraille pour nous éloigner et faire reprendre l'offensive aux Russes qui se rendaient et les pièces furent en notre pouvoir* ».

Michy, brigadier. « *En chargeant sur une pièce de canon qui fut prise par ceux qui le suivaient, il fut renversé sous son cheval tué et ne quitta le champ de bataille qu'après avoir perdu connaissance. Il fut l'un des braves qui firent mettre bas les armes à 3000 Russes* ».

Lété, hussard. « *S'est distingué par sa bravoure. A la poursuite des Russes le lendemain de la bataille, il fit grand nombre de prisonniers dans le village où l'ennemi s'était enfermé pour se défendre. Vingt fois il mit pied à terre et entra dans les maisons pleines de soldats qu'il prit ou tua. Il fut aussi un des 60 braves qui firent mettre bas les armes à 3000 Russes* ».

Graff, capitaine adjudant-major. « *Accompagné du lieutenant Francescky du 10e hussards, prirent cinq pièces qui tiraient à mitraille. A été blessé d'un coup de feu à la main droite* ».

● **Le 11e Chasseurs**

Le colonel **Bessières** est le frère du maréchal. Il est né à Preyssac dans le Lot. Il sert en Italie et devient capitaine dans les Guides de Bonaparte. Il se bat en Égypte. Commandant du 11e chasseurs en 1800, il sera blessé à Austerlitz. Promu général le 24 décembre 1805, il est fait baron en 1810. Nommé général de division en 1811, il refuse ce grade. Il commande, en Russie, la 1re brigade de la division Saint-Germain au 1er corps de Nansouty. Blessé à la Moskowa, blessé à Leipzig, CtLH, il est mis en non activité en 1814. Commandant de divisions militaires, lieutenant général en 1821, retraité en 1824, il est réintégré dans le cadre de réserve en 1833.

Bevière ou **Bevières**, né dans les Ardennes à Sevigny, cavalier en 1779, il est au régiment en 1791. Capitaine en 1793, chef d'escadron en 1803, il sera blessé deux fois, retraité en 1806, OLH. Cité par Soult à Austerlitz.

Sont cités **Pegueux** et **Aubertin**, chasseurs. « *A Austerlitz, arrivèrent les premiers sur une pièce de canon qu'ils prirent avec ses caissons et dix canonniers* ».

Bonnet, chasseur. « *Ce militaire, lui quatrième, fit 200 prisonniers et prit 4 pièces de canon* ».

● **Le 26ᵉ chasseurs,**

Le colonel **Digeon**, fils de fermier général, est capitaine au 19ᵉ dragons. Il commande le régiment issu des dragons piémontais. Il prend deux étendards à Austerlitz et est blessé à la clavicule gauche par un coup de feu. Général en 1807, général de division en 1813, il sert en Andalousie. Il commande la cavalerie à Lyon en 1814. Aide de camp du comte d'Artois, vicomte en 1818, pair de France en 1819, CrSL. GdCxLH en 1821, il devient ministre de la guerre et ministre d'État en 1823. Aide de camp du roi en 1824, commandant de la 2ᵉ division de la garde royale en 1825, il meurt en 1826. Cité par Soult.

Bourbel de Montpoinçon est né à Dieppe. Chevalier de Malte, volontaire dans la légion maltaise, il est capitaine de la « *légion nautique* » en Égypte, Promu capitaine AM au régiment en 1803, LH, il est à Austerlitz, Iéna et Eylau. Chef d'escadron au 7ᵉ chasseurs en 1811. OLH et Russie en 1812. Il est tué à Leipzig

Zucchino est aux hussards piémontais en 1800, et participe aux campagnes du régiment. Il reçoit un sabre d'honneur en 1803, est promu lieutenant au 5ᵉ hussards en 1814, il est à Waterloo et prend sa retraite en 1816 à Saumur.

Jacques Garnier dans sa publication des rapports officiels d'Austerlitz, a placé celui de Soult qui est très détaillé et cite tous les méritants. J'ai retrouvé les états de service de la majorité d'entre eux, à l'exception de quelques uns comme le chirurgien chef **Chappe**, les commissaire des guerres **Géant** et **Lenoble**. Le chef de bataillon **Mouton** pose un problème à cause de sa notoriété particulière. Dans le rapport de Soult, il figure au 43ᵉ de Ligne, or il existe au 3ᵉ de Ligne un chef de bataillon Mouton-Duvernet qui sera général de la garde en 1811, commandant de la LH, général de division en 1813, pris à Dresde et rentré en 1814, député du Puy aux Cent-Jours et qui essaya de faire proclamer Napoléon II avant d'être proscrit, caché, puis revenu se faire juger, condamner à mort et fusiller le 27 juillet 1816, victime de la terreur blanche.

Dans son rapport, Soult soutient bien ses enfants. En citant les généraux, il ne dit rien sur Thiébault sauf que ses grenadiers ont remplacé les prisonniers qui devaient porter son brancard en leur disant: « *Retirez-vous, vous n'êtes pas dignes de porter un général français.* » Thiébault s'attendait sans doute à être couvert d'éloges et c'est sans doute pour cela qu'il a insinué tant de choses contre Soult dans ses mémoires.

LE CINQUIEME CORPS DE LANNES

Les aides de camp de Lannes sont

Guéhéneuc, beau-frère du maréchal, son père est noble, écuyer et sénateur. Il devient soldat en 1803 au 10ᵉ léger. Aide de camp de son beau-frère en 1805, capitaine après Austerlitz, il est blessé à Friedland puis passe chef de bataillon en Espagne où il est blessé à Tudela. Fait baron puis colonel du 26ᵉ léger, il est avec Oudinot en Russie où il est blessé à la Bérésina. Général aide de camp de l'Empereur en 1812, demi-solde en 1814, il est nommé à l'armée d'Afrique en 1830 mais n'y va pas. On le trouve en Morée en 1831, puis lieutenant général en 1836. Il commande la province d'Oran en 1838. Comte à la mort de son père, retraité en 1848.

Quiot du Passage, aide de camp de Lannes en 1805, il le demeure jusqu'en 1807. Colonel du 100ᵉ avec Gazan, il est blessé à Iéna. Présent en Espagne, il est fait baron, est blessé à Badajoz, pris puis encore blessé à Kulm. Il sert à Waterloo. GdOLH en 1822 et lieutenant général en 1823, retraité en 1831.

Subervie est né à Lectoure. Il devient aide de camp de Lannes en 1797. Il est en Italie, en Égypte, puis reste à Malte. Chef d'escadron en 1803, il est colonel du 10ᵉ chasseurs après Austerlitz. Il est à Iéna avec Colbert et Ney, en Espagne à Medellin avec Lasalle. Général en 1811, il est Russie au 2ᵉ corps de Montbrun. Blessé deux fois à la Moskowa, il se soigne à Vilna. Avec Pajol en 1813, Couronne de fer, campagne de France en 1814. Blessé devant Paris, il est lieutenant général en 1814. Il se bat à Waterloo, est placé en non activité et retraité en 1825. Il participe à la révolution de 1830, élu député en 1831, réélu en 1834, il passe inspecteur général de cavalerie. Réélu en 1839 et 1846, GdCxLH en 1848 et grand chancelier de la LH, réélu en 1849, il passe ensuite au cadre de réserve. Il meurt en 1856

Le chef d'état-major est **Compans**. Né à Salies-du-Salat, volontaire de Haute-Garonne, il est des Pyrénées, puis d'Italie avec Grenier. Général en 1799. Blessé à Austerlitz, il devient chef d'état-major de Soult en 1806 puis général de division. Il est avec Davout en Allemagne puis en Russie où il enlève la redoute de Schwardino le 5 septembre avant la Moskowa où il est blessé. Lutzen, Bautzen, blessé à Mockern. GdCxLH en 1815. Il refusa le poste proposé par Napoléon en 1815, pair de France en août 1815. Il vote la mort de Ney et prête serment à Louis-Philippe.

Le sous-chef d'état-major est **Decouz**, né à Annecy. Il sert en Égypte, capitaine-adjoint avec Lannes en 1798 et à ce poste dès 1805. Après Austerlitz, il est fait baron, général, CtLH et reçoit la couronne de fer en 1809. A près un passage à Naples, il devient major du 1ᵉʳ chasseurs de la garde en 1813 puis général de division. Il est avec la jeune garde à la place de Delaborde. Il est blessé mortellement à Brienne, le 29 janvier 1814.

Son adjoint est **Favereau**, un ancien de Rivoli qui reçoit un sabre d'honneur pour Mantoue. OLH. Il est à Ulm et Austerlitz. Retraité en 1808.

ARTILLERIE

Foucher de Careil,

Élève de l'école de Metz, il se bat à Mayence, en Vendée et est cité à Hohenlinden. Il devient général en 1803 et est à ce poste en 1805. Blessé à Ulm, il est présent à Austerlitz, Iéna, Pultusk. Nommé général de division en 1807, il sera fait baron. Il suit Lannes à Saragosse, et est avec Ney en Russie. GdOLH en 1813. Il est à Lille en 1815, retraité en 1818.

GÉNIE

Kirgener. Colonel à Austerlitz, il est nommé général après la bataille. Il sert à Ulm, Hollabrunn et Iéna. CtLH, baron. Il est colonel commandant le génie de la garde en 1810 et participe au siège de Dantzig. Après l'Espagne, il dirige les travaux sur l'île de Walcheren. Il sert en Russie, est fait général de division en 1813 et sera tué avec Duroc par le même boulet.

PREMIÈRE DIVISION D'OUDINOT

Oudinot. Soldat en 1784, général en 1794, il a reçu de nombreuses blessures: six en 1795, cinq en 1796. Il est nommé général de division en 1799. Gd aigle de la LH, Couronne de fer. Il est chargé de former et de commander la division des grenadiers et voltigeurs réunis, unité de réserve de la qualité de la Garde. Blessé à Hollabrunn, Napoléon lui demande de partager le commandement de ses grenadiers avec Duroc. Il est fait Maréchal après Wagram où il commandait le 2ᵉ corps. Il a pris Wagram. En Russie, il est à Polotsk et en Saxe en 1813 où il sera battu par Bernadotte. Blessé à Brienne, il est vainqueur à Bar-sur-Aube où une balle s'écrase sur sa plaque de LH. Pair de France en 1814, GdCxSL en 1816, duc en 1817. Il est en Espagne en 1823, grand chancelier de la LH, gouverneur des Invalides. Il meurt en 1847. Il va partager le commandement de la division de réserve avec Duroc en raison de sa blessure récente reçue à Hollabrünn et ceci à la demande de l'Empereur.

Ses aides de camp sont **Hutin,** tué à Friedland par un boulet et **Demengeot**, chef d'escadron-aide de camp en 1800. Il est à Marengo et sera blessé à Hollabrunn. Il est fait baron et devient colonel du 13ᵉ chasseurs en 1806. Il est blessé à Golymin et à Eylau où il a un cheval tué. OLH. Il a 2 chevaux tués à Wagram. Retraité en 1809.

Lamotte est capitaine aide de camp en 1801. Il est blessé à Hollabrunn et devient colonel du 4ᵉ dragons en 1806. Il est de nouveau blessé à Deppen et à Friedland. Baron, général en 1809, il est au

Ci-dessus, de gauche à droite et de haute en bas. **Quiot du passage, aide de camp de Lannes, Compans est chef d'état-major, Foucher de Careil commande l'artillerie du corps et Oudinot est à la tête de la première division** *(DR)*

Portugal en 1810. Renvoyé par Marmont pour négligences, il est retraité en 1812. Rappelé en 1813, il fait la campagne de France. CtLH et lieutenant général en 1814. Il est destitué par Napoléon en avril 1815 pour avoir voulu céder Bayonne aux Espagnols. Cadre de réserve en 1831, mort en 1836.

La réserve des grenadiers et des voltigeurs, fonction récemment créée, comprenait trois brigades, chaque brigade ayant deux bataillons réunis en régiments.

— PREMIÈRE BRIGADE DE LAPLANCHES-MORTIERES

Général de Laplanche-Mortières est né à Aulnay (Aube). Page du roi en 1785, il est élève à l'École de Brienne. Il servira aux Antilles de 1791 à 1793 puis en Vendée avec Hoche. Il est de l'affaire d'Irlande et commande la 14e légère 1797. Adjudant général du palais des Consuls, il est général à ce poste dès 1803. CtLH. Il est à Hollabrunn, puis sert à Naples où il meurt de la variole en octobre 1806.

● **Le 1er régiment** comprend un bataillon issu du 13e de ligne et un deuxième bataillon venu du 58e.

● **Le 2e régiment** a un 1er bataillon venu du 9e de ligne et un 2e bataillon du 81e.

Dans le Six on trouve **Brayer**, commandant le 2e régiment formée à partir des 58e et 81e.

Brayer est né à Douai et prend 4 canons à Hohenlinden. Il reçoit un sabre d'honneur en 1803 et est nommé à ce poste le 5 février 1805. Il est à Hollabrünn et Austerlitz et sera nommé colonel du 2e léger après la bataille. Il est à Dantzig et est blessé gravement à Friedland. Il sert en Espagne, y est fait baron, et a la jambe fracassée à Albuhera. Général de division en 1813, il est de nouveau blessé à la Katzbach et à Leipzig. Il fait la campagne de France, se rallie à Napoléon en 1815 et devient chambellan et gouverneur du palais de Versailles puis part à Lyon et à Angers. Condamné à mort par contumace, il s'exile en Amérique, sert au Chili et rentre en 1821. Pair de France en 1832, GdCxLH en 1836, il est à la Section de réserve en 1839. C'est *Espert de Latour* qui lui succède à la tête de ce 2e régiment en 1806.

— DEUXIÈME BRIGADE de DUPAS

Dupas, né à Evian, sert en 1773 et devient un des vainqueurs de la Bastille. Passé aux Allobroges en 1792, il sert à Toulon, Mantoue et en Égypte. Il commande les mamelucks en 1802 et devient général en 1803. Il sert à l'état-major du palais. CtLH. Nommé général de division après Austerlitz, il est à Friedland et Wagram. Baron en 1809. Il remplace Frère en 1810, retraité en 1813. Il a épousé la fille du général Hulin.

● **Le 3e régiment**, avec un bataillon venu du 2e léger et un venu du 3e léger.

Il est commandé par **Schramm**, un ancien du 2e léger en 1794. Il se bat en Italie et en Égypte. Nommé général le 24 décembre 1805 (CtLH en 1807), il est à Dantzig où il reçoit la Couronne de fer. Blessé et pris à Baylen en Espagne, il y est fait baron. Présent en Poméranie suédoise en 1812, il sera à Strasbourg et Kehl en 1814. Voulant négocier sa soumission à Louis XVIII, il est maltraité par ses soldats. Retraité en 1815, lieutenant général en juin 1815, retraité à nouveau comme maréchal de camp en 1816. Il a avec lui son fils.

Schramm. Il est au 2e léger avec son père et prend un canon à Wertingen et un autre à Hollabrunn. Aide de camp de son père en 1806, il est à Dantzig, est blessé à Heilsberg, cité à Madrid. A Wagram, il sert aux fusiliers-chasseurs de la garde. Major commandant le 2e voltigeurs de la Garde en Russie, il se bat en Saxe, sert à Dresde, y est blessé. Pris, rentré en 1814, il sert pendant les Cent-Jours. Vicomte en 1827, il est lieutenant général en 1832 et commande la réserve au siège d'Anvers. Réprime à Lyon l'insurrection de 1833. Député réélu plusieurs fois, il commande Alger en 1840. GDCxLH. Directeur au ministère de la guerre, ministre en 1850 il sera élu sénateur en 1852. Médaille militaire. Disponible en 1864, il meurt en 1884.

● **Le 4e régiment**,

Bataillons issus des 28e et 31e léger.

Il est commandé par **Cabanes de Puymisson**. Tour d'abord major du 28e léger, il prend la tête de ce régiment en 1805. Il est à Wertingen, blessé à Hollabrunn. Colonel du 17e léger après Austerlitz. OLH, baron. Il est en Espagne et est blessé à Oporto en 1809. Général en 1810, il sert pendant les Cent-Jours. Retraité en 1815. Il est le beau-frère de Campredon.

Les 3e et 4e régiments ont, semble-t-il, été les seuls engagés pour terminer l'écrasement de l'aile gauche alliée près des étangs et vers Aujezd.

— TROISIEME BRIGADE,

Le général **Ruffin**. Né à Bolbec, c'est un ancien aide de camp de Jourdan. Il est à Hohenlinden. Nommé général en 1805, il est CtLH après la bataille. Il se bat à Ostrolenka, Friedland, et est fait général de division en 1807. Il remplace Dupont en Espagne sous les ordres de Victor. Comte en 1808, il est blessé mortellement à Chiclana.

● **Le 5e régiment a** deux bataillons venant des 12e et 15e léger.

C'est par un ordre du 13 mars 1804 que fut décidée la création des voltigeurs en ces termes :

« *Il y aura dans chaque bataillon d'infanterie légère une compagnie de voltigeurs... Cette compagnie comprendra un capitaine, un lieutenant, un sous-lieutenant, un sergent-major, quatre sergents, un fourrier, huit caporaux, cent quatre voltigeurs et deux cornets. Ils seront armés d'un sabre d'infanterie et d'un fusil très léger, du modèle des dragons ; les officiers et sous-officiers auront une carabine rayée ; leur uniforme sera celui de l'infanterie légère...* »

LA DEUXIÈME DIVISION DE CAFFARELLI

Caffarelli, aide de camp de l'Empereur, a remplacé Bisson, blessé à Lambach au passage de la Traun le 1er novembre 1805. Elle était la première du troisième corps de Davout. Elle est placée sous les ordres de Lannes pour la bataille. Napoléon a donc essayé d'équilibrer ses forces, donnant deux divisions à Lannes qui va marcher avec toute la cavalerie disponible confiée à Murat y compris celle du 1er corps, malgré les plaintes de Bernadotte.

Le chef d'état-major est **Cœhorn**. Dragon en 1783, il devient aide de camp de Decaen. Il est à

Brayer commande le 2e régiment de la 1re brigade. (DR)

Ci-dessous et les pages suivantes.
Cette suite de dessins que nous devons à Henri Boisselier, nous présente, d'après les archives et les observations des contemporains, en particulier les témoins d'une série de revues au camp de Saint-Omer, la silhouette des fantassins de la Ligne (pages 100, 102 et 103) ou de la Légère (page 104) de l'été 1805 au début de l'année 1806. On se fera une idée plus précise des grenadiers d'Oudinot et de dupas en observant nos solides gaillards au fil de ces pages.
(Collection de l'auteur, DR)

LA LIGNE

Fusilier | Voltigeur | Grenadier | Grenadier | Sapeur | Grenadier | Officier de fusilier | Voltigeur | Caporal fourrier

INFANTERIE LÉGÈRE

Caporal et tambour des tirailleurs du Pô.

Drapeau et Aigle du modèle de 1804. Le revers, identique, porte la devise : VALEUR ET DISCIPLINE Xe BATAILLON.

Cornet de voltigeurs du 17e Léger.

Musicien du 17e Léger.

Sapeur.

Officier subalterne d'une compagnie de carabiniers.

Lambach et Austerlitz et sera blessé à Auerstaedt. Nommé général en 1807, il commande la 3ᵉ brigade des grenadiers de la réserve en 1807 en remplacement de Jarry. Il est à Dantzig, est blessé à Friedland, fait baron, et se bat à Ebersberg. CtLH. Il est à Essling, avec Frère sous les ordres d'Oudinot. Blessé à Wagram, il sert à Lutzen et Bautzen où il a la cuisse fracassée. Il meurt après l'amputation en octobre 1813.

— PREMIÈRE BRIGADE DE DEMONT

Demont. Fils d'un garde suisse, engagé en 1764, il devient capitaine en 1795. Blessé au passage du Rhin en 1797, il est nommé général en 1799. Il a le bras gauche fracturé par un coup de feu à Austerlitz. Nommé général de division le 22 décembre 1805, il est élu sénateur en 1806. Il est avec Davout en 1809, à Eckmühl puis Essling. Il défend Strasbourg en 1814 et devient pair de France. Il vote la mort de Ney. Il décède en 1826.

Son aide de camp est **Laffitte**. Ce dernier est à ce poste depuis 1804. Il sert à Ulm et Austerlitz, passe avec Durosnel en 1806. Il est à Eylau, Heilsberg et a un cheval tué à Friedland. En Espagne, trois chevaux meurent sous lui. OLH. Toujours en Espagne, il enfonce un carré anglais et est blessé. Colonel du 20ᵉ dragons en 1811, il est appelé aux chasseurs à cheval de la Garde et sert comme chef d'escadron en Russie. Il est en Saxe puis en France. Baron, il charge à Waterloo où il est renversé de son cheval. Retraité en 1821.

● Le 13ᵉ léger,

Le **colonel Castex** est en Italie. Il est à ce poste depuis 1804. Il est tué à Austerlitz en attaquant Blasowitz. Trois officiers sont tués et trois blessés.

— DEUXIÈME BRIGADE

De Billy. Né à Dreux, il est garde nationale de Paris, professeur de mathématiques et commande les canonniers. Blessé à Zurich, il est nommé général en 1799. Il se bat à Hohenlinden. CtLH. Il est avec Morand à Auersatedt où il est tué.

Le 17ᵉ de ligne, Colonel Conroux,

Fils d'un officier d'artillerie, enfant du corps, il devient aide de camp de Bernadotte en 1795. Il le suit en Italie et est nommé colonel du 43ᵉ puis du 17ᵉ en 1802. Général après la bataille d'Austerlitz, il commande la deuxième brigade des grenadiers d'Oudinot à Dantzig. CtLH. Il est à Wagram avec Oudinot. Il sert au Portugal, à Fuentès de Onoro et en Espagne, où il meurt des suites de ses blessures reçues à Ascain en 1813.

Sont cités **Croizet**, capitaine. « *S'est distingué à la bataille d'Austerlitz, par son sang-froid et le zèle qu'il a mis à électriser le soldat dans les rangs, en présence de la cavalerie ennemie* ».

Cronier, capitaine. « *Cet officier était avec les quatre compagnies du deuxième bataillon qui ont délivré deux régiments de cavalerie cernés par l'ennemi, sur lequel il se précipita le premier, et détermina par son exemple, qui fut suivi du soldat, le succès de cette affaire* ».

Codère, adjudant. « *S'est distingué par son activité et son courage qui lui valurent la prise d'un canon à laquelle étaient encore trois canonniers ennemis* ».

● Le 30ᵉ de ligne,

Le colonel **Valterre** est chef de bataillon en 1796 en Italie où il est blessé à Gradisca. Il est à Rome en 1798, à Marengo avec le 30ᵉ. CtLH après Austerlitz. Général en 1808, il est fait baron de Saint-

Ange en 1809. Il commande Metz en 1815. Retraité en 1819.

Sont cités **Colon**, sergent. « *S'est fait remarquer particulièrement en avançant sur deux pièces qui n'étaient pas encore abandonnées; il fut blessé et malgré sa blessure, encourageait ceux qui le suivaient à s'en emparer* ».

Blanpin, capitaine. « *Dès la première charge, qui a commencé l'action s'avança avec quelques hommes de sa compagnie pour marcher sur un groupe de hussards qui sabraient nos artilleurs, les força à la fuite et rentra dans son rang* ».

Lassègue, capitaine. « *Lors de la première charge, le porte-drapeau se trouvant blessé, s'empara du drapeau et marcha jusqu'à ce qu'il fût envoyé un sous-officier pour reprendre l'aigle du bataillon* ».

Gautron, capitaine. « *Chargea avec sa compagnie une pièce qu'il enleva après avoir tué tous les servants; continua pendant toute la bataille à électriser ses soldats* ».

Vernère, capitaine. « *Lors de la première charge de l'infanterie ennemie qui parvint à déborder le flanc gauche du 2ᵉ bataillon, fit changer sa compagnie de direction, fondit en tirailleurs sur les assaillants avec une telle intrépidité qu'il les obligea à prendre la fuite en laissant en son pouvoir un obusier attelé à son caisson* ».

Aulard, sergent-major. « *S'est porté en avant de sa compagnie, a couru sur une pièce de canon avec quelques hommes et s'en est emparé* ».

Bulot, sergent-major. « *Au moment de la première charge, s'est porté en avant avec le drapeau en disant aux soldats d'imiter son exemple. Blessé et forcé d'abandonner le drapeau, le recommanda à la bravoure des soldats* ».

Judin, grenadier. « *S'est porté en avant de la route, pour tomber sur une pièce abandonnée attelée de deux chevaux; le régiment ayant reçu l'ordre de quitter la position, il la remit au 34ᵉ de ligne* ».

Forment, caporal. « *Voyant son capitaine au milieu de plusieurs Russes qui le tenaient par le cou, courut au milieu d'eux et se servant de sa baïonnette, il en blessa ou tua plusieurs; le capitaine put alors se servir de son épée et avec ce brave caporal, extermina jusqu'au dernier de ces ennemis* ».

— LA TROISIÈME BRIGADE

Eppler est né à Strasbourg. Soldat en 1774, il sert ensuite en Italie, à Rome, en Égypte où il sera blessé deux fois. Général en 1801 (OLH). Il meurt des fatigues de la guerre en 1806.

● Le 51ᵉ de ligne,

Le colonel **Bonnet d'Honnières** est cadet gentilhomme en 1780. Il se bat à Port-Mahon et Gibraltar. Il est blessé au passage du Rhin en 1795, pris en Irlande puis échangé. Il commande le 51ᵉ en 1800. Il se bat à Hohenlinden. OLH. Général en 1805 après Austerlitz. Il est tué à Eylau.

Baille est né dans le Var. Il se bat dans les Alpes puis en Italie et en Égypte où il est blessé deux fois. Major du régiment en 1803, après Austerlitz, il remplace Bonnet d'Honnières, nommé général, à la tête du régiment. Blessé à Golymin, il est fait baron, puis général en Espagne. Blessé en 1813, il se bat à Toulouse, commande la Lozère et est maintenu aux Cent-Jours. Il va en Belgique, commande Montmartre. CrLH. Mis en disponibilité en 1818, il meurt en 1821.

Bony est Bourguignon et donc volontaire de la Côte d'Or. Il est en Italie, à Arcole; il prend deux

Claparède commande la première brigade de la division Suchet.
(DR)

LA LIGNE

Musicien du 64ᵉ — Sapeur — Aide chirurgien — Sapeur — Officier — Tambour de grenadiers — Tambour-maître — Tambour — Voltigeur

102

canons à Hohenlinden et fait 300 prisonniers à Austerlitz. Blessé à Auerstaedt, il est fait chevalier de l'Empire, puis général en 1813. Il est à Lutzen, à Leipzig — où il est pris blessé — et à Waterloo. CrLH en 1820, retraité en 1825, repris puis retraité définitif en 1833.

Paradis est né à Bourg. Il reçoit un sabre d'honneur pour Hohenlinden. OLH. Il passe aux chasseurs de la Garde en 1808 et devient capitaine au 2e voltigeurs de la garde en Russie. Il est mortellement blessé à Lutzen.

Gallo. Ce Sarde, passé dans l'armée d'Italie, devient chef de bataillon au 51e en 1804. LH. Il est à Austerlitz. Il a son épaule gauche brisée à Iéna et devient colonel du régiment en 1806. Retraité en 1807, il devient commandant de place en Italie puis sert en 1815 à l'armée des Alpes à l'état-major de Suchet. Il démissionne et rentre chez lui en 1816.

● **Le 61e de ligne,**

Nicolas est colonel du régiment en 1805. CtLH pour Austerlitz où il a été blessé trois fois. Général en 1806, il sert dans les Pyrénées-Orientales et devient commandant à Barcelone. Il se bat en 1815 et est retraité en 1825.

Le régiment ne connaît pas de pertes en officiers lors de la bataille.

LA TROISIEME DIVISION DE SUCHET

Suchet. Né à Lyon en 1770, ce volontaire de 1791 est au siège de Toulon et capture le général anglais O'Hara. Sert en Italie au 18e à Dego, Lodi, Arcole et Rivoli. Il est avec Brune en Suisse. Général en 1798, il est désigné pour l'Égypte mais n'y partira pas car il doit se rendre à Paris pour se disculper d'accusations sur sa gestion en Suisse. En Italie, il est chef d'état-major. Il épouse la fille du maire de Marseille dont la mère née Clary est la belle sœur de Joseph Bonaparte. Général de division avec Joubert en 1799, il défend la tête de pont du Var avec Masséna. Il commande la 4e division du corps de Soult qui est passée au cinquième corps de Lannes à Austerlitz. Il est à Saalfeld, Iéna, Pultusk, Ostrolenka. Couronne de fer, Comte. En Espagne, il couvre le siège de Saragosse, prend Lérida et Tarragone et est blessé en prenant Sagonte. Maréchal de France en 1811, duc d'Albufera en 1812. Il évacue la Catalogne en 1814 puis part à Lyon pendant les Cent-Jours. Pair de France, rayé en 1815, renommé en 1819. Il meurt en 1826.

Ses aides de camp sont **Gaudin**. Ce Charentais est à l'armée des Alpes puis participe au siège de Toulon, se bat en Italie où il est pris avec plusieurs blessures en 1796. Échangé en 1798, il devient aide de camp de Suchet en 1800 comme chef d'escadron à la suite au 10e hussards. LH. Nommé major au 22e après Austerlitz, il sera avec Oudinot à Wagram. Blessé en Espagne, il est nommé colonel du 27e en 1811. Retraité en 1823.

Meyer est lieutenant et vient du 9e dragons. Il est blessé à côté de son général à Austerlitz.

Mesclop est capitaine AM, adjoint à l'état-major. Il a un cheval tué par un boulet à Austerlitz et malgré une forte contusion, n'a pas quitté le champ de bataille.

Travaux est capitaine du génie. Il se fait remarquer par son exactitude à rendre les ordres et par la justesse de ses observations.

— LA PREMIÈRE BRIGADE DE CLAPARÈDE

Claparède est né à Gignac (Hérault). Volontaire au 4e bataillon, il est promu capitaine au 23e léger en 1796 en Italie. Adjoint à l'état-major de l'armée du Rhin, il est chargé du service de renseignements. Il est à Hohenlinden, puis général à Saint-Domingue en 1802. Rochambeau le renvoie en France. Il commande l'avant-garde de cette division avec le 17e léger. A Austerlitz, Napoléon lui confie le Santon aménagé et fortifié avec 18 canons autrichiens. Il participe à Ulm, Wertingen, Hollabrunn. Il est cité à Saalfeld, Iéna, Prenzlow, et est blessé à Pultusk. Comte en 1808, général de division la

Cette gravure, quoique de réalisation naïve, montre bien le rôle de la vivandière au sein du régiment. Même au cœur de la mêlée, « la Mère Hulotte » ou « la Mère La Victoire » n'hésite pas à apporter un tonique aux blessés. (DR)

même année. Il est en Espagne, avec Oudinot. Blessé à Ebersberg et à Essling, il se bat à Wagram et est à nouveau blessé à Znaïm. Il organise et commande la Légion de la Vistule avec ses Polonais. Son unité est rattachée à la Garde en Russie. Blessé à la Bérésina, il est pris à Dresde, rentré en 1814. GdCxLH en 1815. Il ne sert pas pendant Cent-Jours. Il est juge lors du procès de Ney. Inspecteur général, pair de France en 1819. Rallié à la révolution de 1830, il est maintenu en activité sans limite d'âge.

Son aide de camp est le capitaine **Peyrard** qui se comporte parfaitement à Austerlitz; il a été cité.

● **Le 17e léger,**

Colonel Vedel. Né à Monaco, fils d'officier noble, il devient soldat en 1784. Chef de bataillon à l'état-major de l'armée d'Italie, il reçoit deux blessures en 1799. Il est à Ulm, où il est pris puis libéré. Nommé général en 1805, il se bat à Saalfeld, Iéna, est blessé à Pultusk et à Heilsberg, et à Friedland. CtLH. Capturé à Baylen, il rentre et est emprisonné, jugé et destitué en mars 1812. Repris en 1813, il est envoyé avec Augereau à Lyon. Disponible en 1818, cadre de réserve en 1831.

Sont cités **Marin**, tambour-maître. « *Pendant que l'ennemi s'était rendu maître du village de Kautznitz, marcha à la tête de ses tambours, se jeta dans la mêlée en faisant battre la charge et par son intrépidité porta l'épouvante parmi les Russes et les obligea à se retirer* ».

Rode, sergent. « *Le IX frimaire an XIV, étant détaché en tirailleurs en avant du Santon, il fut chargé par deux cosaques, les attendit de pied ferme et ne tira son coup de fusil que lorsqu'ils furent à portée de sa baïonnette* ».

— DEUXIÈME BRIGADE DE BEKER

Beker est né à Obernai, enrôlé en 1786, il est en Vendée, au Mans, et négocie la reddition de Stofflet. Il passe à l'armée du Nord, puis part à Saint-Domingue. Il revient en Italie. Il est nommé général en

LA LIGNE

Tambour — Fifre — Tambour-major — Sapeur — Tambour de grenadiers — Tambour major — Colonel — Cornet de voltigeur — Musicien

103

1801. Général de division après la bataille. Il est à la tête de la 2e division de dragons de Grouchy à Zehdenick en 1806. Il est avec Masséna, devient comte de Mons, chef d'état-major et est à Essling. Dénoncé pour ses propos inconsidérés, il est remplacé par Fririon à Wagram. Couronne de fer. Elu député aux Cent-Jours, il escorte napoléon jusque sur le *Bellérophon*. Réélu en 1816, il est fait pair de France en 1819. CrSL en 1825. GdCxLH en 1831. Il meurt dans son château de Mons près de Clermont-Ferrand en 1840.

Son aide de camp est le capitaine **Guérinat** qui s'est parfaitement comporté et a été cité à Austerlitz.

● **Le 34e de ligne,**

Le colonel **Dumoustier** est né à Saint-Quentin. Il est à la garde du Directoire en 1797, avec Bonaparte le 18 brumaire et sert à Marengo. Nommé colonel du 34e en 1804, il est à Ulm, Austerlitz, Saalfeld. Il est blessé à Iéna et à Pultusk. Il remplace Reille au commandement de la brigade en 1806. Il est en Espagne, à Saragosse. Baron, commandant en second des chasseurs à pied de la Garde sous Curial, il est à Wagram. Il sert avec la jeune garde en Espagne. Général de division en 1811, il participe à Lutzen et Bautzen. Couronne de fer. Blessé à Dresde, il est fait comte en 1813, retraité en 1814. GdOLH en 1831. Il se casse la cuisse dans un accident de cheval et meurt des suites de l'amputation en 1831.

Sont cités **Robert**, sous-lieutenant. « *A chargé avec 30 voltigeurs de sa compagnie un bataillon russe, et entouré, s'est fait jour en ramenant 200 prisonniers* ».

Lebrument, fourrier. « *Ayant vu périr tout ce qui entourait le porte-drapeau et ce dernier ayant été culbuté, s'empara du drapeau et ne voulut le remettre qu'à la fin de la bataille au chef de bataillon* ».

Lafargue, capitaine de grenadiers. « *Blessé, il ne voulut pas quitter son rang pour aller se faire panser à l'ambulance* ».

● **Le 40e de ligne**

Colonel **Legendre d'Harvesse**. Général après Austerlitz, il est fait baron et devient chef d'état-major de Dupont. Il signe la capitulation de Baylen. Baron. Insulté par Napoléon en pleine revue en 1809, il sera emprisonné en mars 1812. Il devient chef d'état-major de Dupont à la Restauration. CrLH. Retraité en 1824.

Sont cités **Piché**, sous-lieutenant. « *S'est distingué par sa bravoure. Il s'élança sur une pièce de canon et s'en empara, tua le canonnier et fit plusieurs prisonniers* ».

Berry, adjudant sous-officier. « *S'est distingué par sa bravoure. Ayant appris que le bataillon avait épuisé ses cartouches, se précipita au milieu du feu de l'ennemi pour en apporter lui-même et ayant été blessé ne voulut jamais quitter son poste avant la bataille finie* ».

Loutrel, adjudant sous-officier. « *S'est distingué par sa bravoure et en électrisant quelques jeunes conscrits effrayés par le feu de l'ennemi* ».

Legrain, sergent. « *S'est distingué par sa bravoure. S'est élancé avec le capitaine Duval sur deux pièces de canon et s'en emparèrent, au moment où les canonniers allaient y mettre le feu* ».

Lemonnier, sergent. « *S'est distingué et a été blessé, mais il ne quitta la compagnie qu'après la bataille finie* ».

Surceaux, sergent. « *S'est distingué. Voyant deux files de grenadiers enlevées par les boulets de l'ennemi, dit aux grenadiers. Dans un instant nous leur ferons payer la mort de nos braves camarades. Du sang-froid, ajustez bien, la victoire est à nous, notre Empereur nous l'a promise. Vive l'Empereur! Ce cri fut répété par toutes les compagnies et le régiment ne tarda pas à charger l'ennemi* ».

— **LA TROISIÈME BRIGADE DE VALHUBERT**

Valhubert est né à Avranches, il commande le 1er bataillon des volontaires de la Manche. Blessé à Marengo, il reçoit un sabre d'honneur en 1803 et est nommé général la même année. CtLH. Il est tué à Austerlitz. Sa statue était prévue sur le pont de la Concorde, comme Morland.

● **Le 64e de ligne,**

Colonel Nérin. Il ne sera pas à Austerlitz car il a été nommé commandant d'Ulm et y restera jusqu'en 1806. Il est remplacé par **Chauvel** après la bataille. Celui-ci était major au régiment à Austerlitz. Il est à Iéna. Fait baron et général en 1809, il est à Saragosse. CtLH. Mis en congé de santé en 1813, il sera retraité en 1815 puis en 1832.

Sont cités **Nory-Dupart**, capitaine. « *Il a eu deux fils tués, son troisième fils, sergent au régiment, est tué devant lui, il dit: "en avant" et continue son action malgré cette perte tragique, il remplace son chef de bataillon Joubert blessé* ».

Querquetonne, Petit, Baudoin, Baudry, grenadiers; **Marchand, Héraut**, fusiliers. « *Se sont distingués. Bien que blessés restent dans le rang jusqu'à la fin de la bataille* ».

● **Le 88e de ligne,**

Colonel Curial. Savoyard, il est aux Allobroges en 1792, puis sert en Italie, en Suisse et en Égypte où il est blessé. Colonel du régiment en 1803, il est à Austerlitz et devient major des chasseurs à pied de la garde en 1806. Il est à Iéna, Eylau, et sera blessé à Heilsberg. Couronne de fer et général en 1807, puis colonel du 2e chasseurs. Baron, il commande la première division de Jeune Garde sous Mouton à Essling. Général de division en 1809, il commande la première division de la Garde, puis la 3e (Vieille Garde) en Russie. Il est à la tête de la 1re division de Jeune Garde en 1813 en Saxe, à Hanau et lors de la campagne de France. GdCxLH en février 1815, pair de France, il commande le château de Rambouillet. Il part pour les Alpes avec Suchet et vote la déportation pour Ney. Gentilhomme de la chambre du roi, il commande une division en 1823 en Espagne. CrSL, GdCx de Saint-Ferdinand. Premier chambellan du roi. Il meurt lors d'une chute de cheval pendant le sacre du roi Charles X.

Cambronne est né à Nantes. Il est chef de bataillon au régiment en 1805. Il sert à Austerlitz, est cité à Iéna. OLH. Il entre dans la Garde en 1809 et commande le 3e voltigeurs de la Garde en Russie. 1813 le voit en Saxe. CtLH. Il passe ensuite au 2e chasseurs de la Garde. Blessé plusieurs fois pendant la campagne de France, il est avec Friant aux grenadiers de la Garde, puis devient général commandant le bataillon de l'île d'Elbe. Comte et lieutenant général. GdOLH et pair de France en 1815. Il commande le carré du 2e bataillon du 1er chasseurs de la Garde à Waterloo où il sera blessé et grossier envers les Anglais. Rayé et condamné à mort par contumace, il rentre en France pour être arrêté puis acquitté en 1816. Demi-solde, il est fait vicomte en 1822. Retraité en 1823, il meurt en 1842.

Hurel est né dans l'Eure. Il sert en Italie et en Égypte où il est blessé. LH. Capitaine en 1806, il passe aux chasseurs de la Garde. Doté en 1810, Il sert en Russie. Blessé en 1813, il est fait baron et part pour la Réunion. Il commande le 3e voltigeurs à Waterloo et sera mais en non activité en 1815. Maréchal de camp en Espagne en 1823, Gd OLH en 1831, il devient lieutenant général en 1836 en Belgique. Gd Cx ordre de Léopold.

Sont cités **Authier, Henning**, capitaines. « *Se sont particulièrement distingués, lorsque leur bataillon s'est porté en avant pour précipiter l'ennemi dans un ravin* ».

Marguet, capitaine et **Fromont**, lieutenant. « *Dans la charge à la baïon-*

Curial *(DR)*

LA LEGERE

Officier — Carabinier — Sapeur — Chasseur — Voltigeur — Carabinier — Carabinier — Voltigeur — Officier de carabiniers

ARTILLERIE À CHEVAL ET TRAIN D'ARTILLERIE

Artilleur à cheval.

Officier d'artillerie à cheval.

Sous-officier en habit « à la chasseur ».

Trompette.

Conducteur du train d'artillerie.

nette que le régiment a faite sur l'ennemi, ils sont arrivés avec trois voltigeurs seulement les premiers sur une pièce de canon, ont tué les canonniers et se sont emparés de la pièce. Le capitaine a eu trois balles dans ses habits et une quatrième lui a légèrement effleuré la cuisse ».

Moreau, lieutenant. « A pris avec six voltigeurs deux caissons à l'ennemi et a été grièvement blessé ».

Couturier, sous-lieutenant. « S'est distingué et ne voulut pas quitter le champ de bataille bien qu'il fût malade ».

Henin, lieutenant. « Voyant que l'on emmenait deux pièces qui étaient sa droite, parce que les canonniers avaient été presque tous tués ou blessés, les fit revenir, prit des hommes du régiment pour les servir et les dirigea lui-même pendant quelque temps ».

Dautremont, sous-lieutenant. « Étant seul en avant de son peloton, il a a fait trois prisonniers et a reçu une balle dans ses habits ».

Museau, Baillargeau, sergents. « Se sont précipités dans les rangs ennemis et ont tué plusieurs Russes, tant à coups de hache qu'à coups de baïonnette ».

Michaut, Richer, sergents. « Ont été blessés et ont refusé de quitter les rangs avant la fin de la bataille ».

Perrier, sergent. « A fait plusieurs prisonniers et a été blessé ».

Jeannes, sergent. « A fait plusieurs prisonniers ».

Meneut, grenadier. « Blessé grièvement à la cuisse gauche pendant la bataille d'Austerlitz, il a refusé d'être porté par se camarades à l'ambulance. "Restez leur a-t-il dit, à votre poste, je ne veux pas priver le corps d'aussi braves gens que vous". »

Vatrain, sergent. « A été gravement blessé en se précipitant sur une pièce de canon qui a été prise par les voltigeurs qui étaient avec lui ».

Roussel, fusilier. « Quoique blessé, a continué à charger les Russes à la baïonnette; il n'a quitté son rang qu'après avoir reçu un second coup de feu très dangereux ».

L'AVANT-GARDE DE KELLERMANN

Elle marchait en principe avec le 1er corps de Bernadotte, pour renforcer son aile gauche qui allait évoluer dans une zone propice aux évolutions de la cavalerie face à des masses d'opposants importantes. La cavalerie du 1er corps a été rattachée à la réserve de Murat.

Kellermann. Né à Metz en 1770, à 5 ans il est élève chez les hussards du régiment colonel-général. Il part en Amérique, protégé par son oncle Barbé-Marbois. Il en revient en 1793, rappelé par son père investi du commandement de l'armée des Alpes. Devenu son premier aide de camp, le deuxième étant Lasalle, ils partent retrouver l'armée d'Italie que commande maintenant Bonaparte. Kellermann est adjudant général, chef de brigade, Lasalle n'est que son adjoint. Héros du passage du Tagliamento où il prend cinq canons au général autrichien Schulz, il est nommé général en 1797 et va porter les drapeaux conquis au Directoire. Il ne sera pas choisi pour l'Égypte et reste en Italie, sous les ordres de Forrest. Il est envoyé à Rome, commandant une avant-garde comprenant trois escadrons de chasseurs, deux pièces d'artillerie légère et deux bataillons d'infanterie. Il met en déroute les Napolitains de Damas et participe à l'attaque contre Naples de façon brillante. En 1800, il a le commandement d'une brigade de cavalerie (2e, 6e et 20e régiments de grosse cavalerie). C'est à Marengo qu'il va inscrire sa plus belle page de gloire. Se croyant vainqueurs, les Autrichiens de Mélas vont se trouver surpris par l'arrivée de Desaix. Kellermann reçoit en plus de sa brigade, les 1er et 8e dragons. Le jeune général va faire coïncider ses charges avec la décharge d'une batterie de 18 canons tirant à mitraille sur les ennemis débandés. La vigueur et l'à propos de cette célèbre charge appuyée par Bessières et la cavalerie de la Garde le rendent célèbre. Le général Zach est pris et 6 000 hommes sont faits prisonniers. Le grade de général de division vient récompenser cet exploit. Il se vante trop ce qui est peu apprécié de Bonaparte. Tombé amoureux fou d'une ravissante italienne, Kellermann va obtenir son divorce, contesté, pour l'épouser en France. En 1804, il est nommé commandant de la cavalerie du 1er corps de Bernadotte, au Hanovre. GdOLH. A Austerlitz, Kellermann va attirer les lanciers de Constantin qui seront décimés en passant entre les bataillon de Caffarelli puis assaillis par les cavaliers français et leur chef Essen II s'y fera tuer.

Kellermann part pour le Portugal avec Junot et l'aide à obtenir la convention de Cintra, ramenant les troupes sur des bateaux anglais. A Valladolid, le général sera accusé de prévarications et de concussions ce qui entraîne sa disgrâce. Il aurait dû partir en Russie avec le 3e corps de Grouchy, mais il se retire avec son père et est remplacé par Chastel. Il est avec Ney en 1813, menant deux divisions polonaises. Malade, il aurait été remplacé par Letort. Pair de France en 1814, il se distingue pendant la campagne de France (Saint-Dizier). Pendant les Cent-Jours, il charge aux Quatre-Bras, et est ramené en catastrophe par deux cavaliers en s'agrippant aux crinières de leurs chevaux. Il recharge à Waterloo. Duc de Valmy et pair de France à la mort de son père en 1820, il meurt en 1835.

Un aide de camp du général est tué et le chef d'état-major du génie du 1er corps, **Dufriche de Valazé** est blessé. Polytechnicien, il sera général et CtLH en 1813. Il sert en 1815 et devient inspecteur général du génie en 1819. Il commande cette arme en Algérie. Lieutenant général en 1830, député en 1832, adjoint

Kellermann à la tête de l'avant-garde. (DR)

à l'état-major:

Jacquemard est à ce poste à Marengo, à Austerlitz et Iéna. Blessé à Eylau, cité à Dantzig, il devient OLH puis colonel du 43e en 181. Colonel-major du 5e voltigeurs de la Garde, il se bat à Anvers. CtLH et baron. Il sert pendant la Campagne de France et est nommé général en 1814. Commandant du Puy de Dôme aux Cent-Jours, retraité en 1824, puis en 1832.

LA CAVALERIE DU 1er CORPS

Elle comprend les brigade Van-Marisy et Picard

— LA BRIGADE DE VAN-MARISY

Van-Marisy, (Vagnair dit). Cadet au 4e hussards en 1791, il est noté par Bourcier en ces termes: « *Chef infiniment distingué sous tous les rapports, il a de bonnes mœurs, il est très brave et bon militaire, mais il n'a aucune connaissance en administration et est très insouciant à cet égard.* » Général en 1803. CtLH. Il brigade avec le 4e hussards et le 5e chasseurs. Blessé à Austerlitz, il part pour l'Espagne, où il sera blessé au pont de l'Arzobispo en 1809. Il est assassiné à Talavera en février 1811.

● **Le 4e hussards,**

Le colonel **Burthe** *est à* Zurich, reçoit 2 blessures à Gênes, et porte les drapeaux pris en 1800. Colonel du régiment en 1805, il sera pris un instant et dégagé par une nouvelle charge de Kellermann à Austerlitz. Baron, il sert en Espagne et est fait général en 1810. Il est à la 2e division de cavalerie légère en Russie et avec Pajol à la Moskowa. Pris, rentré en 1814, il est à Ligny en 1815. Retraité en 1825, il décède en 1830.

Labiffe est né à Strasbourg. Au 4e hussards, puis capitaine AM au 7e Hussards le 2 décembre 1805, il devient officier d'ordonnance de Napoléon en 1807. Chasseur à cheval de la Garde en 1811, il est nommé chef d'escadron en Russie. Colonel du 17e dragons à Waterloo. Retraité en 1822.

● **Le 5e Chasseurs,**

Colonel Corbineau. Né en 1772, aîné des trois frères, il devient gendarme en 1788. Il a reçu plusieurs blessures en 1793 et 1794. Il est avec Hoche en Vendée et en Irlande. Guide d'Augereau en 1797, au 7e hussards à Coire en 1799. Colonel du régiment en 1800, il est blessé 2 fois à Hohenlinden. Ecuyer cavalcadour de l'Impératrice, il est blessé à Austerlitz en enlevant un drapeau et sauvé par deux chasseurs. CtLH et général en 1806. Attaché à l'Empereur, il sert à Golymin et meurt à Eylau.

Le lieutenant adjudant-major **Corbineau**, Jean-Baptiste, est né en 1776. Il est avec son frère capitaine en 1802, puis major de la légion hanovrienne en 1804. Major au 10e hussards en 1806, il devient colonel du 20e dragons en 1807. Général en 1811, il est en Espagne et part avec Oudinot en Russie. Il se bat à Polotsk et découvre le passage de Studianka sur la Bérésina qui permet la construction des ponts. Général de division et aide de camp de Napoléon en 1813, il est blessé à Kulm, et sauve Napoléon à Brienne. Blessé en 1814, il est à Waterloo. Comte, retraité en 1824, pair de France en 1835, GdCxLH en 1838. Il fait arrêter Louis-Napoléon Bonaparte en 1840. Retraité en 1848. Il n'était pas avec son frère à Austerlitz.

Corbineau, Hubert, lieutenant au 5e chasseurs en 1800. Il est probablement présent à Austerlitz comme capitaine adjoint à l'état-major de la Garde. Blessé deux fois en 1806, il est de nouveau touché à Eylau. Baron et OLH en 1808. Il a le genou droit éclaté par un boulet à Wagram, amputé de la cuisse, il est retraité infirme en 1810. Il meurt en 1823. Il y avait un troisième frère né en 1780.

— LA BRIGADE PICARD

Picard est dragon en 1780, en Italie en 1796 et colonel du 1er hussards la même année. Général en 1803. CtLH. Il est à Austerlitz, Iéna et sera blessé gravement à Eylau. Réformé en 1809, il est employé aux remontes en 1812. Retraité en 1815, lieutenant général honoraire en 1820.

● **Le 2e hussards**

Le colonel **Barbier**, commande le régiment en 1793. CtLH. Général commandant d'armes en 1806, il est fait baron et sert au Tyrol, puis en Russie. En non activité en 1814, retraité en 1818.

Becker, blessé à Austerlitz, chef d'escadron au 9e hussards en 1807, OLH en 1809, major en 1812, il reçoit 6 blessures à Grossbeeren. Il passe ensuite au 12e hussards et au 6e lanciers. Retraité en 1814.

Braun, capitaine, a un cheval tué et est blessé en enlevant un étendard à Austerlitz. Il est à Iéna, Lubeck, Eylau. Chef d'escadron en Espagne, il passe au 9e hussards en 1812. OLH. Non activité en 1815.

● **Le 5e Hussards**

Le colonel **Schwartz**, baron du Saint-Empire, est né dans le duché de Bade. Général bavarois, cadet au 2e hussards en 1776, il sera pris en Irlande. Rentré en 1799, il est nommé au commandement du régiment à cette date. CtLH après Austerlitz. Il est avec Lasalle en 1806 et 1807. Baron, il commande une brigade napolitaine sous Duhesme. Pris par les Anglais, rentre en 1814, est mis en demi-solde, puis est retraité en 1815. SL en 1818.

Sont aussi cités 8 cavaliers qui se distinguent en prenant 4 canons et une partie de leurs servants. Ils sont commandés par l'adjudant **Ferrier** qui sera nommé sous-lieutenant et décoré de la LH.

Le trompette **Pincemaille** blesse d'un coup de sabre et fait prisonnier le général russe Incomelski commandant les uhlans du régiment Baron Meyer.

Le chef d'escadron **Hirn** contribue à la prise de plusieurs pièces de canon.

Deux officiers et 4 hommes sont tués, 4 officiers et 15 hussards sont blessés.

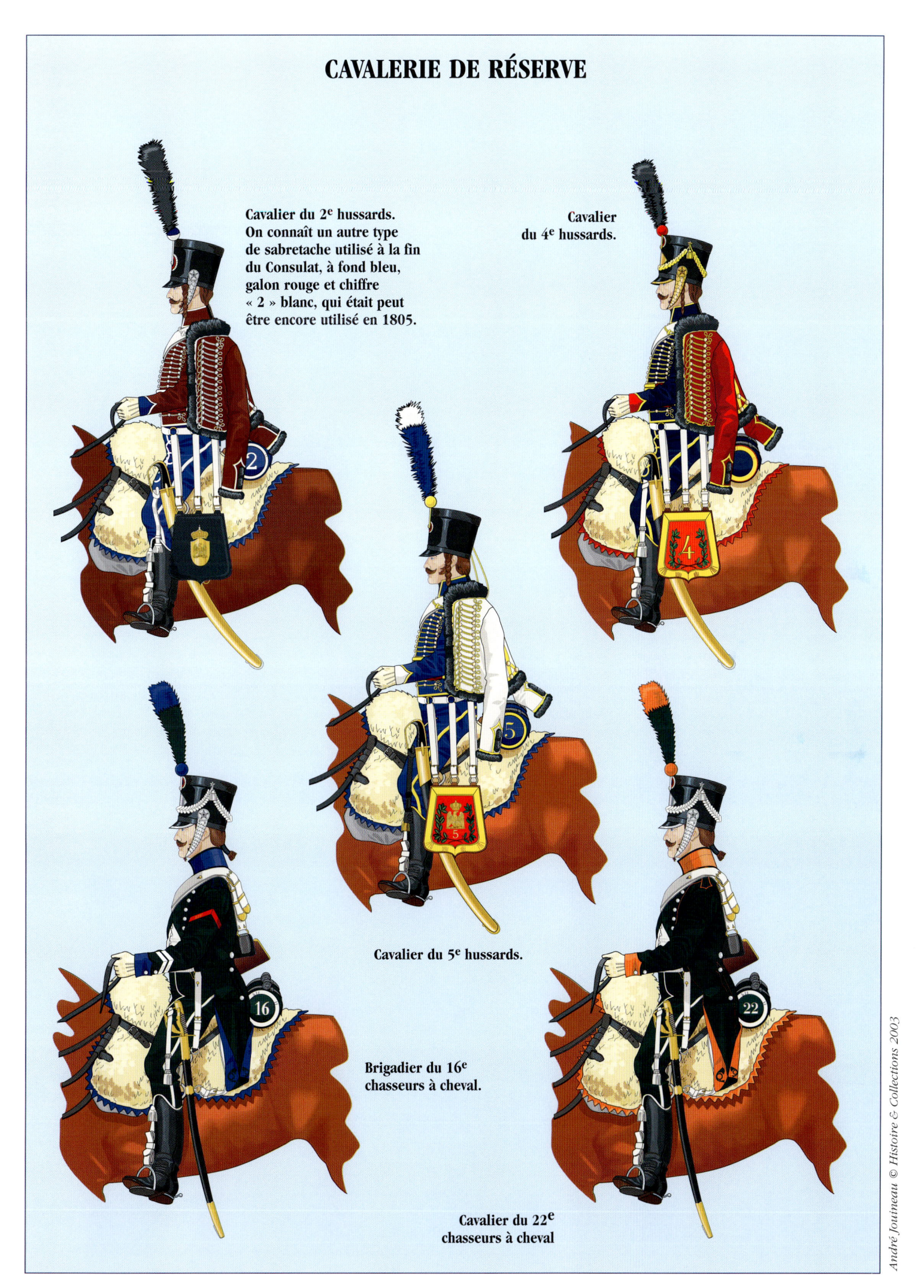

CAVALERIE DE RÉSERVE

Cavalier du 2ᵉ hussards. On connaît un autre type de sabretache utilisé à la fin du Consulat, à fond bleu, galon rouge et chiffre « 2 » blanc, qui était peut être encore utilisé en 1805.

Cavalier du 4ᵉ hussards.

Cavalier du 5ᵉ hussards.

Brigadier du 16ᵉ chasseurs à cheval.

Cavalier du 22ᵉ chasseurs à cheval

CAVALERIE DE RÉSERVE

Brigadier du 9ᵉ hussards.

Brigadier du 9ᵉ hussards en grande tenue à cheval.

Cavalier du 10ᵉ hussards en tenue de route.

Cavalier du 5ᵉ chasseurs à cheval. Il s'agit de l'un des régiments connus portant encore, à l'époque, un dolman et un shako à flamme.

Trompette du 5ᵉ chasseurs à cheval.

LA RÉSERVE DE CAVALERIE DE MURAT

L'état-major de Murat

Les aides de camp de Murat sont

Beaumont est dragon en 1791, il sert en Vendée, Italie et en Égypte comme aide de camp de Dumas. Il est chef d'escadron et aide de camp de Murat en 1799. A Marengo, il est au corps de Lannes et devient colonel du 10e hussards. Il est à Ulm et Austerlitz et devient général après la bataille. 1806 le voit 1er aide de camp de Murat. Il est à Eylau, Dantzig et Friedland. Cdt LH. Après l'Espagne, il passe au 2e corps de cavalerie en Russie. Général de division en 1812, il est à Lutzen, Leipzig, Hanau (Couronne de fer). Il meurt à Metz en 1813.

Exelmans est né à Bar-le-Duc, il est aide de camp d'Eblé en 1798 à Naples. Capitaine à la suite du 16e dragons puis aide de camp de Brousssier en 1799, il passe au 15e chasseurs et devient aide de camp de Murat en 1801. Il a 2 chevaux tués à Wertingen, présent à Austerlitz, il est colonel du 1er chasseurs après la bataille. Aux côtés de Marulaz en 1806, il est à Golymin, Eylau. Général en 1807, il est toujours avec Murat à Friedland et est fait baron. En mission en Espagne, pris, il s'évade en 1811. Grand maréchal du palais du roi de Naples, grand écuyer, il devient major des grenadiers à cheval de la Garde en 1812, puis général de division. Blessé à Vilna, comte en 1813, il est arrêté pour avoir envoyé une lettre à Murat, lettre saisie sur le porteur. Acquitté, il joue un rôle important pendant les Cent-Jours. Pair de France, il est avec Grouchy et bat les Prussiens à Roquencourt le 1er juillet. Exilé à Bruxelles, il est autorisé à rentrer en 1819. Toujours actif en 1830, il est fait Gd CxLH et grand Chancelier de la LH en 1849, maréchal de France en 1851 et enfin sénateur en 1852 année de sa mort consécutive à un accident de cheval.

Flahaut de la Billarderie. Émigre, il rentre en 1797. A Marengo, il est au 5e dragons. Il devient aide de camp de Murat en 1802. Fils de Talleyrand et de madame de Souza, son père s'inquiète pour lui et le recommande à Murat. Blessé le 3 novembre 1805, il est probablement absent le 2 décembre. Chef d'escadron au 13e chasseurs, aide de camp de Berthier, grand écuyer et amant de la reine Hortense dont il eut un fils (le futur duc de Morny), il est fait Baron en 1810. En Russie, il devient général le 4 décembre 1812 et comte en 1813. Général de division et aide de camp de l'Empereur, il le suit pendant les Cent-Jours et se bat aux Quatre-Bras et à Waterloo. Proscrit, il part pour l'Angleterre. Il est réintégré en 1830, GdCxLH en 1838, ambassadeur à Vienne, puis à Londres, il est élu sénateur en 1852. Grand chancelier de la LH en 1864, médaille militaire en 1866, il meurt en 1870.

Lanusse, né à Habas dans les Landes, est capturé dans les Pyrénées et s'évade. Aide de camp

Exelmans, un autre des intrépides et élégants aides-de-camp de Murat abandonne son cheval, victime de l'ennemi pour enfourcher celui d'un officier de dragons, Les ordres n'attendent pas.
(DR)

Ci-dessus, de gauche à droite.
Flahaut de la Billarderie aide de camp de Murat et Belliard, chef d'état-major de la Réserve de Cavalerie. *(DR)*

de son frère en Égypte (ce dernier est tué à Canope le 21 mars 1801), il est recruté par Murat comme aide de camp en 1802. Colonel du 17e avec Morand après Austerlitz, il est à Auerstaedt, Eylau. Il a son épaule droite brisée à Heilsberg, Couronne de fer et général en 1808, il suit Murat à Naples où il devient grand maréchal du palais et général de division commandant la garde napolitaine. Il épouse la fille de Pérignon et est fait baron en 1810. Il revient général de la Garde en 1811 dans la division Dumoustier et sert à Lutzen. CtLH et général de division en 1813, mis en non activité en 1814, puis en 1815 après les Cent-Jours, il sera retraité en 1833.

Brunet-Denon, sous-lieutenant aide de camp de Murat en 1800, blessé à Austerlitz, il devient capitaine en 1806 et colonel du 24e chasseurs en 1807. Amputé du bras droit à Essling, baron, il est nommé directeur des études de l'École de St-Germain. Maréchal de camp honoraire, puis titulaire aux Cent-Jours, il est retraité avec pension en 1816. CrLH 1845, confirmé retraité en 1848.

Le chef d'état-major est **Belliard.** Né à Fontenay-le-Comte, il est nommé général sur le champ de bataille d'Arcole. En Égypte, il est le vainqueur de Mourad-Bey et sera blessé au Caire. Général de division en 1800, il est nommé à l'EM de Murat le 30 août 1805. Il participe à la prise des ponts de Vienne. Il sert donc à Austerlitz, Iéna, Lubeck, Eylau, Heilsberg, Friedland et en Espagne devient chef d'état-major de Jourdan, puis gouverneur de Madrid. Il est avec Murat en Russie. Blessé, il est nommé colonel général des cuirassiers le 5 décembre 1812. Blessé à Leipzig, il est à Hanau et commande la cavalerie en Champagne en 1814. GdCxLH le 23 août 1814. Il sert pendant les Cent-Jours puis est envoyé chez Murat par Napoléon. Pair de France, il est rayé après Waterloo, puis renommé en 1819. Ambassadeur à Bruxelles en 1831, il meurt d'apoplexie foudroyante en sortant du palais du roi.

Le sous-chef d'état-major est **Girard**. Il est avec Monnier en 1800 à Marengo. Il prend son poste en 1805 et se bat à Austerlitz, Iéna. Nommé général en 1806, il est fait baron, puis part en Espagne. Général de division en 1809, il organise une division polonaise au 9e corps de Victor en Russie. Blessé à Lutzen, il est à Magdebourg. Gd Cx de la Réunion en 1813. Il est à l'avant-garde pendant les Cent-Jours et sera tué en attaquant St-Amand le 16 juin 1815.

Ses adjoints sont **Berthollet** — utilisé par Murat à son aile gauche — et **Forgeot**. Ce drzenier est un ancien volontaire de la Côte d'Or. Il est nommé adjoint à cet état-major en 1805. LH en 1806, OLH en 1809, il passe major au 48e en 1811. Blessé à Bautzen, il est promu colonel en 1813 Il a la cuisse gauche brisée à Leipzig et est amputé. Chevalier, retraité en 1814

Donop est né à Cassel et sert au 3e hussards en 1789. Devenu adjoint de Murat en 1801, il est promu capitaine au 9e hussards après Austerlitz. Chef d'escadron, cité en Espagne en 1809, il devient chef d'état-major à l'armée du centre et commande le dépôt central en 1813 et 1814. Grièvement blessé à Waterloo il disparait, probablement mort de ses blessures.

L'ingénieur géographe **Brousseaud**, chef de bataillon, est détaché auprès de Murat car il est cité avec lui dans le rapport sur la bataille ainsi que **Lemesle** et **Moysant** commandant de l'escorte de chasseurs.

L'artillerie est confiée à **Mossel**. Blessé en 1793, 1796 et en 1797 en Italie. Promu général en 1805, il commande l'artillerie de la réserve de cavalerie. Il part à Naples, est fait CtLH en 1806 puis baron. Il se conduit de manière insolente et sera retraité en 1811.

LA PREMIÈRE DIVISION DE GROSSE CAVALERIE

Nansouty est né à Bordeaux, il est le fils du major du Château-Trompette. Cadet-gentilhomme à l'École de Paris en 1782, il devient général en 1799 puis général de division en 1803. Premier chambellan de l'Impératrice en 1805, Grand aigle de la LH en 1807, premier écuyer de Napoléon en 1808, il est fait comte. Il commande le premier corps de réserve de cavalerie en Russie, blessé à Hanau. Commandant le cavalerie de la Garde en 1814, il est blessé à Craonne. Aide de camp du comte d'Artois en 1814, il meurt à Paris en février 1815.

L'aide de camp de Nansouty est **Thierry.** Né à Sedan, ce lieutenant au 13e, puis 11e dragons, est nommé capitaine en 1800 (deux blessures, cette année là). Aide de camp de Nansouty, il est promu chef d'escadron après Austerlitz puis chef d'état-major de la division en 1809. OLH. Blessé à Essling, il perd l'usage de sa jambe gauche. Retraité en 1813, fait baron, il est repris et devient

Le général de grosse cavalerie Nansouty en grand uniforme. (Collection de l'auteur)

maréchal de camp en 1815, retraité à nouveau en 1825 il termine sa carrière comme lieutenant général honoraire.

— 1re BRIGADE. LES CARABINIERS

Piston, est né à Lyon, s'engage en 1772 et devient général en 1793. Il est à l'armée des Alpes avec Berthier comme chef d'état-major. CtLH. Il est avec Lannes, puis prend ce poste, et charge à Austerlitz, Il est général de division après la bataille, baron puis retraité en 1808.

● **Le 1er carabiniers,**

Le colonel en titre est **Cochois**, mais il a été blessé en poursuivant le corps de l'archiduc Ferdinand près de Nuremberg. Il obtient pour cette action un sabre d'honneur, mais ne pourra rejoindre son régiment que le 3 décembre, lendemain de la bataille d'Austerlitz. Nommé général le 24 décembre 1805, il commandera en France et sera retraité en 1814.

Il est remplacé par le chef d'escadron **Chouard**, né à Strasbourg. Blessé plusieurs fois en 1793, il est aide de camp de Moreau puis de Delmas. Il sera blessé par un biscaïen et reçoit 4 coups de sabre à Austerlitz. Nommé colonel du 2e cuirassiers le 27 décembre 1805 puis général en 1811, il commande les carabiniers en Russie. Blessé à la Moskowa, il est envoyé en convalescence en 1813. Commandant la 2e division de dragons, il défend Langres en 1814. CrLH. Il est à la tête de deux régiments de lanciers dans le Haut Rhin pendant les Cent-Jours. Retraité en 1815, repris et retraité en 1833, il meurt à Nancy en 1843.

Lannelongue est au régiment en 1774, renversé par un cheval en 1799, il sera blessé et nommé capitaine en 1805, LH. Il se bat à Austerlitz et sera retraité en 1806.

Leroy, né à Landrecies, il reprend Austerlitz, passe lieutenant en 1809 et devient officier aux grenadiers à cheval de la garde en Russie. OLH en 1813, retraité pour blessures en 1813.

Plançon. Blessé à Nancy en 1780, puis trois fois encore en 1792, il enlève un canon et un caisson faisant de nombreux prisonniers et sauve un officier pris sous son cheval ainsi qu'une quarantaine d'hommes en 1796, Il est de nouveau blessé en faisant de nombreux prisonniers en 1800, action qui lui vaut un sabre d'honneur. Il a un cheval tué et reçoit de nombreuses contusions à Austerlitz. Capitaine au 4e cuirassiers en 1806, cité à Heilsberg, il a son cheval tué et reçoit une blessure à Essling. Blessé encore à Wagram, il est nommé chef d'escadron, OLH en Russie. Il reprend 14 canons à Polotsk et est cité à la Bérésina où son cinquième cheval est tué, Il charge à Waterloo et est retraité en 1815.

Labeille est blessé à Nordlingen puis est nommé chef d'escadron. LH. Il est blessé et a son cheval tué à Austerlitz. Il sera blessé grave ment à Wagram.

Etienne, maréchal des logis, est blessé et a un cheval tué à Austerlitz. De nouveau blessé à Wagram, il meurt des suites de ses blessures.

Le lieutenant **Chevillet** a son cheval tué et est blessé à Austerlitz.

Le capitaine **Coiffier** est blessé à Austerlitz. LH. Il sera chef d'escadron en Russie et fait OLH en 1814.

Le sous-lieutenant **Coiffier** probablement frère du précédent est blessé et cité à Austerlitz.

Sont cités aussi le capitaine **Vallet** qui a bien mené la charge, suppléant probablement Chouard blessé. Les capitaines **Biendiné** et **Cardon**, les lieutenants **Habert** et **Albert**, les sous-lieutenants **Bréjat, Chantel** et **Juning**, le trompette **Reep**. Le sous-lieutenant **Chambrotte**, est blessé à Austerlitz et sera tué à Friedland. Le brigadier **Silvestre** est démonté mais continue le combat à pied. Le carabinier **Cervin** ayant son cheval tué, en trouve un libre, le monte et charge à nouveau.

Le régiment avait au départ, avant la bataille 23 officiers, 443 hommes et 478 chevaux. Il a eu 7 officiers blessés, 2 cavaliers tués et 24 blessés. Une autre source ne donne que 195 hommes présents le 2 décembre.

● **Le 2e carabiniers**

Le colonel est **Morin**. Entré au régiment en 1782, il en devient le colonel en 1803. CtLH après Austerlitz, général en 1807, inspecteur des dépôts en 1809, baron en 1812, il finit par partir à la retraite en 1813.

Ismert est au 2e carabiniers en 1801, il est nommé colonel à la suite, puis colonel du 2e dragons en 1807. Il est à Médellin, OLH, est fait Baron et a un cheval tué en Russie. Couronne de fer, retraité en 1814.

Borel, est déjà carabinier en 1758, major du régiment en 1804, OLH, retraité 1806 « comme vieux et fatigué ».

Duclos-Grenet est au régiment en 1789, blessé en Vendée, il est nommé capitaine en 1793. Réformé en 1806, repris, il devient adjoint en 1807 au 2e corps d'Oudinot. Chef d'escadron en 1808, il est avec Oudinot en 1809. Il sert en Russie, il est à Wesel en 1813 et meurt en octobre 1813.

Priolet, obtient une carabine d'honneur en 1803 et est retraitée en 1808.

Benoit, né à Soissons, est au régiment en 1797, reçoit un sabre d'honneur en 1803, Il est nommé sous-lieutenant en 1806, chef d'escadron en 1813 et sera licencié en 1815.

Normand est au régiment en 1794 et reçoit un sabre d'honneur en 1802. Promu lieutenant en 1806 après Iéna, il est retraité en 1810.

Vanroye est au régiment en 1794, il délivre son chef d'escadron en 1800, réalise des prodiges de valeur et est criblé de blessures à Austerlitz, il en meurt à Brunn.

Le régiment ne comptait à Austerlitz que 182 cavaliers, il n'a eu qu'un officier et 16 carabiniers blessés et deux tués.

— LA 2e BRIGADE DU GÉNÉRAL DE LA HOUSSAYE

De la Houssaye, commande le 3e hussards, puis le 16e chasseurs. Promu général en 1804, CtLH et général de division en 1807. Il est au 3e corps de cavalerie de Grouchy en Russie. Blessé gravement à la Moskowa, il est pris à Vilna et rentre en 1814. Il sert en 1815 et est mis en non activité. Comte en 1819, il devient inspecteur de gendarmerie et sera retraité en 1833.

● **Le 2e Cuirassiers,**

Le colonel **Yvendorf** est né à Hambourg. Il est à Saint-Domingue et rentre en 1790. Colonel en 1799, il sert à Marengo. Il sera nommé général le 27 décembre après la bataille d'Austerlitz où il est blessé. OLH. Retraité en 1811, il est repris aux Cent-Jours comme inspecteur. Retraité en 1815.

Alix est en 1792 à l'armée du Nord, il reçoit un sabre d'honneur en 1800 pour avoir pris un

110

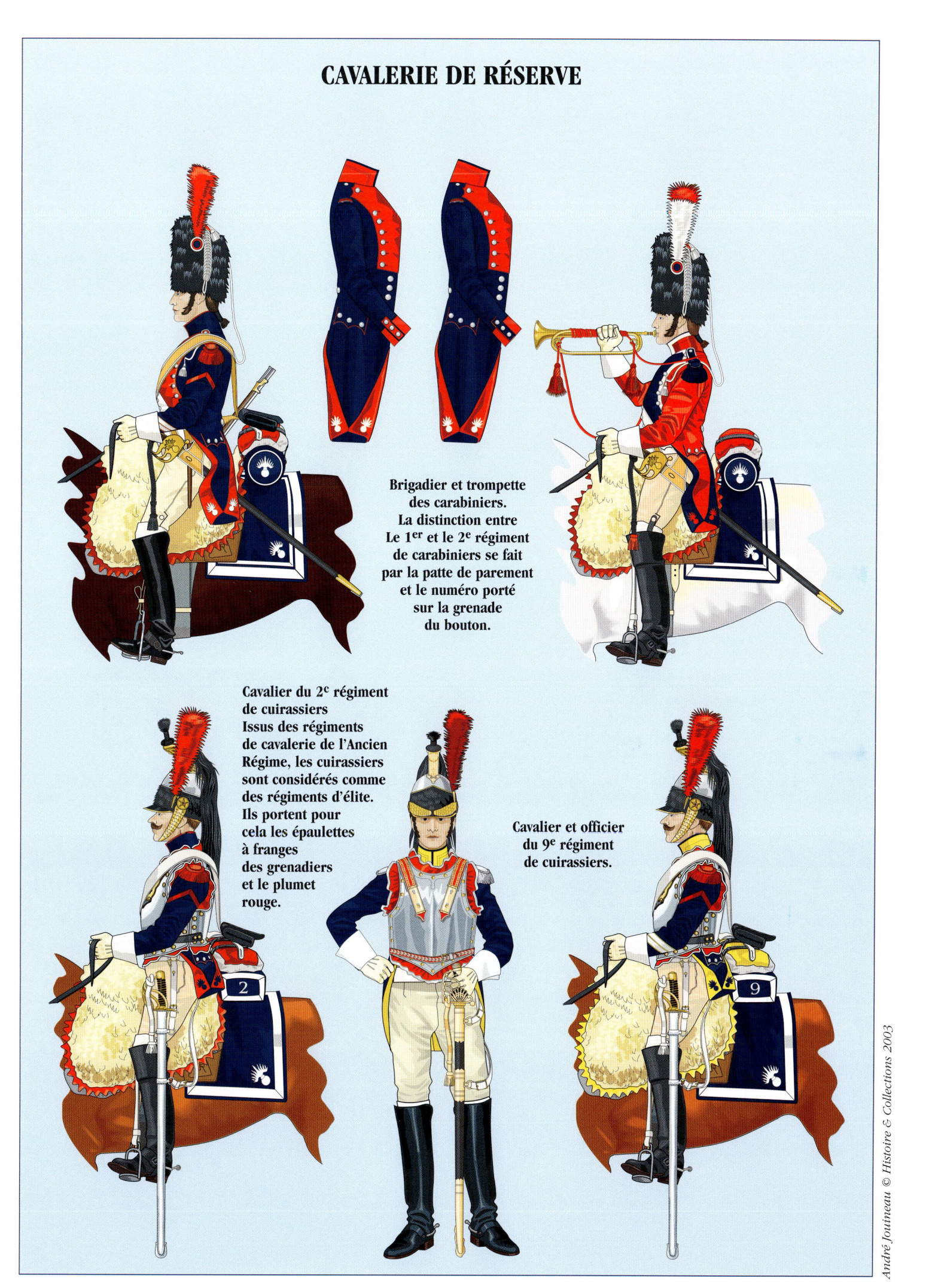

CAVALERIE DE RÉSERVE

Brigadier et trompette des carabiniers. La distinction entre Le 1er et le 2e régiment de carabiniers se fait par la patte de parement et le numéro porté sur la grenade du bouton.

Cavalier du 2e régiment de cuirassiers. Issus des régiments de cavalerie de l'Ancien Régime, les cuirassiers sont considérés comme des régiments d'élite. Ils portent pour cela les épaulettes à franges des grenadiers et le plumet rouge.

Cavalier et officier du 9e régiment de cuirassiers.

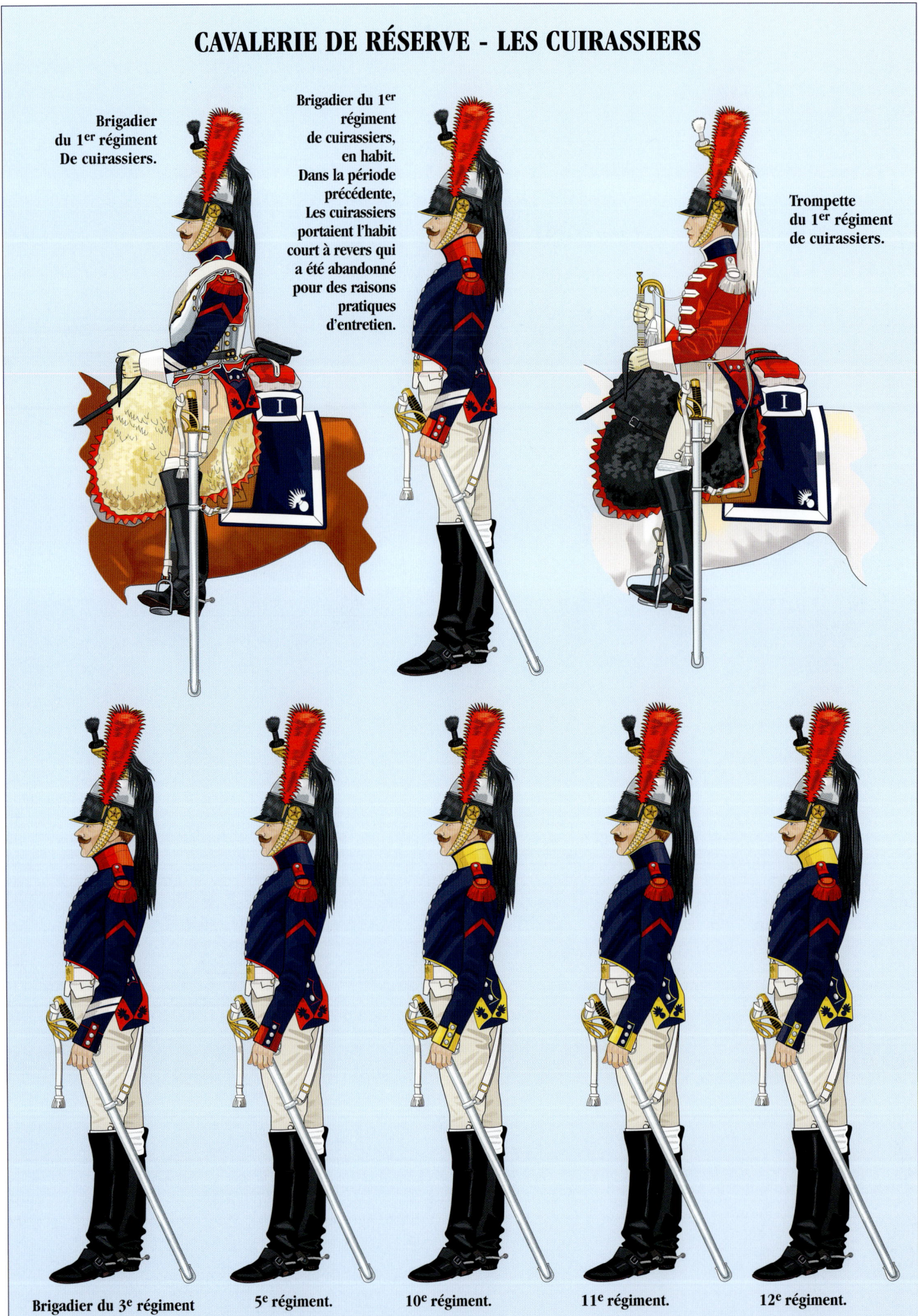

CAVALERIE DE RÉSERVE - LES CUIRASSIERS

Brigadier du 1er régiment De cuirassiers.

Brigadier du 1er régiment de cuirassiers, en habit. Dans la période précédente, Les cuirassiers portaient l'habit court à revers qui a été abandonné pour des raisons pratiques d'entretien.

Trompette du 1er régiment de cuirassiers.

Brigadier du 3e régiment

5e régiment.

10e régiment.

11e régiment.

12e régiment.

canon et 200 Anglais, puis 53 Autrichiens en Italie. Chef d'escadron au régiment, il est à Marengo où il enlève un drapeau, il reçoit un deuxième sabre d'honneur. OLH. Il est à Austerlitz. Retraité en 1808, il devient maire de Neuville-sur-Saône, dans le Rhône, dénoncé par des royalistes comme conspirateur, il sera arrêté et libéré.

Guépratte est au régiment en 1791. Il est lieutenant pour Austerlitz et Iéna. LH. Capitaine après Wagram, il est à Hambourg en 1813 et sera retraité en 1815.

Sont cités **Erard**, sous-lieutenant. *« Ayant à la charge traversé les rangs ennemis, il fut culbuté dans les traits des chevaux qui tiraient une pièce de canon, il sabra les canonniers et ne dut son salut qu'à sa bravoure »*.

Saissette, brigadier. *« Portait l'aigle du premier escadron à Austerlitz, en a frappé l'ennemi, a tiré son sabre, s'est battu et a rapporté son aigle »*.

● **Le 9ᵉ cuirassiers**,

Le colonel **Doumerc** est né à Montauban. Simple dragon en 1783, il devient colonel en 1800. Il est à Austerlitz et est nommé général en 1806. Il remplace La Houssaye. Il est à Friedland puis avec Oudinot en Russie à Polotsk. Héros de la Bérésina. Il sert pour la campagne de France et en 1815. MLis en non activité, il est retraité en 1825. GdCxLH en 1832. Retraité définitif en 1833.

Le chef d'escadron **Leblanc**. LH. Il sert à Ulm et à Austerlitz où il est blessé. Blessé gravement en 1809, il est retraité pour infirmité. Commandant de place en 1812, adjudant commandant en 1813, retraité en 1814. 1815 le voit vaguemestre, retraité 1816.

Viel, cité en 1800, sabre d'honneur en 1803, il est à Austerlitz. Devenu lieutenant, il sert à Iéna, esy blessé à Wagram, puis se bat en Russie et en Saxe. OLH. Il est à Dresde, et a 3 blessures à Leipzig. Chef d'escadron au 10ᵉ cuirassiers, il est à Ligny et Waterloo. Licencié il rentre chez lui.

Lefevre, capitaine, blessé, pris, libéré, il est nommé chef d'escadron en 1804, major puis colonel du 11ᵉ en 1813. OLH en 1814. Il sert pour la campagne de France et devient adjudant commandant en 1815. Cette promotion est annulée. Il meurt en 1835.

Le régiment a 2 officiers blessés, 11 cavaliers blessés et 2 tués à Austerlitz.

— **LA 3ᵉ BRIGADE DE SAINT-GERMAIN**

Saint-Germain. Gendarme en 1778, chef de brigade en 1793, il est blessé deux fois en 1796 et 1797. Il est avec Ney à Hohenlinden et devient général en 1805 puis général de division en 1809. Il est avec Bordessoulle en 1813 à Lutzen. Comte, il charge à Hanau, fait la campagne de France (GdOLH en 1814) et part en retrait en 1826, puis en 1832. Il meurt en 1835.

● **le 3ᵉ cuirassiers**

Le colonel **Préval** est né à Salins et devient lieutenant en 1792. Colonel du 3ᵉ en 1801, il refuse de juger le duc d'Enghien. Il est à Austerlitz et devient général en 1806. Couronne de fer, baron, maître des requêtes au conseil d'État, inspecteur de cavalerie, il commande des dépôts importants avant de devenir lieutenant général en 1814. Il passe au Ministère de la guerre comme directeur, devient vicomte en 1817, puis pair de France en 1837. Il est promu président de la section

Ci-contre. **Carabinier en grande tenue. L'uniforme de ce corps d'élite de grosse cavalerie est encore très proche de celui d'ancien régime il faudra attendre 1810, pour que ces cavaliers revêtent l'uniforme le plus éclatant de la Grande Armée.** *(Collection de l'auteur, DR)*

Ci-dessous.
Choc de titans entre un carabinier de la brigade Piston, division Nansouty, et un cuirassier autrichien. *(Collection de l'auteur, DR)*

Un général de division de grosse cavalerie, peut être d'Hautpoul, lui aussi en grand uniforme, lors d'une revue.
(Collection de l'auteur)

de la guerre au conseil d'État. GdCxLH en 1843. Sénateur en 1852.

Eberlin, sabre d'honneur en 1804, capitaine en Espagne en 1809, il est promu chef d'escadron en 1814 au 9ᵉ cuirassiers. OLH. Il sert en 1815 et est retraité la même année.

Lang sauve les étendards du régiment en 1793 et reçoit plusieurs blessures. Lieutenant sur le champ de bataille à La Trebia, il obtient sabre d'honneur et est promu capitaine. OLH. Il perd un cheval et est blessé à Austerlitz. Il sert à Iéna, Eylau, a un cheval tué à Friedland et est retraité en 1808.

Gaignemaille, blessé en 1792 à Famars, il sauve l'étendard. Blessé à Marengo, LH, il est lieutenant à Austerlitz puis capitaine 1808. Il meurt en 1811.

Sont cités dans le livre du centenaire.

Gérardin, maréchal des logis. *« En défendant son étendard qu'il a conservé, a reçu plusieurs coups de sabre »*.

Bella, cuirassier. *« Fut un des cinquante braves qui se précipitèrent au travers de l'ennemi pour arrêter l'artillerie qu'il essayait encore de couvrir. Sept bouches à feu furent enlevées, et le cuirassier Bella qui avait beaucoup contribué à cette prise, en remit une au parc d'artillerie »*.

Quatre officiers du régiment ont été tués et quatre blessés à Austerlitz.

● **Le 12ᵉ cuirassiers**,

Colonel **Belfort**. Cavalier en 1770, chef de brigade du 12ᵉ cuirassiers en 1794, il sert à Wertingen, à Austerlitz. Général après la bataille, CdtLH, il est fait baron puis retraité en 1815.

Ferley, enrôlé en 1779, il est à l'armée du Rhin. LH. Il sert à Austerlitz, Iéna, Eylau, Friedland. Il est retraité en 1809.

Ont été décorés pour Austerlitz : **Paquié**, capitaine, **Lecherpy**, chef d'escadron, les lieutenants **Chobriat**, blessé, **Rouyer**, **Rivat** et **Bernard**, le brigadier **Morelle**.

Le régiment a 4 officiers et 12 cavaliers blessés, deux tués dont un officier.

LA 2ᵉ DIVISION DE GROSSE CAVALERIE DE D'HAUTPOUL

La division est placée derrière la division Suchet à l'aile gauche.

Le général **d'Hautpoul**. Né à Sallettes (Tarn), il s'engage en 1777 et devient chef de brigade en 1794, puis général en 1795. Il est avec Marceau et est blessé en 1796, il remplace Richepance puis devient général de division en 1796. Suspendu par Jourdan il est acquitté, et sert à Hohenlinden. Il commande cette division en 1805, sert à Austerlitz, devient sénateur, se bat à Iéna, Lubeck et Hoff. Gd aigle de la LH en 1806. Il a sa cuisse droite fracassée à Eylau et meurt des suites de la blessure.

Ses aides de camp sont le chef d'escadron **Petit** et le capitaine **Desaignes** qui en Italie a obtenu un sabre d'honneur. Il est cité à Austerlitz et devient chef d'escadron en 1811. Blessé à la Moskowa, il servira en 1813, 1814 et 1815. Retraité en 1820.

Les cavaliers du 1ᵉʳ cuirassiers du Colonel Guiton avance. Les « gros talons » sont avant tout l'arme de rupture de la Grande Armée. Ils n'auront pas à jouer un rôle déterminant durant la bataille.
(Dessins Jack Girbal, Collection de l'auteur)

Les autres aides de camp sont les capitaines **Noirot** et **Lejeune**, les lieutenants **Ginski** et **Rousisky**.

Le chef d'état-major est l'adjudant-commandant **Fontaine**. Il sert en Amérique de 1779 jusqu'en 1782 et devient général avant l'Irlande. Fait prisonnier, il sera par la suite chef d'état-major de Belliard en 1802, puis de d'Hautpoul à Austerlitz. Il est avec Lasalle en Espagne, puis avec Dorsenne Il meurt en 1812. Cité par d'Hautpoul et félicité par lui pour Austerlitz dans le rapport officiel.

— LA BRIGADE SAINT SULPICE

Le général **Saint-Sulpice** est colonel du 5ᵉ chasseurs en 1797, général en 1803, écuyer de l'Impératrice, puis sert à Austerlitz. Général de division en 1807, il est avec Bessières en 1809, avec Davout à Eckmuhl et Essling. Il commande les dragons de la garde en 1809 à la place d'Arrighi. Avec Nansouty en 1812 en Russie, il commande ensuite les dragons de la Garde. Gouverneur de Fontainebleau en 1813, colonel du 4ᵉ régiment de gardes d'honneur en 1813, il se bat en Saxe puis à Lyon en 1814. GdOLH. Il sert à Tours en 1815, retraité la même année, Pair de France en 1831, il est retraité définitif en 1832.

● **Le 1ᵉʳ régiment de cuirassiers,**

Le colonel **Guiton**. CtLH pour Austerlitz, il devient général en 1807 (il commande les 10ᵉ et 11ᵉ cuirassiers), baron. Il sert à Wagram, à Hambourg en 1813 et 1814. Rentré, il combat à Waterloo, retraité en 1815.

Daudies, chef d'escadron à Austerlitz, OLH, il devient colonel et chevalier en 1810. Il a quatre chevaux tués à Dresde et à Leipzig. Maréchal de camp en 1815, son grade est annulé. Il sera retraité maréchal de camp en 1816.

Le chef d'escadron **Pierrot**, est cité à Austerlitz, tout comme chef d'escadron **Demongin**, à ce grade depuis 1799. Ce dernier a deux chevaux tués et il est blessé à Austerlitz.

Berckeim, baron de. Capitaine au 2ᵉ carabiniers en 1802, il a capturé 5 canons. Chef d'escadron en 1805, il devient colonel du régiment en 1807. Il sert à Heilsberg, Friedland, Essling et Wagram. Général en 1809, baron, il est en Russie avec Oudinot. Présent à Polotsk, la Bérésina. Il est fait CtLH et général de division en 1813. Il défend l'Alsace, commande la division des gardes d'honneur et sert à Arcis-sur-Aube, député de 1815 à 1817, il meurt en 1819.

Badey, capitaine en 1803, LH en 1806, il meurt en 1809.

Dauphin, grenadier à cheval de la garde en 1796, LH en 1806, blessé à Hoff, il a deux chevaux tués à Essling. de nouveau blessé à Eckmuhl, il sert à Eylau, Moscou, et Chalons en 1814.

Petit, capture un obusier à lui seul, tuant tous les canonniers. LH en 1807, il est blessé la même année. Il sera capitaine à Essling.

Pierredon, enfant de troupe au régiment. Présent à Austerlitz, il devient capitaine en 1807 (LH), puis sert à Essling et à Leipzig, il y sera blessé à chaque bataille.

Schlesser est nommé lieutenant en 1806 après Austerlitz. Tué à Eylau.

Thuon, lieutenant, il meurt des suites de ses blessures reçues à Austerlitz.

Jarsaillon, tué à Eylau.

Pescheloche est chef d'escadron en 1808 puis major au 15ᵉ dragons.

Roize, aide de camp de Davout en 1801, chef d'escadron en 1806, il sera blessé à Iéna et à Hoff.

Saint-Georges, LH en 1806, blessé à Austerlitz, blessé à Eylau, pris en Russie.

Varrocaux, carabine d'honneur après Vérone, sous-lieutenant en 1807. Tué à Essling.

Parès, 3 blessures à Austerlitz, blessé et pris à Leipzig, rentré, LH et retraite en 1814.

Monteil, dit **Duteil**. Ce marin, blessé en 1793, passe au 1ᵉʳ cuirassier en 1794. Blessé à Austerlitz, il devient chef d'escadron en 1807 puis major en 1809. Blessé à Eckmuhl, il reçoit la LH et est fait chevalier. Colonel-major au 4ᵉ régiment de gardes d'honneur en 1813, retraite en 1818.

Guiton recommande le chirurgien-major **Kaiser** pour les soins qu'il a donnés aux blessés, aussi bien pendant la campagne que sur le champ de bataille. Le sous-lieutenant **Dessaigne**s titulaire d'une arme d'honneur en 1803 est cité par le colonel.

Le régiment a un officier tué et 4 blessés à Austerlitz.

● **Le 5ᵉ cuirassiers,**

Le colonel **Noirot** est garde du corps en 1788, aide de camp de son beau-père, Jean du Teil, puis sert à Toulon. Colonel en 1802, il est cité à Austerlitz (CtLH). Général en 1806, il est emprisonné pour négligence, destitué puis nommé inspecteur de gendarmerie par Louis XVIII. Il est retraité 1825.

Le chef d'escadron **Jacquemin** est à Marengo, prend un drapeau à Austerlitz (OLH), blessé à Heilsbeg et tué à Eylau.

Berthenot. En Italie il reçoit un sabre d'honneur. Lieutenant en 1806, il est tué à Eylau.

Bonvalet. Carabine d'honneur en 1801, lieutenant, il reçoit deux blessures à Hoff et finit retraité capitaine en 1813.

Rémy reçoit un sabre d'honneur en 1802, devient adjudant sous-officier en 1806, est cité à Hoff et à Eylau où il perd trois chevaux tués sous lui. Capitaine en Russie, il est fait baron, sert Waterloo, et prend sa retraite en 1815.

Sont cités **Rondot**, sous-lieutenant. « *Cet officier ayant déjà fait des prodiges de valeur, fut démonté au milieu des bataillons ennemis; alors il empoigna la queue d'un cheval de son peloton et dit au cuirassier qui le montait de piquer des deux; traîné de cette manière hors de la mêlée, il aperçoit le cheval d'un cuirassier qui a été tué, le poursuit, le monte et revient au combat où il s'est de nouveau distingué par son audace et par l'ensemble que sa présence a rétabli dans le peloton qu'il commandait* ».

Ouriet, maréchal des logis. « *Ayant son casque brisé sur sa tête par plusieurs balles, se trouve démonté au moment où la masse d'infanterie ennemie faisait sa retraite. Il court aux pièces que cette infanterie abandonne, coupe les traits d'un des chevaux, le monte à poil et revient au combat* ».

Jude, cuirassier. « *Ce cuirassier, conscrit d'un an, démonté au milieu de l'infanterie ennemie, parvient à s'en sortir, et ne voulant pas se retirer, il s'empare d'un fusil et d'une giberne russe, se jette dans un bataillon d'infanterie et y combat le reste de la journée* ».

Veysset, capitaine. « *Ce capitaine commandait le 2ᵉ escadron; il s'est trouvé faire tête de colonne dans la charge faite en colonne serrée. Il a dans cette circonstance enlevé son escadron de la manière la plus vigoureuse, et, quoique atteint d'un coup de baïonnette à la cuisse et perdant son sang, il n'a quitté le combat qu'après la défaite de l'ennemi* ».

Armand, maréchal-des-logis chef. « *Ce sous-officier, avec trois de ses camarades a sauvé la vie à plusieurs reprises à son colonel. Il est le seul des quatre qui n'ait pas la croix* ».

Dégremont, cuirassier. « *Démonté, il s'empare du cheval d'un de ses camarades tué et revient prendre son rang* ».

Trois officiers tués et quatre blessés à Austerlitz pour ce régiment.

● **Le 10ᵉ cuirassiers,**

Colonel **La Taye**. Colonel en 1797, a pris 9 canons en 1800, et reçoit un sabre d'honneur. Sert à Hohenlinden, Austerlitz, CtLH après la bataille. Nommé général en 1806 et retraité pour infirmités. Il est fait Baron en 1808.

Scherb. Ce capitaine blessé à Austerlitz est promu chef d'escadron au 11ᵉ cuirassiers avant d'être tué à Eylau.

Scherb, frère du précédent, sert en Russie et est retraité en 1816.

Pierrot, chef d'escadron, félicité par Napoléon. LH en 1813.

Le régiment qui dispose de 32 officiers, 551 cavaliers et de 475 chevaux aura à Austerlitz, 8 hommes tués, 2 officiers et 74 cavaliers blessés. Il perdra 16 chevaux tués et 2 blessés.

● **Le 11ᵉ cuirassiers**

Colonel **Fouler**. Colonel en 1802, il est nommé général après Austerlitz. Ecuyer commandant les écuries de l'Impératrice, il est cité à Austerlitz. Comte en 1808, il sert en Espagne et devient écuyer de l'Empereur en 1810. Après la campagne de France, il est promu général de division

2ᵉ DIVISION DE DRAGONS

Cavalier de la compagnie ordinaire et sapeur du 3ᵉ régiment de dragons.

Le sapeur porte une hache plus courte que celle de l'infanterie, assujettie à un baudrier porte-hache et un tablier plié sous le ceinturon.

Cavalier de la compagnie ordinaire du 6ᵉ dragons.

Cavalier et officier du 10ᵉ dragons.

en 1814 et GdOLH en 1815. Il est avec Napoléon à Waterloo. Retraité en 1815.

Rémy, cité à Naples, il reçoit un sabre d'honneur en 1802. A Austerlitz, il enlève un canon et a un cheval tué. Il est blessé et a son cheval tué à Essling. OLH. Il perd un cheval à la Moskowa et reçoit deux blessures en Russie où il est pris. Il rentrera en 1814, retraité.

Le régiment a quatre officiers blessés à Austerlitz.

La division d'Hautpoul a eu 4 officiers et 46 cavaliers tués, 79 blessés ; 93 chevaux sont morts et 65 blessés. Ils ont pris 11 canons, un drapeau et fait 1 500 prisonniers.

LA 1ʳᵉ DIVISION DE DRAGONS DE KLEIN

Le général **Klein**. Sénateur, général en 1795, il est promu général de division en 1799. Héros de Zurich (CtLH), il est cité à Eylau, et devient comte et gouverneur du palais en 1808. Retraité, il sera pair en 1814, GdCxLH en 1834.

Son chef d'état-major est **Bertrand** en 1805. Blessé à Eylau, il devient général en 1808. Il est avec Bessières en 1809, puis est fait baron et CtLH. Il est à l'état-major général en Russie, sert en 1815, et sera blessé devant Belfort. Retraité en 1815.

Seul le 1ᵉʳ dragons participera à la bataille avec Davout, en accompagnant la division Heudelet. Le reste de la division arrivera à Raygern en fin de journée.

— PREMIÈRE BRIGADE DE FORNIER DIT FÉNÉROLS

Fénérols est né dans le Tarn, devient général en 1803 (CtLH) et commande les 1ᵉʳ, 12ᵉ et 20ᵉ dragons. Il sera tué à Golymin en 1806.

● **Le 1ᵉʳ dragons**

Le colonel **Arrighi**. Son père est cousin de Napoléon. Il est aide de camp de Berthier en Syrie, sert à Marengo et devient colonel du régiment en 1800. CtLH. Major colonel des dragons de la Garde, il sera aussi aide de camp de Berthier. Blessé à Wertingen, il est à Austerlitz. Promu général en 1807, il combat à Benavente, Essling, Wagram où il remplace Espagne tué à Essling. Duc de Padoue en 1808, il commande le 3ᵉ corps de cavalerie en 1813. Il sert à Dennewitz, Mockern, Leipzig, Hanau, fait la campagne de France et est blessé à Paris, Pair de France aux Cent-Jours, il part en Lombardie. Rappelé en 1819, il est retraité. Repris en 1831, retraité en 1837, député en 1849, sénateur en 1852, il devient gouverneur des Invalides. Il a épousé Anne de Montesquiou-Fezensac.

Sopransi. Fils de Mme Sopransi, égérie de Berthier, il est blessé comme sous-lieutenant à Marengo puis devient lieutenant au 1ᵉʳ dragons. Il combat à Ulm, Wertingen et Austerlitz où il capture le général Wimpfen. Capitaine au 4ᵉ cuirassiers en 1806, aide de camp de Berthier en 1807, il devient chef d'escadron. Il prend 7 drapeaux et 6 canons à Uclès, sert à Wagram, en Russie où il est blessé à la Moskowa. Général en 1813, blessé à Leipzig, il devient OLH et Couronne de fer. Il meurt à Paris en 1814.

Il semble que le régiment était, en fait, commandé à la fin de la bataille par le capitaine **Ménard**, (d'après Colin). Il existe un général Ménard qui était chef d'état-major du 2ᵉ corps de réserve de la Grande Armée.

6 officiers blessés pour ce régiment.

● **Le 2ᵉ dragons**

Le colonel **Pryvé** est Commandant du 5ᵉ dragons à la place de Louis Bonaparte colonel en titre en 1803. Il passe au 2ᵉ dragons en septembre 1805. Il se bat à Wertingen, Austerlitz, et est CtLH après la bataille. Cité à Iéna, il est à Golymin et sera blessé à Eylau. Général en 1807, pris à Baylen, il rentrera d'Angleterre en 1814. Retraité en 1818.

Ci-dessus, de gauche à droite et de haut en bas.
Le général de division Klein, Arrighi de Casanova, colonel du 1ᵉʳ dragons, le général de division Walther qui commande la deuxième division de dragons, et Sébastiani de la Porta qui est, quant à lui, à la tête de la première brigade de la division Walther.
(DR)

Le colonel Pryvé du 2ᵉ dragons. *(DR)*

Mimin, blessé en 1796, LH, il sert à Wertingen et Austerlitz, Eylau, Médélin, où il a le bras droit emporté par un boulet. Il meurt de ses blessures le 15 juillet 1810.

Hetru, né à Vincennes, se distingue en 1796, en 1797 et 1800. Il reçoit un sabre d'honneur en 1802 et est nommé capitaine AM et OLH en 1804. Blessé devant Ulm, il charge à Austerlitz et meurt en août 1807 à Glogau, après Friedland.

— LA DEUXIÈME BRIGADE DE LASALLE

Lasalle. Héros de Rivoli, d'Italie et d'Égypte, général en 1805, il a reçu un sabre et deux pistolets d'honneur. CtLH. Il sert à Austerlitz, et passe après Austerlitz à la tête des 5ᵉ et 7ᵉ hussards qui vont former sa *« Brigade infernale »* devenue célèbre au cours de la poursuite après Iéna. Fauconnet prendra sa place chez les dragons de Klein le 13 décembre 1805. Pour certains — Six —, il commandait ici les 4ᵉ et 14ᵉ dragons. Or, le 4ᵉ était à Dürrenstein. Par contre, le 14ᵉ était bien à Austerlitz et l'on cite Lasalle aux côtés de Davout au cours de la poursuite après la bataille.

Ses aides de camp sont **Wathiez**. Il sert en Italie au 25ᵉ chasseurs puis comme adjoint à l'état-major de Murat. Il sert à Ulm et Austerlitz. Premier aide de camp de Lasalle en 1807, il est à Wagram avec lu. Chef d'état-major de Marulaz, il sert en Russie, Saxe, à Leipzig, est blessé à Hanau. Fait baron en 1813, il est en France en 1814, sera blessé à Waterloo, fait vicomte en 1824 et CrSL en 1825. Lieutenant général en 1837, GdOLH en 1843, il entrera dans le cadre de réserve en 1853.

Théron. Blessé dans les Pyrénées, il reçoit deux blessures de plus à l'armée de l'Ouest puis sert en Italie. Lieutenant au 10ᵉ hussards, il est cité en 1800 et reçoit un sabre d'honneur en 1803, OLH. Aide de camp de Lasalle à Austerlitz où il est cité. Il est fait chef d'escadron sur le champ de bataille d'Iéna. Cité à Friedland, il a reçu 16 blessures et a eu 4 chevaux tués. Major du 4ᵉ dragons, blessé et cité au Portugal par Junot, il meurt en 1812 au dépôt du 4ᵉ dragons. Il a reçu en tout 29 blessures.

● **Le 14ᵉ dragons**

Colonel **Lafon-Blaniac**. Né à Villeneuve-sur-Lot, cet adjoint aux adjudants généraux est blessé en 1797 et fait capitaine sur le champ de bataille. Il sert en Égypte où il sera deux fois blessé, dont une fois gravement à Canope. Il devient du régiment en 1801. Après Austerlitz, il est écuyer du roi Joseph à Naples puis général en 1806. Il suit Joseph en Espagne comme aide de camp et général de division. Gouverneur de Madrid, blessé à Vittoria, il rentre en France dans son grade en 1813. Mis en non activité en août 1815 il sera retraité en 1825. Élu député et réélu en 1831, GdOLH en 1833, année de sa mort.

— LA BRIGADE DU GÉNÉRAL MILET

Milet est né à la Martinique et sert à Marengo. Il est nommé général en 1800, CtLH en 1804. Il commande la 3ᵉ brigade de la division Klein en octobre 1805 et passe à la 2ᵉ division à la place de Sébastiani le 24 décembre, après la bataille. Il sert en Espagne et est retraité en 1812.

Son aide de camp est **Du Cœtlosquet**. Il sera aide de camp et ami de Lasalle en 1806 et le suivra. Général en 1813, blessé à Leipzig, ce lieutenant général en 1821 obtient la Cr SL, et devient ministre de la guerre par intérim en 1823. Conseiller d'état, il sert contre les insurgés en 1830, retraité en 1831.

● **Le 20ᵉ dragons**

Le colonel **Reynaud** est au 22ᵉ chasseurs en 1793 puis sert en Égypte. CtLH, après Austerlitz, général en 1806, il commande les 4ᵉ et 6ᵉ cuirassiers à la division Espagne. Blessé à Wagram sous Arrighi, il sert en Russie avec Valence. Disponible en 1813, il sert à l'intérieur et ne rejoint pas aux Cent-Jours. Il part à la retraite en 1824.

116

2ᵉ DIVISION DE DRAGONS

Officier supérieur du 11ᵉ dragons
Il porte, comme tous les officiers à partir du grade de chef d'escadrons, l'épaulette à « grains d'épinard » et un double galonnage sur le tapis de selle et les chaperons.

Brigadier fourrier de la compagnie ordinaire du 13ᵉ Dragons
Le fourrier porte un galon argent posé en travers sur le bras, en plus des galons de grades.

Cavalier et trompette du 22ᵉ dragons.

Cavalier du 13ᵉ dragons en manteau et surtout.

117

● **Le 26ᵉ dragons,**

Le colonel **Delorme** est chef d'escadron en 1793 et est cité en Italie. Colonel du régiment en 1800, il est à Hohenlinden, OLH, CtLH après Austerlitz. Il sert à Eylau avant d'être retraité en 1807. Baron en 1808.

Laguerre. Cet Ariégeois est aux armées du Rhin et d'Italie. LH. Retraité en 1807 après les campagnes de Prusse et de Pologne.

Crépin. LH. Il fait la campagne d'Austerlitz avec la division puis sert à Wagram, et en Espagne où il meurt à Séville en 1811.

Hacquart sera blessé trois fois. LH. Il fait la campagne d'Autriche en 1805, retraité en 1806.

Lavalette est à l'Armée du Nord et en Italie. Il se bat à Rivoli, Hohenlinden, LH. Lieutenant blessé en 1813, il est pris à Maestricht. Rentré, il sert à Waterloo, retraité en 1816

Coulon a deux chevaux tués à Marengo. LH. Retraité en 1806.

Vial. Le frère du général est né à Antibes. Il sert en Égypte et au régiment dès 1803. Il en devient le colonel en 1807. Fait baron, il est à Iéna, en Espagne et à Toulouse en 1814. Après Waterloo, il est non activité, retraité en 1824. GdOLH en 1850. Cadre de réserve en 1852.

LA DEUXIÈME DIVISION DE DRAGONS DE WALTHER

Walther est au 1ᵉʳ hussards en 1781. Général en 1793, il se bat dans les Alpes, en Italie, commandant la cavalerie d'Augereau. Il commande les 3ᵉ et 14ᵉ dragons sous Dumas, et sera cité à Hohenlinden sous Richepance. Général de division en 1803, il sert à Hollabrunn, blessé à Austerlitz, il est Grand aigle de la LH et chambellan de Napoléon. Promu Major des grenadiers à cheval de la garde en 1806, il charge à Eylau et devient comte en 1807. Il commande la cavalerie de la garde à Wagram. Il se bat en Russie, Saxe et à Hanau, Il meurt en 1813 dans la Sarthe.

Lacroix est à Hohenlinden. Sa nomination comme général par Moreau est refusée, OLH, Il est à l'état-major de Walther à Austerlitz puis devient chef d'état-major de la 3ᵉ division de cuirassiers après Iéna. Capturé en Russie, rentré en 1814, il est maréchal de camp aux Cent-Jours. Retraité honoraire en 1818, il est repris en 1831 et régularisé. Il meurt en 1838.

— LA PREMIÈRE BRIGADE DE SÉBASTIANI DE LA PORTA

Sébastiani. Il sert en Corse puis en Italie où il est de Dego, Arcole. Chef de brigade du 9ᵉ dragons en 1799, il est à Marengo. Général en 1803, blessé légèrement à Austerlitz, il est promu général de division en 1805 et envoyé en mission en Turquie où il aide les Turcs à repousser les Anglais en 1807. Grand aigle de la LH en 1807. Il sert en Espagne, est fait comte en 1809 et se bat en Russie avec Montbrun qu'il remplace après sa mort à la Moskowa. Il commande les cavaliers survivants — réduits à « *l'Escadron sacré* » — pendant la retraite. Élu député aux Cent-Jours, il passe en Angleterre après la défaite. Élu député en 1819, battu en 1824, mais élu de l'Aisne en 1826 et réélu en 1830, il devient ministre de la Marine. Réélu en 1834, il est nommé ambassadeur à Londres en 1835, maréchal de France. Réélu en 1840, puis en 1846, en Corse. Il était détesté par beaucoup. Il meurt en 1851.

● **Le 3ᵉ dragons**

Le colonel **Fiteau** est à l'armée du Rhin, sert en Égypte et devient colonel du 3ᵉ dragons. CtLH pour Austerlitz. Nommé général en 1809, il est blessé à Wagram puis fait comte. Devenu aliéné, il se suicide le 14 décembre 1810.

Dubois. Chef d'escadron en 1804, il devient major au 5ᵉ dragons après Austerlitz. Il a un cheval tué à Eylau. En tant que colonel du 7ᵉ, il est à Essling, Wagram (OLH) et en Russie. Il est nommé général avant la Bérésina. Blessé à Waterloo, retraité en 1815, Cr LH en 1831.

Hacquin est au 3ᵉ dragons en Italie, en Égypte et devient sous-lieutenant puis adjudant major après Eylau. Il sert à Friedland, devient capitaine au 2ᵉ chevau-légers en 1811. Il est en Russie comme chef d'escadron où il reçoit 17 blessures à la Katzbach, laissé pour mort, pris, il rentrera en 1814. Retraité en 1824

Guyon sert à Arcole et Rivoli puis en Égypte. Blessé à Austerlitz (LH), il se bat à Iéna, Friedland et devient chef d'escadron en Espagne au 12ᵉ chasseurs. Il sert en 1814 et 1815, retraité en 1822.

Danel né à Saint-Omer, se bat à l'Armée du Nord, en Égypte et reçoit 4 blessures en 1801. Il sert en Autriche et en Prusse, retraité en 1806, le 22 novembre.

Delesalle, blessé en 1793, sert en Égypte, reçoit 4 blessures et est pris. Il sera libéré par le pacha. LH. Il sauve Becker en 1806, est cité et nommé chef d'escadron. Encore cité à Guttstadt et Friedland. Il est avec Milet au Portugal. OLH et chevalier en 1810. Retraité en 1816 comme lieutenant-colonel honoraire, il meurt à Lille en 1838.

Sellier a un cheval tué et est blessé à Austerlitz, LH. Retraité en 1809.

Vacquié est blessé et a un cheval tué à Austerlitz.

Sont cités les maréchaux-des-logis **Vailly** et **Dupuy** ainsi que le brigadier **Genot** et le dragon **Douvry** qui ont vaillamment secouru un officier et deux de leurs camarades entourés par l'ennemi et prêts à succomber.

● **Le 6ᵉ dragons**

Le colonel **Lebaron** est né à Brest. Il sert tout d'abord dans la marine puis avec Hoche dans l'Ouest, à Quiberon. Il est promu chef d'escadron en 1793 au 15ᵉ chasseurs puis devient colonel du régiment en 1796. Il sera tué à Hoff en 1807.

Rémy, chef d'escadron, héros du 6ᵉ dragons, il reçoit 6 blessures à Marengo. OLH, chef d'escadron en 1815, en non activité ensuite.

Trois officiers sont blessés à Austerlitz.

— LA DEUXIÈME BRIGADE DE ROGET DE BELLOGUET,

Roget, sert en 1791. Il est avec Kléber dans l'Ouest et sera cité à Savenay. Colonel du 13ᵉ dragons, il est promu général en 1799 puis est accusé de malversations avec Leva. Au cours de la bataille, il remplace Walther blessé et charge avec les 10ᵉ et 11ᵉ dragons, suivi par d'Hautpoul. CtLH après Austerlitz, général de division en 1806, il est fait baron en 1810. Retraité en février 1815.

● **Le 10ᵉ dragons,**

Le colonel **Cavaignac** est en Italie. Promu chef d'escadron au régiment, CtLH pour Austerlitz, il devient général et écuyer de Joseph. Lieutenant général napolitain, il est aussi premier aide de camp de Murat. Il rentre général français en 1812, fait la Russie et est cité à Dantzig où il est pris. Lieutenant général, baron, GdOLH et Pair de France en 1839.

Le major **Grouvel** est né à Rouen et devient chef d'escadron du 10ᵉ dragons, puis major du 17ᵉ après Austerlitz. Blessé deux fois, il sera colonel du 16ᵉ en 1810 puis général en 1813, et baron en 1814. Inspecteur de gendarmerie en 1820, vicomte en 1824, il passe lieutenant général en 1825 et GdOLH en 1835. Non activité en 1836.

Hullot, dit **Sabatin** sera adjudant à Friedland, pris à Baylen, il rentre d'Angleterre en 1814 et passe au 8ᵉ lanciers. Retraité en 1815.

Delaas est chef d'escadron en 1804, puis major du 22ᵉ en 1806. Retraité 1813, il est repris comme major du 1ᵉʳ régiment de gardes d'honneur en 1814. Il se bat contre Napoléon pendant les Cent-Jours. SL. Il meurt en 1827.

Ci-dessus, de gauche à droite.
Lefebvre Desnoettes colonel au 18ᵉ dragons et Auguste de Caulaincourt chef de corps du 19ᵉ dragons. *(DR)*

Est cité **Lombard**, adjudant-major. « *S'est distingué, a conduit le 2ᵉ escadron, dont les deux capitaines étaient hors de combat, contre un bataillon russe qui accablait le régiment de son feu* ».

● **Le 11ᵉ dragons,**

Le colonel **Bourdon**, tué à Hollabrünn, est remplacé par **Bourbier**, LH, chef d'escadron des chasseurs de la garde, colonel du régiment le 18 décembre 1805, il sera tué à Eylau.

Sont cités **Saint-Mard**, adjudant sous-officier. « *Est entré le premier dans les rangs ennemis en culbutant tout ce qui se présentait à lui* ».

Verguet, maréchal des logis. « *S'est engagé dans les rangs ennemis, a eu un bras cassé par une balle* ».

Le major **Lefèvre** et le chef d'escadron **Giraud** sont tués à Austerlitz; deux officiers sont blessés.

— LA TROISIÈME BRIGADE DE BOUSSART

Boussart. Ce cadet en Autriche, réfugié en France en 1792, est un ancien d'Italie et d'Égypte. Blessé trois fois à Mondovi, trois fois en Égypte, nommé général en 1801 (CtLH), il sert à Iéna, Prenzlow, Lubeck, Gravement blessé à Pultusk, il est pris à Baylen, rentré, Espagne, il est blessé et pris, avant d'être délivré par Delort. Général de division en 1812, il meurt des suites de ses blessures en 1813.

Son aide de camp est **Bordenave**, LH, tué en Espagne en 1811.

● **Le 13ᵉ dragons,**

Colonel **De Broc**. Aide de camp de Louis Bonaparte. Blessé en 1792, colonel en 1804, il est de nouveau blessé à Austerlitz. CtLH, Gd Cx de Hollande. Il rentre en France, général en 1809 et sera présent à Raab et Wagram où il est cité. Couronne de fer. Il meurt d'infection à Milan en 1810.

Goyard. En 1800, il prend 4 canons et 600 ennemis, nommé lieutenant sur le champ de bataille par Moreau, il est promu aide de camp de Roget en 1804. LH. Devenu capitaine, et aide de camp de Milet, il meurt en Pologne en 1807.

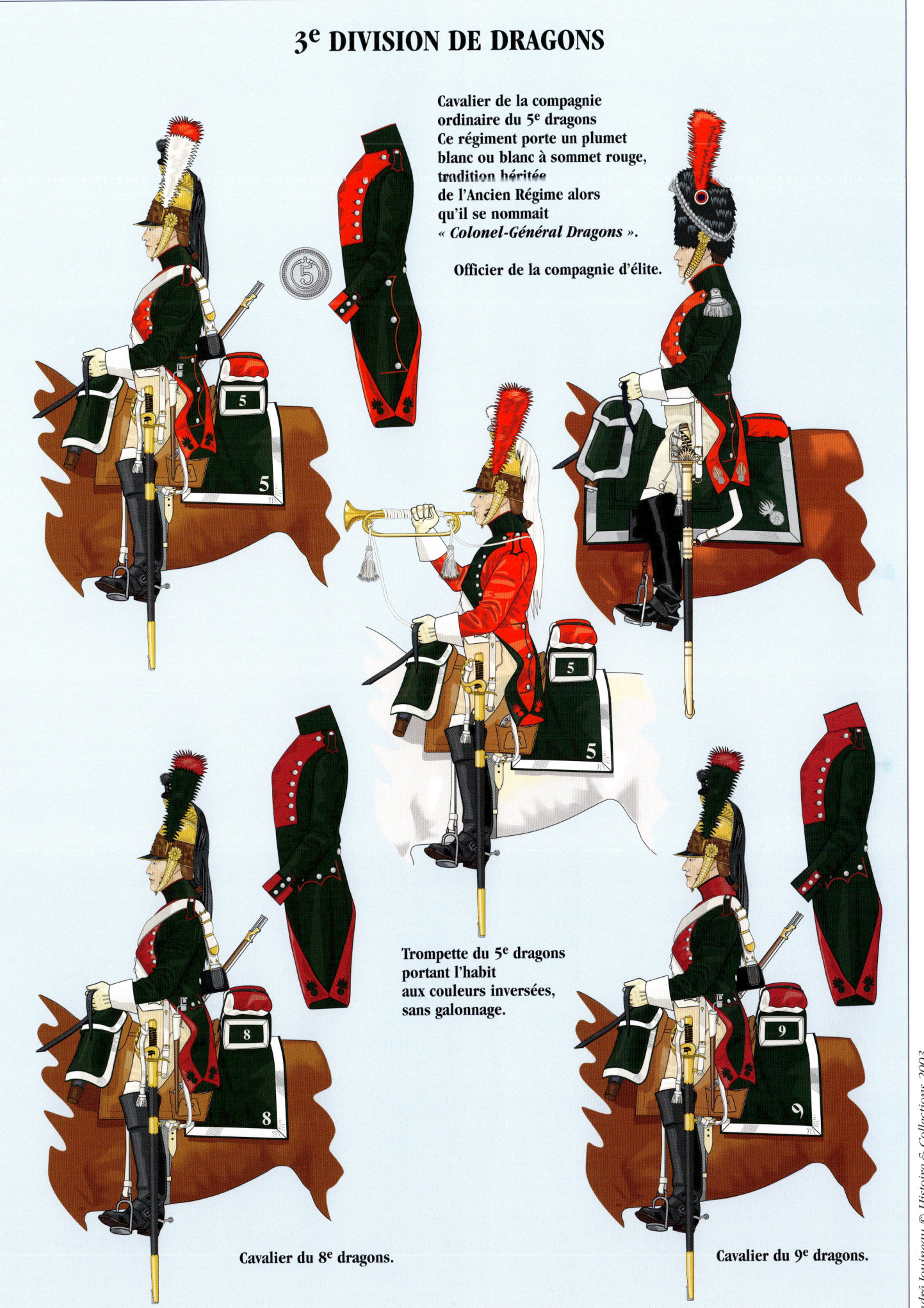

3ᵉ DIVISION DE DRAGONS

Cavalier de la compagnie ordinaire du 5ᵉ dragons. Ce régiment porte un plumet blanc ou blanc à sommet rouge, tradition héritée de l'Ancien Régime alors qu'il se nommait « *Colonel-Général Dragons* ».

Officier de la compagnie d'élite.

Trompette du 5ᵉ dragons portant l'habit aux couleurs inversées, sans galonnage.

Cavalier du 8ᵉ dragons.

Cavalier du 9ᵉ dragons.

Brunon reçoit un sabre d'honneur pour le passage du Rhin en 1802. Nommé lieutenant en 1806, il est en Espagne puis fait la campagne de France avant d'être retraité en 1814.

Le régiment déplore quatre officiers blessés dont le colonel.

● **Le 22ᵉ dragons**

Le colonel **Carrié de Boissy** est né en Aveyron et devient sous-lieutenant en 1782. Colonel en 1800, il obtient la CtLH après Austerlitz. Devenu général, il est en Espagne et est fait baron. Il reçoit 5 blessures et est capturé par les Anglais en 1812. Rentré en 1814, il commande l'Aveyron, député d'Espalion en 1815, retraité. Mort en 1843.

Lebarcq sert sur le Danube, LH, est à Eylau et Friedland. Il est tué à Logrono en 1810.

Schmidt, reçoit un fusil d'honneur en 1802, est promu sous-lieutenant en 1806. Il est pris à Baylen. Retraité en 1814.

Le régiment a un officier tué et deux blessés.

LA 3ᵉ DIVISION DE DRAGONS DE BEAUMONT DE LABONNIÈRE

Beaumont est tout d'abord page de Louis XVI en 1777, puis dragon en 1784 et enfin général en 1795 en Italie. Il se bat à Lodi, Castiglione, Mantoue, est blessé à Magnano. Général de division en 1802, il sert à Wertingen et Ulm. Malade à Austerlitz, il est remplacé par Boyé. Après Iéna, il devient premier écuyer de madame Mère. Cr de la Couronne de fer, comte, pair de France en 1814, il commande à Paris en 1815 et vote la mort de Ney. CxLH en 1824. Mort en 1830.

Le chef d'état-major est l'adjudant-commandant **Devaux**. Dragon en 1787, il devient chef d'escadron en 1796 et part à Saint-Domingue puis en Italie en 1800. Adjudant-commandant, il retourne à Saint Domingue et rentre en 1804 où il est nommé à ce poste. Il sert en Catalogne en 1808, devient général en 1811 est retraité pour ophtalmie. OLH en 1813. Aveugle en 1815.

— LA 1ʳᵉ BRIGADE DE BOYÉ

Boyé. Né en Prusse- Rhénane, il sert au 4ᵉ hussards en 1791 et devient général en 1795. Sa carrière s'interrompt en 1797 pour infirmité. Repris pour Zurich, il sert à Hohenlinden (CtLH), Austerlitz, puis à l'état-major de l'armée d'Espagne. Baron et retraité en 1812, naturalisé en 1817. C'est lui qui va mener la division à Austerlitz. Il ne chargera pas « assez à fond » lors de la phase finale de la bataille. Napoléon lui enverra Gardanne pour le stimuler.

● **Le 5ᵉ dragons,**

Le colonel **Guiot de Lacour** est tour à tour géographe, pontonnier, chef d'escadron de gendarmerie avant de devenir colonel du régiment en 1804. Il se bat à Wertingen et sera blessé grièvement à la cuisse gauche à Austerlitz. Il revient dans la gendarmerie en 1810, retraité en décembre 1815, il sera maréchal de camp honoraire en 1818.

Sont cités. **Péridiez**, capitaine. « *S'est distingué. Il commandait le premier escadron et exécuta avec le premier peloton une charge sur un bataillon russe qu'il parvint à enfoncer et où il fut blessé de plusieurs coups de baïonnettes* ».

Delaitre, dragon. « *S'est distingué. A eu un cheval tué sous lui et est remonté de suite sur le cheval de l'un de ses camarades tués. La veille de la bataille, reçut un coup de lance en faisant face à plusieurs cosaques qui le chargeaient étant en tirailleur et les repoussa* ».

● **Le 8ᵉ dragons**

Colonel **Beckler**, nommé en 1800, LH. Tué par un boulet en 1807 en Pologne.

● **Le 12ᵉ dragons,**

Colonel **Pagès**. Né dans le Gard, il est chef d'escadron en 1794, prend un général en 1795, et est blessé à Novi. OLH. Général après Austerlitz. Baron, retraité en 1810. Mort à Lille en 1814.

Duchastel. Né à Saumur, capitaine au 12ᵉ hussards en 1797, blessé à Montebello et à Marengo, il devient chef d'escadron. LH. Il sert à Ulm, Austerlitz, Iéna puis devient colonel du 21ᵉ chasseurs. OLH en 1815, retraité en 1821, maréchal de camp en 1831 et GdOLH.

Leconte. LH. Capitaine après Austerlitz, il est blessé en 1807. Blessé encore en Espagne, il devient major en 1813 et sert aux Cent-Jours. Retraité en 1817.

Un officier du régiment est tué et trois autres sont blessés.

— LA BRIGADE SCALFORT

Scalfort, baron **Schelfauldt** dit. Né à Douai, il devient dragon en 1788 et général en 1803, CtLH. Blessé au menton à Austerlitz, il part pour l'Italie. Baron, retraité en 1809, il passe aux remontes en 1812.

● **Le 9ᵉ dragons**

Le colonel **Maupetit** a eu 15 ou 16 blessures. Après l'Italie, il participe au 18 Brumaire et sera blessé à Marengo. Il reçoit 9 blessures à Wertingen, est à Austerlitz, (CtLH), à Eylau et Friedland, en Espagne. Nommé baron, il est renvoyé pour surdité. Il meurt des suites de ses blessures en 1811.

Faget. Il a un cheval tué et il est blessé gravement en 1794. Il prend un canon, mais est blessé grièvement devant Vérone en 1799. Il reçoit plusieurs coups de sabre et de baïonnette à Austerlitz. Il est à Iéna, a un cheval tué et est blessé à Eylau. OLH et Russie en 1812. Pris en Saxe après avoir eu trois chevaux tués et reçu deux coups de lance, il est retraité à sa rentrée en 1814.

Lebrun est en Italie et en Égypte avant de devenir chef d'escadron en 1804. OLH après Eylau, il sert en Espagne. Retraité 1812. Arrêté comme Bonapartiste à St Jean d'Angély, il sera libéré en 1816.

Lefebvre, chef d'escadron après Austerlitz, il sera blessé à Eylau et retraité.

Huit officiers sont blessés à Austerlitz, dont le major **Delort**, né à Arbois. Il remplace Maupe-tit blessé après Wertingen, il est lui-même blessé deux fois par les cosaques à Austerlitz. Colonel du 2ᵉ dragons en 1806, il sert en Espagne où il est blessé grièvement en 1811. Nommé chevalier et général en 1811, il sera blessé à Montereau en 1814. Promu général de division, il est à Ligny et Waterloo. Blessé et mis en non activité, il est retraité en 1825 puis repris en 1830 et élu député. Devenu aide de camp du roi en 1832, il est réélu en 1834. GdCxLH en 1837 et pair de France. Il meurt en 1846.

● **Le 16ᵉ dragons**

Le colonel **Clément de la Roncière** est né à Amiens. Colonel du régiment en 1799, il est promu général en 1806, puis baron. Il reçoit 12 blessures à Eckmühl et est amputé du bras gauche. Général en 1809, commandant Saumur, il remplace le prince Borghèse au Piémont en 1814. Comte en 1815 et retraité, il devient inspecteur général de la gendarmerie en 1834, Gd OLH en 1835, retraité ensuite. Mort en 1854.

Haugéranville, neveu de Berthier, il devient son ordonnance. Il sert au 5ᵉ puis 12ᵉ hussards et sera blessé à Bassano. Capitaine au régiment en 1805, il est à Ulm, Austerlitz. Il devient chef d'escadron du 2ᵉ dragons, major du 4ᵉ en 1806 puis aide de camp de Murat en 1807. Il sert à Eylau, Friedland et passe colonel du 6ᵉ cuirassiers en 1807. Baron, major des chasseurs à cheval de la garde en 1811, il part en Russie. Général en 1813, il a la jambe droite cassée à Leipzig. Pris, libéré, il suit le roi à Gand et est nommé aux gardes du corps. Il meurt en 1817.

Le régiment alignait 258 cavaliers à Austerlitz. Le capitaine **Charlet** avait 2 canons de 8 et un obusier avec eux. Ils étaient derrière la division Caffarelli et ont eu 6 sous-officiers et 19 dragons tués, 5 officiers et 25 hommes blessés et 6 morts de leurs blessures. 59 chevaux seront tués.

● **Le 21ᵉ dragons,**

Le colonel **Mas de Polart** (comte du) est à ce poste en 1801. Blessé à Prentzlow et à Eylau, il est promu général westphalien en 1810 puis revient au service français en 1812. Général pour la campagne de France en 1814, il est inspecteur général, cadre de réserve en 1831 et finit maire de La Ferté-Milon.

Faroppa vient des dragons piémontais. LH. Retraité 1807.

Le capitaine **Gay** est blessé, mais le régiment était d'ordonnance près du quartier général.

LA 4ᵉ DIVISION DE DRAGONS DE BOURCIER (elle marche avec Davout)

Bourcier est déjà dragon en 1772. On le trouve à l'état-major de Custine en 1793, puis comme chef d'état-major de l'armée du Rhin et général en 1793. Il est promu général de division en 1794, GdOLH en 1804. Il sert à Ulm, Elchingen et Austerlitz puis Iéna. Comte en 1808, conseiller d'état en 1810, il supervise les remontes et les dépôts. Il est à Magdebourg en 1814, et sera retraité en 1815. Elu député en 1816, il sera réélu en 1821 et 1824.

Il a comme aides de camp **Lemoyne**, qui sera blessé à Ulm et à Austerlitz par un biscaïen. Cité dans le Tyrol en 1809, colonel du 14ᵉ chasseurs et OLH en 1813. Retraité en 1822, il est élu maire de Gland (Aisne). Cité par Davout dans son rapport ainsi que

Girard, né à Lyon. Aide de camp de Bourcier en 1797, il est capitaine cité par Davout à Austerlitz. Promu chef d'escadron en 1806, il devient aide de camp de Jérôme et général en Westphalie puis chambellan. Rentré en France comme général en 1814, il est placé comme commandant des départements. OLH. Il meurt en 1818.

Le chef d'état-major est **Drouhot**. Hussard en 1783, OLH, chevalier en 1810, il est avec Arrighi en 1812. Retraité en 1813.

— LA PREMIERE BRIGADE DE LAPLANCHE

La Planche est né à Montauban et reçoit 22 blessures à Kaiserslautern en 1793. Général en 1803, CtLH, il sert à Austerlitz et Friedland. Baron. il part en Espagne avant d'être retraité en 1810, Pendant les Cent-Jours il est pris en défendant Charleville où il meurt en 1832.

● **Le 15ᵉ dragons**

Colonel **Barthélémy**. Chef d'escadron des guides de Bonaparte en Italie puis en Égypte, OLH, il est à Austerlitz. Blessé à Pultusk, il est promu général en 1807. Il sert en Espagne et sera destitué pour concussion en 1810, Commandant de places, retraité en 1815.

Lavie est chef d'escadron en 1803, LH. Il est tué à Lugo en 1809.

Laroche est né à Riom. Il sert en Égypte et passe au 15ᵉ dragons en 1804, LH. Il est à Ulm, Austerlitz, Iéna, Eylau. Chevalier, il est nommé sous-inspecteur aux revues dans l'intérieur (pour infirmités).

Louvain de Pescheloche, major, LH, cité à Austerlitz, tué le 3 décembre 1805.

Fuseau, blessé à Austerlitz, tué en Espagne en 1810.

Brunet a pris un drapeau à Arcole, est blessé en Égypte, et reçoit un sabre d'honneur en 1802. Il sert en Espagne, retraité en 1810.

Sont cités **Imbert**, maréchal des logis. « *S'est distingué, En tirailleurs avec un peloton, il a chargé avec intrépidité l'infanterie ennemie qu'il a enfoncée et a ramené quatre vingt prisonniers* ».

Deschenet, brigadier. « *S'est distingué par sa bravoure; a chargé deux fois l'ennemi pour protéger la retraite de deux sergents qui avaient été blessés. Un officier tué et un blessé* ».

● **Le 17ᵉ dragons**

Le Colonel **Saint-Dizier** a été tué dans une charge à Albeck. Il sera remplacé en 1806 par Beurmann qui vient des chasseurs de la Garde et qui a été blessé deux fois à Austerlitz. Il défen-

3ᵉ DIVISION DE DRAGONS

Cavalier de la compagnie d'élite et cavalier d'une compagnie ordinaire du 12ᵉ dragons. L'armement des dragons est assez disparate, tant au niveau des armes blanches que des armes à feu.

Cavalier de la compagnie d'élite du 16ᵉ dragons. La compagnie d'élite se distingue par son bonnet d'ourson agrémenté de tresse rouge ou blanche et d'épaulettes à franges de même couleur.

Brigadier et officier du 21ᵉ dragons. Le plumet blanc de l'officier indique qu'il appartient à l'état-major du régiment.

Le 18ᵉ Dragons de la brigade Sahuc à la division Bourcier monte en Ligne.
(Dessins de J. Girbal, Collection de l'auteur)

dra Metz en 1814 et s'y suicidera en 1815.

Paulus, enfant de troupe au régiment, reçoit un sabre d'honneur en 1804. Il est blessé deux fois à Austerlitz puis deux fois encore en 1807. Il sert pendant la campagne de France et à Waterloo. Retraité capitaine.

Le régiment a trois officiers blessés.

— LA DEUXIÈME BRIGADE DE SAHUC

Sahuc est enrôlé en 1772, il est à Valmy, avec Richepance à Hohenlinden. Nommé Général en 1799 (tribunat, CtLH), il est promu divisionnaire en 1806 et remplace Bourcier. Baron. Il sert à Lubeck, Raab, est blessé à Wagram. Il meurt du typhus en 1813.

● **Le 18ᵉ dragons**,

Le colonel **Lefebvre-Desnoettes** est aide de camp de Bonaparte en 1800, il est à Marengo et devient colonel en 1803. Adjoint à l'état-major général, CtLH pour Austerlitz, il est fait général en 1806. Major-colonel des chasseurs à cheval de la garde en 1808, il sera pris blessé à Benavente. Il s'évade en 1812. Il est en Russie avec ses chasseurs de la Garde où il est blessé. Gd Cx de la Réunion. En 1815, il essaye avec Lallemand de prendre l'arsenal de Cambrai, mais échoue. Pair de France, présent Waterloo, il sera proscrit et condamné. Il s'exile aux États-Unis, rayé de la LH. Mort dans le naufrage de l'*Albion* en essayant de rentrer en 1822

Son aide de camp nommé en 1806 est **Dumas** qui a fait l'Italie et l'Égypte. LH. Il a deux chevaux tués à Ulm, est blessé à Austerlitz en marchant avec le 3ᵉ corps ce qui lui vaut une citation. Cité à Wagram, OLH, il reçoit 4 blessures à Kulm, pris, rentré en 1814. Retraité en 1815 comme lieutenant-colonel. Colonel retraité à nouveau en 1832.

Gauthier dit **Leclerc** est chef d'escadron. Il a combattu en Égypte, reçoit un sabre d'honneur et est blessé à Austerlitz. Colonel du 11ᵉ dragons en Espagne, il sert à Waterloo et est retraité en 1815.

Pistre, capitaine, ancien d'Égypte, blessé à Austerlitz puis à Friedland.

Guiard, capitaine, LH, blessé à Austerlitz, chef d'escadron et OLH en 1809.

Laroche est né à Riom, il est guide en Italie et en Égypte où il sauve Kléber en 1799. Chef d'escadron au régiment en 1802, il passe au 5ᵉ dragons. LH. Colonel du 13ᵉ dragons en 1806, il meurt de maladie en Espagne en 1809.

Est cité **Munier**, jeune conscrit. « *A eu le bras gauche emporté, a mis pied à terre, a passé devant le front du régiment, le sabre à la main, a encouragé ses camarades et n'a point voulu souffrir qu'aucun le conduisit à l'ambulance* ».

Le régiment qui comptait en novembre 19 24 officiers et 310 cavaliers a eu 33 dragons tués et 44 blessés à Telnitz. Cinq officiers ont été blessés et 90 chevaux perdus.

● **Le 19ᵉ dragons**,

Le colonel **Auguste de Caulaincourt** est lieutenant au 1ᵉʳ carabiniers puis au 1ᵉʳ dragons en 1798. OLH. Il sert à Austerlitz (CtLH) puis devient aide de camp de Louis Bonaparte et général en 1806 en Hollande puis en France. Fait baron, il prend deux drapeaux au Portugal, héros du pont de l'Arzobispo sur le Tage en 1809, il est ensuite promu général de division, gouverneur des pages, comte et Gd cordon de la Réunion. Il commande le grand quartier général en Russie et remplace Montbrun tué. Il se fait tuer en entrant dans la grande redoute de la Moskowa à la tête des cuirassiers du 5ᵉ régiment.

Le régiment est cité par Davout qui précise qu'il a perdu 21 hommes tués, 12 blessés et 22 chevaux tués avec 15 blessés.

— LA 3ᵉ BRIGADE DE VERDIÈRE

Verdière. Engagé en 1767, écuyer instructeur, général en 1795, général de division en 1799, CtLH, Il meurt en 1806.

● **Le 25ᵉ dragons** est resté à Raygern

Le colonel **Rigau** est né à Agen. Chef d'escadron du 10ᵉ hussards, blessé gravement en 1794, CtLH pour Austerlitz. Il fait la Campagne de France en 1814. Il abrite Lefebvre-Desnoettes en 1815 après son échec à Cambrai. Proscrit et condamné à mort en 1815, il s'exile à Gand puis aux Etats-Unis au champ d'asile du Texas. Il reçoit un legs de Napoléon.

Degeorges, né à Clermont-Ferrand, LH, il sert en Espagne et au Portugal. Lieutenant en 1809, il sera tué en 1811 à Ciudad-Rodrigo.

Lasne, LH, blessé à Pultusk, il est à Salamanque, Leipzig et Montereau. Retraité capitaine en 1814.

de Marbeuf est lieutenant à Austerlitz, LH en 1807, officier d'ordonnance de Napoléon en 1808. Il est officier aux chasseurs à cheval de la garde en 1810. Baron.

● **Le 27ᵉ dragons**,

Le colonel **Terreyre** est né à Clermont-Ferrand. Enrôlé en 1776, il participe à la révolte de Nancy. Promu colonel du 27ᵉ en 1803, CtLH après Austerlitz, général après la bataille et retraité le même jour.

Son cités **Bernard**, adjudant sous-officier. « *Envoyé avec 8 hommes pour observer l'ennemi, s'avança jusqu'au bord du lac et ayant chargé sur quelques pelotons de Russes, il fit mettre bas les armes à quatre-vingts hommes. M. le général Bourcier a rencontré ce détachement au moment où il le conduisait* ».

Tournay, maréchal des logis. « *Étant détaché en tirailleurs, chargea avec intrépidité un détachement de vingt hommes d'infanterie russe qu'il fit prisonnier* ».

Mataillet, maréchal des logis. « *Étant détaché en tirailleurs, chargea vigoureusement avec six dragons sur un détachement de soixante-cinq hommes d'infanterie russe qu'il fit prisonnier. A aussi contribué à la prise d'une pièce de canon* ».

Cinq officiers blessés pour le régiment.

— LA BRIGADE DE CAVALERIE LÉGÈRE

Milhaud est né dans le Cantal. Sous-lieutenant d'un régiment des colonies en 1790, il est élu commandant de la garde nationale d'Aurillac, élu à la Convention, il vote la mort de Louis XVI et commande le 5ᵉ dragons en 1796. Promu général en 1800, il obtient cette brigade en octobre 1805. La brigade est rattachée à la division Walther et sera citée à Wischau.

● **Le 16ᵉ chasseurs**,

Colonel **Durosnel**. Gendarme écossais en 1783, colonel du régiment en 1799, il est écuyer cavalcadour de Napoléon en 1804. Il est promu général le 24 décembre 1805. Il est avec Lasalle en 1807. Comte en 1808, il devient aide de camp de l'Empereur en 1809 et général de division. Pris à Essling, gouverneur des pages, il est en Russie avec la gendarmerie d'élite de la Garde et devient commandant d'armes à Moscou. Il a une cuisse emportée à Leipzig et sera pris à Dresde. Aide de camp de Napoléon pendant les Cent-Jours, pair de France, mis en non activité en 1815, il sera retraité en 1816. Elu député en 1830, GdCxLH en 1832, il devient aide de camp de Louis-Philippe. De nouveau pair en 1837. Il meurt en 1849.

Bonnemains. Chef d'escadron au régiment en 1800, il passe major en 1803, sert à Lubeck et devient colonel du 5ᵉ chasseurs en 1806. Baron. Il sert en Espagne, Italie. Lieutenant général à Waterloo, il redevient maréchal de camp disponible en 1815. Inspecteur général de la gendarmerie en 1818, vicomte en 1822, il est promu lieutenant général en Espagne en 1823. GdOLH en 1829, député de la Manche en 1830, inspecteur général de gendarmerie en 1834, il sera élu député en 1839, pair de France en 1845 et retraité en 1848.

● **Le 22ᵉ chasseurs**,

Le colonel **Latour-Maubourg** sous-lieutenant en 1782. Arrêté en émigrant avec La Fayette, il est relâché et envoyé en mission en Égypte. Aide de camp de Kléber, puis de Menou, il devient colonel du 22ᵉ chasseurs en 1802. Général le 24 décembre 1805, il est avec Lasalle, puis devient général de division en 1807. Il sert à Heilsberg, est blessé à Friedland, baron. Il se bat en Espagne et commande le 4ᵉ corps de cavalerie en Russie. Blessé à la Moskowa, il est au 1ᵉʳ corps en 1813. Gd Cx de la Réunion, GdCxLH en 1814, pair de France, il adhère à la déchéance de Napoléon, ne sert pas pendant les Cent-Jours. Gd Cx SL en 1818, Cr du St-Esprit en 1820, gouverneur des Invalides 1821, il a suivi les Bourbons en exil.

Gleize, a deux chevaux tués dans les Pyrénées. Il sert en Égypte, LH. Capitaine du 7ᵉ chasseurs en 1813. Il est en 1815 à Strasbourg, retraité la même année.

Quatre officiers ont été blessés à Wischau, 40 cavaliers ont été pris ou mis hors de combat ce même jour.

4ᵉ DIVISION DE DRAGONS

Compagnie d'élite du 15ᵉ dragons.

Brigadier du 15ᵉ dragons.

Cavalier de la compagnie d'élite du 17ᵉ dragons.

Cavalier du 18ᵉ dragons.

4ᵉ DIVISION DE DRAGONS

Cavalier et trompette du 19ᵉ dragons. Réglementairement, les trompettes portent l'habit du régiment aux couleurs inversés. Toutefois, selon les régiments, celui-ci peut être agrémenté ou non de galons sur les revers et au collet ainsi que de boutonnières.

Cavalier du 25ᵉ dragons.

Brigadier du 27ᵉ dragons à pied et à cheval.

La cavalerie de Kellerman, ici des hussards du 4e régiment, de la brigade Van Marisy, charge les troupes russes. (J. Girbal ©)

LA CAVALERIE DU 5ᵉ CORPS
— LA BRIGADE FAUCONNET

Fauconnet, né dans la Meuse, gendarme en 1766, capitaine en 1792, commandant le 6e dragons en 1794, blessé au passage du Rhin, général en 1796. Accusé d'avoir des relations avec les émigrés, sert à Hohenlinden. CtLH, ici le 21 septembre 1805, capture le convoi de Werneck enfui d'Ulm le 20 octobre. Nommé en remplacement de Lasalle le 13 décembre à la division Klein. Baron, commandant à Anvers, demi-solde en 1814, sert aux Cent-Jours à Dunkerque dans la garde nationale, retraité en 1815, mort en 1819.

● **Le 13ᵉ chasseurs**
Colonel Pultière engagé en 1775, sous-lieutenant en 1791, blessé en 1793, colonel en 1802, OLH en 1804, mort en Bavière en 1806.

● **Le 21ᵉ chasseurs,**
Colonel Berruyer, Colonel nommé en 1803, né à Lyon, a reçu deux blessures en Italie, Austerlitz, OLH, baron, félicité à Iéna, retraité en 1808.

Ces deux régiments passent à la réserve de cavalerie de Murat en novembre 1805. Ils ont poursuivi Verneck jusqu'à Halberstadt. Ils sont envoyés sur la route d'Olmutz à Prague et vers les arrières de Vienne. Le 13e chasseurs rejoignant le 5e Corps à Brunn le 8 décembre 1805, ils n'ont donc pas été de la bataille d'Austerlitz.

— LA BRIGADE TRELLIARD

Elle va s'associer à la brigade Milhaud pour combattre à l'aile gauche de Murat après avoir participé à l'affaire de Wischau. Au départ de la bataille, ces deux brigades sont devant le Santon pour couvrir la cavalerie lourde de d'Hautpoul.

Trelliard, Né à Parme, cadet gentilhomme en 1780, lieutenant en 1788, commandant le 11e chasseurs en 1794, général en 1799. CtLH, Austerlitz, Saalfeld, Iéna, Pultusk, général de division en 1806, Espagne, Portugal avec Junot, sous Montbrun, Vittoria en 1813, campagne de France, Saint-Dizier, retraité 1815, puis en 1832.

Le chef d'état-major de la brigade légère du 5e corps est : Delaage, né à Angers, en Vendée avec Hoche, cité à Marengo, ici en septembre 1805, Wertingen, Ulm, Hollabrunn et Austerlitz. Saalfeld, Iéna, commande la brigade Trelliard à Pultusk, baron, général à Moscou, CtrLH en 1815, retraité 1826.

● **Le 9ᵉ Hussards,**
Colonel Guyot, en 1801, OLH, charge à Wirschau, reçoit plusieurs coups de sabre, Austerlitz, général le 25 décembre 1805, passe avec Soult, Iéna, Guttstadt, Eylau. Tué en Prusse le 8 juin 1807.

● **Le 10ᵉ Hussards,**
Colonel Beaumont de Carrière, Vendée, Italie, Égypte, aide de camp de Murat en 1799, Nommé ici en 1805, Wertingen, Ulm, Austerlitz, général après la bataille. Retrouve Murat comme premier aide de camp en fin 1806, Eylau, Dantzig, Friedland, baron, CtLH, Espagne avec Victor, revient en France en 1811, au 2e corps de cavalerie en Russie (avec Watier de Saint-Alphonse), général de division en 1812, Leipzig, Hanau, Couronne de fer. Mort à Metz en 1813.

UN MODÈLE DE BATAILLE

Cette bataille est un modèle dans toutes ses phases

Sur le plan stratégique, Napoléon a surpris une fois de plus ses adversaires par la vitesse de ses décisions et de ses déplacements. L'encerclement d'Ulm est une merveille d'exécution et permit d'éliminer le corps autrichien le plus fort très rapidement avant l'arrivée des Russes.

L'Empereur a su négliger les offensives secondaires comme Naples et la Poméranie. Il a jugé que l'Archiduc Charles était suffisamment occupé devant les hommes de Masséna et, de toutes façons, il réussit en prenant Vienne à avoir des troupe valables pour limiter éventuellement le danger venant d'Italie.

Stratégie et tactique

Les ressources considérables trouvées dans cette capitale lui ont permis de trouver des réapprovisionnements en armes et munitions considérables ainsi que des ressources en tous genres.

Il a commis la faute de laisser Koutouzov lui échapper mais en laissant des plumes importantes, en sacrifiant des arrière-gardes multiples.

Il a su calmer les Prussiens et leurs menaces. Il a réussi à amener à combat-

Les deux empereurs se rencontrent près du moulin de Spalény et signent l'armistice. La paix est gagnée.

tre trop tôt ses ennemis qui se croyaient très supérieurs. Il leur a fait croire qu'il les redoutait en se repliant et en leur laissant prendre facilement Wischau. Sur le plan tactique, il a donc choisi le terrain qu'il a étudié avec beaucoup de soins et il a choisi, aussi, le meilleur moment pour cette bataille décisive, assez tôt pour qu'ils n'aient pas reçu leurs renforts qui viennent lentement alors que lui, grâce à la qualité exceptionnelle de son armée va récupérer Bernadotte et Davout en temps utile, grâce à la marche forcée remarquable de la division Friant et des dragons de Bourcier.

Les Alliés ont pourtant bien amorcé leur plan. Les deux premières colonnes ont pris Telnitz et Sokolnitz, la route de Vienne est presque coupée. En principe, ils ont presque gagné, il ne leur reste plus qu'à attendre la quatrième colonne et à déboucher vers Turas. Mais Davout, Legrand et Bourcier vont empêcher ce débouché grâce à leur courage exceptionnel et à celui de leurs hommes dont vous avez pu lire les citations dans cet ouvrage, reflets de leur qualité qui a com-

LES PERTES DE LA BATAILLE

Danilewski donne une appréciation globale et parle de 21 000 Russes et 6 000 Autrichiens tués. Colin dit que seul le nombre des prisonniers est facile à vérifier car il y a eu 18 convois de prisonniers entrés dans Brünn avec un total de 9 767 Russes et de 1 686 Autrichiens.

Pour les Français les comptes sont plus précis et donnent : 1 305 tués, 573 prisonniers vite libérés et environ 6 940 blessés.

Bernadotte n'a eu que 3 tués et 11 blessés dans sa première division et 54 tués avec 226 blessés pour sa deuxième, ce qui confirme qu'il a très peu combattu pendant cette journée.

Friant, par contre, sur ses 3 500 présents a eu 325 tués et 1 665 blessés.

Les tirailleurs du Pô ont presque été anéantis, perdant 29 morts, 154 blessés et 94 prisonniers. Bourcier annonce 11 morts et 25 blessés, mais Davout donne : 35 tués et 41 blessés pour ces dragons dans son rapport.

Saint-Hilaire a eu au 10e léger 40 morts et 279 blessés pour un total de 1 500 hommes.

- Thiébault sur ses 3 000 soldats a perdu 52 morts et 592 blessés.
- Varé, 86 morts et 727 blessés.

Chez Vandamme on note Férey 26 morts et 361 blessés.

- Le 28e : 9 tués et 73 blessés.
- Le 4e : 18 morts et 193 blessés. -le 24e léger 126 morts et 364 blessés.
- La brigade Levasseur : 45 morts et 241 blessés.

Pour la cavalerie La division Beaumont-Boyé a eu 48 morts et 95 blessés. La cavalerie de la garde annonce 21 tués et 83 blessés.

- Chez Kellermann il y a eu : 29 tués et 123 blessés Nansouty a 29 tués et 123 blessés aussi.

Walther : 20 tués et 63 blessés. D'Hautpoul : 41 tués et 88 blessés.

Le nombre de morts chez les Alliés est très fort car les Français se sont battus sans faire de quartiers chaque fois que c'était nécessaire. Deux émigrés aux grands noms ont été tués dans le régiment Préobrajensky où ils servaient la Russie. Ce sont : Broglie-Revel et le marquis de Villers.

pensé leur infériorité numérique flagrante. Il est certain que l'attaque du plateau de Prazten a soulagé à temps la droite française, le retour de Kamenski en est une preuve ainsi que l'écrasement de la quatrième colonne devenue centre des Alliés. C'est la résistance opiniâtre de Davout avec Friant et Legrand qui ont bloqué les colonnes alliées en se battant à un contre trois ou quatre, qui a été la cause déterminante de la victoire.

Friant a eu quatre chevaux tués pendant la bataille et ses pertes sont un témoignage évident de la vigueur des combats de cette aile droite française.

Si les régiments de Friant sont les héros incontestés de la bataille, ils vont partager les honneurs avec beaucoup d'autres comme ceux de Saint-Hilaire, de Thiébault, les hommes de Legrand, ceux de Caffarelli (division du corps de Davout) ceux de Suchet, et ceux de la cavalerie de la Réserve. Cavaliers légers, dragons, cuirassiers et cavaliers de la Garde apportant leur charge épique et décisive en fin de bataille.

Le cas de Bernadotte va commencer à se poser dès Austerlitz. Jaloux et ambitieux, voici ce que dit de lui le commandant Lachouque :

« Bernadotte n'est pas en situation de prolonger l'action du maréchal Soult, selon les ordres qu'il a reçus. A 9 heures, ses divisions étaient encore sur la rive droite du Goldbach et vers 10 heures, une partie seulement de chacune d'elles se trouve sur la rive gauche.

L'Empereur s'est entretenu tout à l'heure avec Bernadotte ; il lui a parlé « d'une voix sèche et impérieuse », puis *il a harangué ses régiments qui l'ont acclamé. La mollesse, sinon la mauvaise volonté du maréchal, est évidente. L'Empereur n'a pas confiance en lui. Or, par suite de sa négligence, un vide se creuse entre la gauche de Soult et la droite de Lannes. »*

De même le maréchal ne fera pas d'efforts pour aller au delà de Krenowitz et amorcer une poursuite facile vers Austerlitz qui aurait été très fructueuse. En fait, ce maréchal est furieux qu'on lui ait enlevé l'avant-garde de Kellermann et sa cavalerie et qu'on ne lui ait pas donné un plus grand rôle, mais sa passivité est inquiétante, elle le sera encore plus à Iéna.

Cette bataille est aussi admirable sur le plan tactique basée sur la confiance du chef dans ses exécutants qui n'a d'égale que celle des soldats dans le génie de leur chef. La préparation du camp de Boulogne a payé. La grande armée d'Austerlitz est une armée exceptionnelle encadrée par des vétérans remarquables, expérimentés, de vrais professionnels d'un courage trempé dans de multiples combats auxquels ils ont survécu, souvent blessés mais toujours présents. Un vrai soldat d'élite est celui qui a failli mourir plusieurs fois et n'a plus peur de la mort. Ces charges à la baïonnette sont impressionnantes, l'utilisation des tirailleurs regroupant des bons tireurs est l'une des forces de l'infanterie française, mais c'est la charge, sans tirer, qui est la plus efficace. A la fin de la bataille, Napoléon n'a engagé qu'une partie de ses troupes, alors que les Alliés ont tout fait donner.

Il n'y a plus que des héros !

A Austerlitz, ces professionnels, fanatiques de leur Empereur qu'ils aiment et admirent, n'ont fait qu'une bouchée des recrues novices de certains régiments qui leur étaient opposés. Leur qualité a compensé leur infériorité numérique et Napoléon n'aurait pas dû oublier que cet outil est nécessaire pour obtenir la victoire, le détail de leurs citations est étonnant. Cet outil d'exception forgé au camp de Boulogne et dans les campagnes de la Révolution risque de se dégrader progressivement, même si le génie du grand chef reste intact. Cette usure progressive, les pertes en officiers et en cadres fidèles, va se faire, aggravée par l'erreur espagnole, et l'on verra se développer les réfractaires, les déserteurs surtout dans les conscrits peu motivés, prélevés sur les pays conquis.

Mais ce 2 décembre 1805, il n'y a dans la Grande Armée que des héros, des vétérans et des *« braves »* criant très fort : *« Vive l'Empereur »* ! Ils ont bien mérité que Napoléon leur dise :

« Soldats ! Je suis content de vous ! »

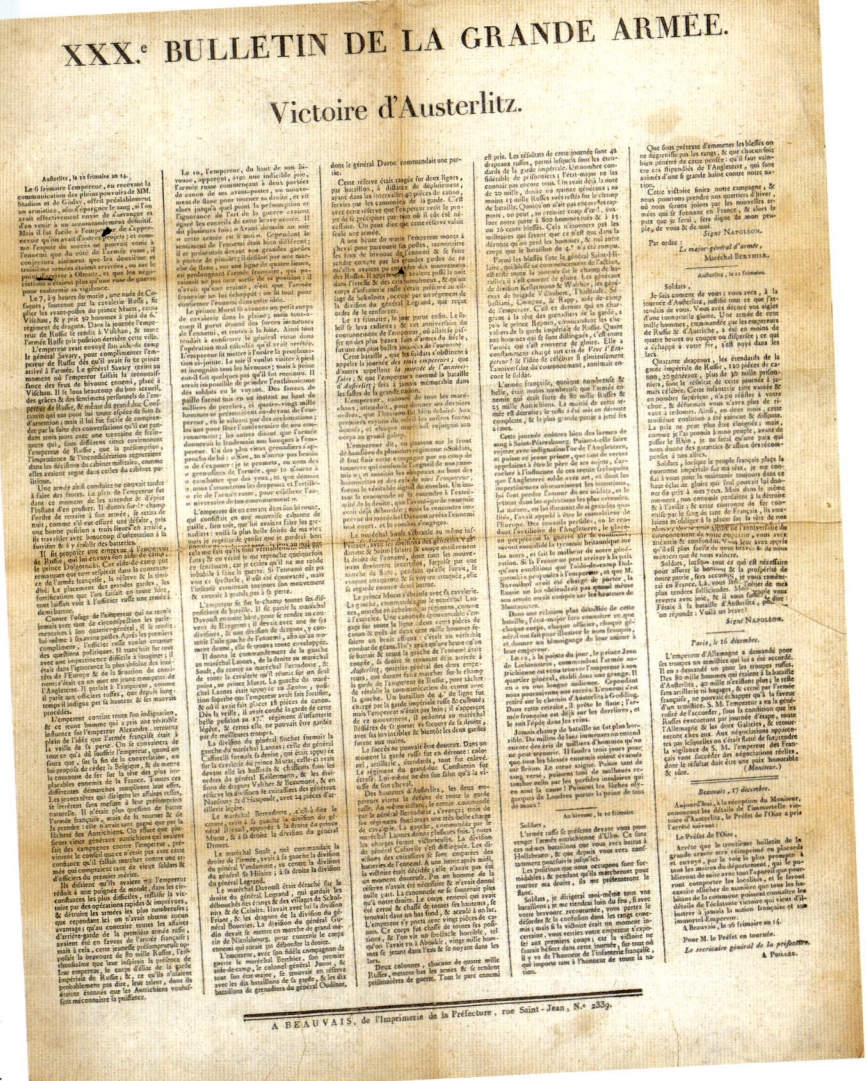

LISTE DES ABRÉVIATIONS DÉSIGNANT LES DÉCORATIONS

(ces abréviations sont utilisées dans les notices biographiques concernant les officiers français.)

LH : Légion d'honneur *(chevalier de la)*
OLH : officier de la Légion d'honneur
CtLH : commandant de la Légion d'honneur
CrLH : commandeur de la Légion d'honneur *(remplace « commandant » le 17 février 1815)*
GdCxLH : grand-croix de la Légion d'honneur *(remplace « grand-cordon » le 21 juin 1814)*
GdOLH : grand-officier de la Légion d'honneur
CrSL : croix de Saint-Louis *(chevalier de la)*
GdCxSL : grand-croix de Saint-Louis

REMERCIEMENTS

L'auteur tient à remercier monsieur Pierre Bréteignier, monsieur Jacques Garnier et monsieur Gérard Gorokhoff pour l'aide qu'ils lui ont apporté lors de la réalisation de cet ouvrage.

BIBLIOGRAPHIE UNIFORMOLOGIQUE SOMMAIRE

— *Planche Le Plumet* n° 78. Drapeau du 4ᵉ de Ligne
— *Planche Le Plumet* n° 166. Grenadier d'Oudinot
— *Planche Le Plumet* n° 69. Tirailleurs Corse
— *Planche Le Plumet* n° 248. Tirailleurs du Pô
— *Planche Le Plumet* n° U13. Le 5ᵉ hussards
— *Planche Le Plumet* n° U26. Le 10ᵉ hussards
— *Planche Le Plumet* n° U25. Le 9ᵉ hussards
— *Planche Rousselot* n° 80. Infanterie de ligne
— *Planche Rousselot* n° 81. Eta-major et aides de camp
— *Planche Rousselot* n° 71. Les officiers généraux
— *Planche Rousselot* n° 5 et 33. L'infanterie légère
— *Planche Rousselot* n° 28 et 66. L'artillerie à pied
— *Planche Rousselot* n° 36. L'artillerie à cheval
— *Planche Rousselot* n° 7. Les dragons
— *HS Tradition magazine* n°22. La campagne de 1805
— *Tradition magazine*. Les cuirassiers 1804-1815, Rigo, Pétard, Pigeard, Malvaux
— *Uniformes* n° 20. Le chasseur d'infanterie légère M. Pétard
— *Les équipements militaires*, Tome IV. M. Pétard. Editions de l'auteur
— *L'infanterie*. Comandnat Bucquoy, Grancher éditeur
— *Austrian army of Napoleonic War*. P Haythornthwaite & B. Fosten. Osprey n°176 et 181
— *Soldat du temps jadis. Les hussards autrichiens*. R. Forthoffer. Planches n°238, 239
— *L'armée russe du Tsar Alexandre 1ᵉʳ*. M. Gayda & A. Kritjitsky. Editions de la Sabretache, 1950

Conception, création, mise en page et réalisation Jean-Marie MONGIN, © *Histoire & Collections 2003 et 2012 pour la présente édition.*
Dessins infographiques, André JOUINEAU.

Toute reproduction, même partielle, de cet ouvrage est interdite sans autorisation préalable et écrite de l'auteur et de l'éditeur.
ISBN : 978-2-35250-246-3
Numéro d'éditeur : 35250
Dépôt légal : 3ᵉ trimestre 2012
Première édition © Histoire & Collections 2003
Seconde édition © Histoire & Collections 2012

Un ouvrage édité par
HISTOIRE & COLLECTIONS
SA au capital de 182 938, 82 €
www.histoireetcollections.fr
5, avenue de la République
F-75541 Paris Cedex 11
Téléphone 01 40 21 18 20
Fax   01 47 00 51 11

Cet ouvrage a été conçu, composé et réalisé par *Histoire & Collections* et le *Studio Graphique A & C* entièrement sur stations informatiques intégrées.
Photogravure. *Studio A & C*

Achevé d'imprimer en juillet 2012 sur les presses de Printworks-Int. Ltd, Chine